新世纪普通高校工商管理类统编教材
总主编　王性玉

基础会计学

Basic Accounting

主　编　李武立
副主编　刘锦英　王国运
　　　　杜　李　左咏梅

河南大学出版社
·郑州·

图书在版编目(CIP)数据

基础会计学/李武立主编. —郑州：河南大学出版社，2018.12

ISBN 978-7-5649-3629-7

Ⅰ.①基… Ⅱ.①李… Ⅲ.①会计学—高等学校—教材 Ⅳ.①F230

中国版本图书馆 CIP 数据核字(2018)第 300896 号

责任编辑 付会娟
责任校对 刘利晓
封面设计 郭 灿

出版发行 河南大学出版社
地址：郑州市郑东新区商务外环中华大厦 2401 号　　邮编：450046
电话：0371-86059712(高等教育出版分社)
　　　0371-86059713(营销部)　　网址：www.hupress.com

排　版 郑州市今日文教印制有限公司
印　刷 河南安泰彩印有限公司
版　次 2019 年 1 月第 1 版　　**印　次** 2019 年 1 月第 1 次印刷
开　本 787mm×1092mm　1/16　　**印　张** 18.5
字　数 439 千字　　**定　价** 40.00 元

(本书如有印装质量问题，请与河南大学出版社营销部联系调换)

总　序

始于18世纪英国的工业革命(Industrial Revolution)对管理学产生了极为重要的影响。工业革命带来了生产方式的巨大变革,计划、组织、领导和控制等职能成为工厂管理和企业生产运营的主要手段。以"科学管理"为代表的一系列管理理论,为工商管理(Business Administration)学科的建立奠定了坚实的理论基础。而管理学与商学的标准化教育由美国开始,以1881年宾夕法尼亚大学沃顿商学院(The Wharton School of the University of Pennsylvania)的建立为标志,诞生了现代意义上的商学院。第二次世界大战结束后,由于企业对管理人才的需求迅速膨胀,管理教育开始蓬勃发展。工商管理教育至20世纪90年代趋于成熟,并向综合化、国际化和现代化的方向迈进。

中国的工商管理随着洋务运动由西方引入。1893年,洋务运动的倡导者张之洞在武昌创立了湖北自强学堂,其下设的商务堪称我国最早的商科专业。1912年,"中华民国"成立后,商科被列为独立学科,保证了它的自由发展。1949年,中华人民共和国成立后,院系进行调整,由综合性大学与财经院校共同培养财经类人才。教育部(原国家教育委员会)在1997年颁布了新的《普通高等学校本科专业目录》,把管理学设置为独立的学科门类,并将工商管理划归为管理学门类下的一级学科。

从我国普通高校工商管理类教材的情况来看,经过改革开放40年的建设,商科教育知识体系已逐步完善,如国内教材在知识点宽度指标上普遍高于国外教材,但仍存在若干需要解决和创新的问题。一是国内教材比较侧重于对理论框架的介绍,即"是什么、为什么",而对具体方法"怎么做"介绍较少。二是国内教材一般在书后不列或列出为数不多的参考文献,且多以同类教材和相关专著为主,对学术期刊、原版书参考较少;主要理论来源于同类教材,导致内容和结构趋同,则难以体现出特色。三是一些国内教材缺乏案例,即使有相应案例,其篇幅很短,基本为文字描述,没有详尽的背景资料和数据,编写案例的目的主要是加深对某些知识点的理解,而不是通过案例分析提高操作的实际能力。四是很多国内教材对教材的适用人群进行说明时,教材的定位过于宽泛,不少教材的使用范围不仅涉及相关专业的本科生、研究生、MBA(工商管理硕士)以及管理培训,还可以作为实际工作者的参考资料。这样过于宽泛的定位必然导致失去特色。

教材编写坚持质量优先的原则,积极对接教育部建设一流本科教育的两个"双万计划",加强对课程教材建设的顶层设计,创新教材呈现方式和话语体系,体现以学生发展核心素养要求,推动理论体系、研究成果、学科前沿向教材体系的转化,有机融入思想政治教育元素,使教材更加体现科学性、前沿性,增强教材的针对性和实效性。

鉴于此,我们根据作者多年的教育经验和教学体会,按照教育部关于积极推进"高等教育面向21世纪教学内容和课程体系改革计划”的要求，组织编写了这套“新世纪普通高校工商管理类统编教材”。为解决或部分解决上述国内教材存在的若干问题，达到编写目的，我们认真组织编写力量，单本教材的主编和副主编均具有博士学位或副教授以上职称，并长期坚持在教学第一线，就该门课程课堂讲授过五遍以上。我们还聘请知名专家担任主审，与主编共同定稿。

本套教材在编写过程中力求体现以下五点特色。

一、内容系统全面

根据工商管理类专业人才培养目标及其对知识体系的要求，本套教材内容系统全面，涵盖了工商管理类各主要专业，如工商管理、会计学、财务管理、市场营销、人力资源管理等，较大限度地满足了这些专业课程的教学需要。

二、定位明确，编写理念特色化

工商管理各个层次的教学目的和要求不同，必然要求其教材的侧重点不同。本套教材基于这样的编写理念，主要面向大学本科生的专业教学，为学生搭建一个专业学习平台。本套教材的编写者除大学教师外，还包括有丰富实践经验的业界管理人员、咨询专家和研究人员等，他们为教材注入许多新的理念和观点，突破了传统单本教材“大而全”的结构体系。

三、反映前沿，力求创新

工商管理的理论和实践发展十分迅速，一本教材如不能及时地跟上理论与实践的发展，必然会在几年后被其他同类教材所取代，因此，优秀的工商管理教材应该不断地更新内容，体现与时俱进的思想。本套教材在编写过程中，力求既能够反映已经成熟或公认的理论与学术思想，又能够反映具有代表性的工商管理类各专业领域最新理论、技术和方法。

四、采用本土化案例，提高案例质量

案例教学是工商管理的学科特色。西方国家，尤其是美国的工商管理教材对案例十分重视。本套教材在案例编写过程中，立足于国情，采用了大量的真实案例，包括经典案例和最新案例，以及实际咨询工作中的经验总结，并对背景资料和各种数据做了比较详尽的介绍。对这些来自业界的真实案例进行分析讨论，有助于学生识别问题、分析问题和解决问题能力的提高。

五、理论联系实际，做到学以致用

本套教材在编写过程中，不仅对“是什么、为什么”等概念、原理等进行阐述，而且还注重介绍“怎么做”，设计了大量的方法讲解和过程分析，使学生在接触新知识的同时了解相关理论在现实社会中的应用方式。

本套教材在编写过程中，得到了河南大学出版社、许多高校和研究机构专家学者的大力支持，在此一并致谢。由于编者想局部突破并有所创新，各方面对这套教材的期望与要求都很高，这无疑加大了编写的难度，加之水平有限和时间紧促，书中难免存在一些缺点和疏漏，恳请专家和广大读者提出宝贵意见，以日臻完善。

王性玉

2018年12月于河南大学

前　言

基础会计学是高等院校会计学专业的专业基础课与经济管理类其他专业的基础必修课，是会计知识的入门课程。为了更好地满足会计学专业和经济管理类其他专业本科生了解会计、学习会计的需要，也为后续会计学专业课程的学习奠定基础，我们组织编写了《基础会计学》。本教材的编写指导思想是：以 2017 年修改后的《企业会计准则——基本准则》和最新的 42 项具体准则为准绳，以会计实务为基础，系统地介绍会计学的基本理论、会计核算基本程序、会计核算方法和会计工作组织。

本教材具有如下特点。

第一，以《中华人民共和国会计法》为依据，以《企业会计准则——基本准则》的规定和理念为出发点，结合《中华人民共和国税法》，以讲解会计基本理论、基本方法和基本操作技能为主线，力求使本教材的内容具有一定的稳定性和前瞻性。

第二，在本教材的编写过程中，我们尽可能借鉴国内外各教材的长处，结合我们长期在会计教学中积累的经验和方法，在教材的内容和结构体系的安排上，做了一些有益的尝试；按照学生由浅入深、循序渐进的认识规律来安排总体结构和各章内容，尽量用通俗易懂的语言来阐述会计基本原理、基本技术和基本方法，强调会计基本方法的整体性和应用性，力求使会计理论与会计实际能更好地结合起来，使学生在理性认识的基础上，有一定的感性认识。

第三，为帮助初学者加深对所学内容的理解，及时巩固所学知识，提高实际操作能力，培养学生独立思考的学习习惯，本教材配有与所学内容相关的复习思考题、实务练习题及案例分析题，以便于学生检查学习效果。为了让学生更好地掌握知识点，并掌握理论知识的实际应用，本教材在每章后附有本章小结。

第四，在体例安排上，本教材既注意内容的严谨性与教学上的方便性，又注重教材的活泼性与可读性；在教学上，通过“学习目的与要求”“教学重点与难点”方便教学工作。

本教材由河南大学商学院会计系李武立担任主编，拟定编写大纲和组织编写。各章初稿编写分工如下：第一、二章由李武立执笔，第四、五章由刘锦英执笔，第七、八章由王国运执笔，第六、九章由杜李执笔，第三章由左咏梅执笔。经过多次讨论，最后由李武立进行修改和定稿。

在编写本教材的过程中，我们得到了河南省高等院校同行的大力支持与帮助，特别是河南大学商学院领导的大力支持，在此一并表示衷心的感谢。

编　者

2018 年 9 月

目　录

第一章　总　论

【学习目的与要求】

了解会计的发展过程；理解并掌握会计的含义、目标与职能；了解产品制造企业的资金循环和周转的特点，理解会计的对象；理解和掌握各会计要素含义、特征、确认条件及构成内容；理解各会计要素之间的关系；理解会计核算的基本前提；理解和掌握会计信息质量要求；掌握会计核算的基本程序；掌握会计核算方法。

【教学重点与难点】

教学的重点是：各会计要素含义、特征、确认条件，会计核算的基本程序与会计核算方法。教学的难点是：会计目标，会计核算的基本前提与会计信息质量要求，会计核算的基本程序与会计核算方法。

第一节　会计的演进及含义

一、会计的产生与发展

会计起源于人类社会的生产活动，是社会生产力和生产关系发展到一定阶段的产物。它是为适应人类社会生产活动的发展和加强经济管理、提高经济效益的客观需要而产生并发展的。

会计的历史源远流长，并形成了专门研究中西方会计产生和发展历史的学科——“会计史”。从总体上来看，会计的发展历史大体可以分为古代会计、近代会计和现代会计三个阶段。

（一）古代会计阶段

一般认为，从旧石器时代中晚期会计萌芽到公元14、15世纪，是古代会计阶段。

在原始社会，由于生产过程十分简单，生产力水平很低，又没有文字，人们只能靠记忆或者用诸如“结绳记事”“刻契记数”等简单的方法记录生产过程中的劳动耗费和取得的劳动成果。这个时期的所谓会计只是“生产职能的附带部分”，在生产时间之外附带地把收支数、支付数等记载下来。原始社会末期，社会生产力发展达到一定水平，随着剩余产品的出现，社会再生产活动日益复杂，人们单凭头脑记忆或用很简单的方法来记录生产过程中的各项耗费和所得已不能适应社会的需要。为了对生产过程中生产资料和劳动时间的消耗以及劳动成果的数量进行记录和计算，会计逐渐地从生产职能中分离出来，成为具有特定职能的专职会计，于是就产生了最早的会计。

有文字可考的会计活动可以追溯到西周，据《周礼》记载，西周时设有“司会”一职，掌国之百物财用，主天下之大计，为计官之长，负有“以参互考日成，以月要考月成，以岁会考岁成”之责。“日成”“月要”“岁会”均属报告文书，具有类似财务报表的作用。“日成”为十日成事之文书，相当于旬报；“月要”为一个月成事之文书，相当于月报；“岁会”则是一年成事之文书，相当于年报。可见，我国在西周时期，会计方法已有相当发展。

在秦汉时期，社会经济得到发展，也促进了会计的发展，出现了用竹简木牌刻写的“籍书”或“簿书”的账册，并且采用“入”“出”等记账符号来反映各种经济收支事项。

唐宋时期，我国的农业、手工业和商业空前繁荣。随着经济的进一步发展，会计核算方法也发展到更高的程度。在官厅中，官吏办理钱粮的报销和移交手续，开始编制“四柱清册”，具体地算清财物收支结存并交代经管财务的责任。所谓“四柱”，即“旧管、新收、开除和实在”。“四柱”之间的关系如下：

旧管＋新收－开除＝实在

这相当于现代会计术语中的“期初结存＋本期收入－本期支出＝期末结存”。当时就是通过“四柱”的基本公式进行结账，这被称为“四柱结算法”，并逐渐运用于民间商业活动之中。

会计在国外也有很悠久的历史。公元前 18 世纪，古巴比伦王国最早出现会计工作。公元前 200 年，罗马共和国开始对款项进行分类记载。公元 800 年，法兰克王国查理大帝发布《城市敕令》，规定每年须将收支分册记录。在中世纪的欧洲，意大利是资本主义发展较早的国家，同时也是资本主义会计的发源地。早在十二三世纪借贷记账法就已出现于商品货币经济比较发达的热那亚、威尼斯等城市。1211 年，意大利佛罗伦萨银行已用借贷复式记账方法记账，当时人们称这种记账方法为“威尼斯簿记法”。

古代会计的发展历时久远，形成了一些会计的概念与方法，虽然这些概念、方法都十分浅显、朴素，尚未形成严格意义上的会计学科，但是会计已经从生产职能中分离出来，由早期的生产活动的附属部分发展成为一项专门的工作。

（二）近代会计阶段

这一阶段是指从 15 世纪末期至 20 世纪 30 年代。

1494 年，意大利数学家卢卡·帕乔利出版了《算术、几何、比及比例概要》一书。他在该书中阐述了复式记账的原理，开创了会计理论研究的先河。这一事件标志着近代会计阶段的开始。

随着社会经济的发展，资本主义产生了信用、资本等新的经济概念，同时保护私有财产、扩大商业贸易规模、灵活使用货币等观念也被更广泛地应用于经济生活中。意大利沿海城市佛罗伦萨、威尼斯等资本主义商品经济的发源地首先出现了体现复式记账原理的簿记方法。这种区别于传统单式记账原理的簿记方法能够将商品经济活动加以全面地记录与反映，使会计有了长足的进步。几百年来，复式记账原理在全世界广为流传，至今仍是会计核算方法体系的核心。

18 世纪末至 19 世纪初的产业革命，使得资本主义国家的生产力空前提高。与客观环境的要求相适应，会计理论研究十分活跃，体现崭新会计思想的会计方法应运而生，实现了簿记向会计的转化，即会计已经不仅仅是记录经济事项的工具，还用于指导会计实践，同时使会计独立于其他管理学科成为独立的理论体系。这一时期形成的至今仍然影响着我们的会计思想主要有折旧、成本会计、独立报表审计等。

需要说明的是，我国明清时期，商业、手工业有了一定的发展，出现了更加适用于民间的商业核算、可以用来核算盈亏、具有复式记账思想的"龙门账"和"四脚账"。"龙门账"将全部账目划分为"进、缴、存、该"四大类。"进"指全部收入，"缴"指全部支出，"存"指全部资产(含债权)，"该"指全部负债(含业主投资)。"进""缴""存""该"之间的结算关系可表示为"进－缴＝存－该"，设"总清账"分类进行记录。继"龙门账"之后，又出现了"四脚账"，即现金业务和转账业务都分为"来账和去账"两个脚，总共四脚。"四脚账"要求全部交易或者事项都要记录"来账和去账"，全面反映交易或者事项的来龙去脉。

从单式记账法过渡到复式记账法是近代会计形成的标志。因此，近代会计是采用复式记账方法对特定主体的交易或者事项进行连续、系统、全面的核算与监督，为特定会计主体的内外部经济利益相关者提供以财务信息为主的经济信息系统。

(三) 现代会计阶段

一般认为，现代会计始于20世纪30年代。进入20世纪后，会计发展的中心随着世界经济的发展逐渐由欧洲转移到美国。1929年至1933年的金融危机更加清晰地暴露出会计行为不规范导致的严重问题。为此，美国会计学界在得到证券交易所和会计师协会共同认可的基础上，制定和颁布了一系列"公认会计原则"。企业只有按照这些公认的会计准则进行核算，其会计信息才能被广泛接受。于是会计行为逐渐被纳入到严谨、规范的程序中，会计职业的信誉也随之得到提升。同时，会计理论和会计方法取得了前所未有的发展，会计学科日益成熟。

20世纪中叶，西方资本主义国家生产力迅猛发展，跨国公司大量涌现，企业竞争空前激烈，除了要求企业不断对外拓展市场外，还要不断加强内部管理，做好预测、决策、规划、控制和考评等一系列经济管理工作。传统会计为了适应这种管理上的需要，其内部发生了分化，形成了主要为企业外部经济利益相关者服务的财务会计和主要为企业内部经营管理服务的管理会计。这是现代会计阶段取得的另一突出成就。

进入20世纪70年代以后，随着计算机技术、网络技术和通信技术的迅猛发展，现代数学、现代管理学与会计相结合，会计的内涵及外延都在不断地丰富和发展，在财务会计与管理会计的基础上，又形成了其他许多分支，如企业税务会计、财务管理、审计学等。这样，比较完善的现代会计就逐步形成了。

中华人民共和国成立以来，一直在探索适应中国国情的会计核算体制，会计为经济的发展做出了一定的贡献。1985年，我国颁布了第一部《中华人民共和国会计法》(以下简称《会计法》)，标志着我国的会计工作从此进入了法制化时期。1992年，为了适应改革开放的要求，尽快实现与国际惯例的接轨，我国又颁布了《企业会计准则》和《企业财务通则》，并在基本准则的基础上，陆续制定了多项会计具体准则。2006年2月，财政部又发布了新的会计准则体系，确定了我国会计准则体系由1项会计基本准则、42项具体会计准则和准则应用指南等部分构成，并要求上市公司从2007年1月1日起实施，同时鼓励其他企业执行;为适应经济发展的新变化,2010 年、2014 年和 2017 年对基本会计准则、具体会计准则进行了修订和补充。这一系列重大会计改革措施,使得企业会计信息质量和透明度得到进一步提高,从而可以更好地满足投资者、债权人和其他利益关系人等有关方面对会计信息的需求,对完善和促进我国市场经济体制起着重要的作用。

从会计产生和发展的历史可以看出,随着生产的日益发展和生产规模的扩大,以及生产、分配、交换、消费活动的日益复杂,对管理的要求日趋提高,会计经历了由简单到复杂、由低级到高级、由不完善到完善的发展过程。会计由简单地记录和计算财政、财务收支,发展到利用货币计量来综合地核算和监督的经济过程;会计的方法技术,从手工操作发展到部分或全部的计算机化。同时,会计在中国和国外的不同发展表明,在不同的社会环境里,会计理论和方法所受的经济、政治、法律、文化及日益发展的科学技术的影响不同,从而表现出不同的特色。会计就是在社会环境诸多因素的影响下产生和发展起来的。另外,在会计的发展过程中,利用会计管理经济的作用日益显著,会计越来越受到人们的重视。不言而喻的是:“经济越发展,会计越重要;经济越发展,会计越完善。”

二、会计的含义及作用

(一)会计的含义

什么是会计?如何给会计下一个确切的定义?国内外会计界历来存在着不同的认识,至今尚没有一个统一、明确的定义。其意见分歧主要在于对会计本质的认识存在着不同的看法。会计是一个不断发展的概念,从产生至今历经几千年的历史,随着环境的变化,其业务内容不断拓展,方法不断完善,职能和作用不断发展和扩大。因此,长期以来,在会计理论界对会计的含义有许多不同的解释和观点,主要有以下几种。

1.“会计工具论”

“会计工具论”即会计是记账、算账、报账的工具。这种观点是苏联会计学者马卡洛夫在 20 世纪 50 年代初提出的,后传入我国。在相当长的时期内,“会计工具论”观点在我国会计界占主导地位。这种观点认为会计的职能就是被动地反映,而忽视或不承认会计的监督、预测、控制、分析等其他职能。它把会计看成一个方法体系,强调了会计的服务性,主要在微观经济领域中应用。

2.“会计信息系统论”

“会计信息系统论”即会计是一个收集、处理和输送经济信息的信息系统。最早提出这个观点的是美国会计学家 A.C. 利特尔顿。20 世纪 70 年代以后,由于科学技术的进步和管理理论的发展,该观点在西方发达国家会计界广泛流行。这种观点认为,会计信息系统是企业管理信息系统中最大和最普及的子系统,企业的全体成员均在某种程度上参与经济业务数据的产生,而企业各级管理当局和责任人员都将利用有关会计信息做出经营、管理决策和评估自己的业绩,企业的外部利害关系集团则是企业财务信息的主要使用者。

3.“会计管理活动论”

“会计管理活动论”即会计是经济管理的重要组成部分,是一种管理活动。这种观点是20世纪80年代以后我国的一些会计学专家结合我国的实际情况最早提出来的,主要代表人物为我国著名会计学家杨纪琬教授和阎达五教授。该观点认为,“会计”和“会计管理”是同一概念,“会计管理”是“会计”这一概念内涵的深化,反映了会计工作的本质属性,是同一概念的发展;广义的会计管理包括会计信息的处理过程,即组织会计信息的验收、加工、存储、审查、转换、输送,以及结合这一过程对经济活动的合理性、合法性和有效性进行的审查与监督。这种观点强调会计的管理职能,把财务管理的一些内容也包括到会计概念之中。目前,我国会计界持这种观点的人占多数。

4.“会计控制论”

“会计控制论”即会计是一种控制系统,主要代表人物为我国著名会计学家杨时展教授。这种观点认为,会计最根本的目的在于反映、控制经济活动,现代会计最根本的目的在于控制企业的经济活动,以履行企业对各种受托人的受托责任;现代企业经济效益目标的提出、调整、实现不能脱离现代会计这一控制系统的运行,没有现代会计,而要提高经济效益是无法想象的;现代会计是一种以认定受托责任为目的,以决策为手段,对一个实体的经济事项按公认会计原则与标准进行分类、记录、汇总、传达的控制系统。

这些不同观点都阐述了会计的本质,只是强调的角度不同。实际上,现代会计已不是一个简单的算账工具,也不是单调的会计工作,它是为满足信息使用者的需要,运用现代技术手段和科学方法,以财务报告形式向会计信息使用者披露自身财务状况、经营成果及现金流量的过程,进而实现会计的目标。

因此,会计的含义可概括地表述为:会计是经济管理的重要组成部分,它是以货币为主要计量单位,采用一整套专门的方法,对社会再生产过程的经济活动进行全面、连续、系统、综合的核算和监督,为会计信息使用者进行正确决策提供会计信息的一种管理活动。

(二)会计的作用

会计的作用包括两方面的内容:一方面是会计的正面作用(积极作用),另一方面是会计的负面作用(消极作用)。也就是说,会计工作既能完善和加强经济管理,也能弱化经济管理。

会计的正面作用,从目前来看主要有以下四点:第一,为国家进行宏观调控、制定经济政策提供信息;第二,加强经济核算,为企业经营管理提供数据;第三,保证企业投入资产的安全和完整;第四,为投资者提供财务报告,以便于其做出正确的投资决策。

会计的负面作用,当前主要表现为会计信息的失真。会计信息失真直接导致了国有资产流失、偷逃税款、误导投资者和潜在的投资者,是会计工作所产生的一种负面效应。这一点是认识会计作用时不应被忽视的。

会计作用是会计工作实施之后在社会实践中产生的,它是会计职能发挥作用后形成的一种结果,是会计行为效果的体现,也是指导会计实践的会计理论在实践中能否得到检验的一种标志。如果会计发挥了很好的作用,说明会计理论得到了会计实践的验证,也说明会计工作的效果得到了体现。否则,说明会计理论不能指导会计实践,会计工作没有产生工作效果,甚至说明会计工作产生了负面效应。

三、会计学及其体系

随着会计的产生和发展,会计工作内容、会计理论和会计方法也在不断丰富和发展。到了现代会计阶段,已经形成了单独的会计学科,简称会计学。所谓会计学,就是人们在长期会计工作实践中总结出来的专门研究会计工作、会计理论和会计方法的应用性学科。它来自于会计实践,反过来又指导会计实践,属于应用管理学。它研究的对象涉及会计的一切方面,如会计的本质、对象、职能、方法、程序、制度、组织和原则等。

会计学按研究的内容不同,分为基础会计学、中级财务会计学、高级财务会计学、成本会计学、管理会计学、财务管理学、财务报告分析、审计学、会计信息系统、非营利单位会计、会计史等。

基础会计学又称为基础会计、会计学原理、初级会计学和会计学基础,是会计学知识体系中最基本的内容,是会计学的入门课,也是学好其他会计学分支学科的基础。所谓基础会计学,是研究各行业企业会计共同适用的基本理论、核算方法及工作组织的一门应用性极强的会计学科基础课。它是经济学科、管理学科的共同基础课,是会计专业、财务管理专业、审计专业的专业基础课,也是各行业企业会计的入门与基础。

第二节　会计职能与会计目标

一、会计职能

会计职能是指会计在企业经济管理中具有的客观功能,即会计能做什么,起什么作用。它是伴随着会计的产生而产生的,也必将随着会计的发展而被人们更加深入地理解与认识。在古代会计、近代会计、现代会计这三个会计发展阶段中,会计职能由单一的核算职能发展到核算与监督两项职能。我国《会计法》规定:会计机构、会计人员依照本法规定进行会计核算、实行会计监督。可见,核算与监督是现代会计的两大职能。

(一)会计核算职能

会计核算职能是会计的最基本职能,也是全部会计管理工作的基础。任何经济实体单位要进行经济活动,都要求会计提供真实、完整、系统的会计信息,这就要求对企业的经济活动进行记录、计算、分类、汇总等,形成会计信息,使之成为综合反映各单位经济活动状况的会计资料。具体地说,会计的核算职能就是对经济实体单位已经发生的交易或者事项,主要以价值量的形式,进行确认、计量、计算、记录、比较和报告,反映资金运动的过程和结果,从而为利益相关者和管理者提供财务状况、经营成果、现金流量和管理决策等信息。

会计核算职能具有以下特点。

(1) 会计核算主要是对已经发生的交易或者事项，以有关凭证为依据所进行的事后反映

会计核算只有在交易或者事项发生之后，才能取得该项交易或者事项完成的书面凭证，形成会计核算的初始资料，说明交易或者事项的来龙去脉，保证会计核算所提供的信息真实可靠。因此，会计核算主要是面向过去而不是未来。

(2) 会计核算主要从价值量上反映会计主体的经济活动状况

各企业、部门常用的计量单位有三种：实物量、劳动量和货币量。而货币所体现的价值计量是一种综合的计量。会计主要以货币为计量单位，利用价值形式去综合记录，核算各企业、部门的资源占用、劳动消耗、收入所得、资金运营、收益的实现及分配等。以货币作为主要的计量单位进行综合性的记录、核算是会计核算职能的一个重要特点。

(3) 会计核算具有连续性、系统性、全面性

会计核算的连续性是指对经济业务的记录必须是连续的，按照发生时间的先后顺序，逐笔、逐日、逐月、逐年，依次进行确认、计量和记录，不能间断。会计核算的系统性是指要采用科学的核算方法对会计信息进行加工处理，保证所提供的会计数据资料能够成为一个有序的整体，从而揭示客观经济活动的规律性。会计核算的全面性是指凡是应由会计核算的各项交易或者事项，都必须毫无遗漏地加以确认、计量、记录和报告。

(二) 会计监督职能

会计监督职能是指会计按照一定的目的和要求，利用会计信息系统所提供的信息，对会计主体的经济活动进行控制，使之达到预期的目标。会计在对经济活动进行正确、及时、完整核算的同时，还要以国家法规、制度和纪律以及财务计划和有关预算为依据，对各单位的经济活动进行全面的、经常的监督，以保证经济活动的合法性、合理性，制止各种违反财经纪律行为的发生。

会计监督职能具有以下特点。

(1) 会计监督具有强制性和严肃性

会计监督是依据国家的财经法规来进行的。会计人员管理一个企业及部门的钱、财、物，事关要害，责任重大。《会计法》赋予了会计机构和会计人员监督的权利，会计人员必须恪尽职守。同时也规定了会计人员的法律责任，会计人员必须严格遵守财经纪律。对于违反法律规定的会计人员，视情节严重可给予责令限期改正、处以罚款、给予行政处分、吊销会计从业资格证书等处罚；构成犯罪的，依法追究刑事责任。

(2) 会计监督具有连续性

社会再生产过程不间断，会计核算过程就不能停止。在这个过程中，始终离不开会计监督。各会计主体每发生一项经济业务，都要进行会计核算，同时，还要审查经济业务是否符合法律、法规、制度等，实行会计监督。

(3) 会计监督的职能也在发展

传统的会计监督是在手工操作的条件下，由于技术方法和手段落后，一般仅限于事后，即对已发生的经济活动进行分析、考核、评价和检查，监督其合理性、合法性和有效性。随着社会经济的不断发展，管理需求的增加和信息技术的进步，迫切地需要对经济活动进行事前预测、事中控制和事后检查分析，尤其是参与经营决策，会计监督职能必将不断被

赋予新的内容，即会计监督应包括事前监督、事中监督和事后监督。事前监督是指会计部门或会计人员在参与制定各种决策以及相关的计划、预算时，依据有关政策、法规、准则等的规定对各项经济活动的可行性、合理性、合法性和有效性等进行审查，它是对未来经济活动的指导。事中监督是指在日常会计工作中，随时审查所发生经济业务的合法性、合规性，一旦发现问题，及时提出建议或改进意见，促使有关部门或人员采取措施并予以改正。事后监督是指以事先制定的目标、标准和要求为依据，利用取得的会计信息资料对已经完成的经济活动进行考核、分析和评价。

（三）两大职能的关系

会计的核算职能与监督职能是相互联系、相辅相成的。核算职能是监督职能的基础，没有核算职能提供的可靠、完整的会计信息，监督就没有客观依据；监督职能是核算职能的强有力的保证，没有监督职能进行控制，提供有力的保证，就不能提供真实可靠的会计信息，也就不能发挥会计管理的能动作用，会计核算也就失去了存在的意义。会计的这两大基本职能密切配合，在经济管理活动中发挥着重要作用。

二、会计目标

（一）会计目标的内涵

会计目标是指在一定经济环境下，人们通过会计实践活动所期望达到的结果。会计目标会随着经济环境的变化和管理的要求而变化。古代会计早期，原始计量、记录的活动，其目的只不过是极其简单地对原始狩猎、采集活动成果进行管理与控制，以维持人类的生存。当私有制产生，会计活动进展到单式簿记阶段后，其目的则演变成对自己财产的保全、对各项收支的具体控制。至近现代社会，随着生产活动规模的扩大、管理社会经济资源所需知识的复杂化以及现代企业制度与资本市场的建立，会计不得不面对越来越多的利益相关者，对会计运行机制的各种竞争性要求也越来越多并越来越复杂，这便促使必须对会计运行机制的各种竞争性要求进行协调，利益相关者之间相互博弈与协调的结果是：对会计的要求越来越集中，最终达成对会计运行机制要求的共识，这就是会计目标。

在现阶段，可以将会计目标表述为：会计目标是以提高企业资金利用效率为基础，以实现企业利润更大化为根本目的，按照会计法规进行会计核算，实施会计管理，向会计主体内外部信息使用者提供有助于做出经济决策的以财务信息为主的经济信息。

会计目标指明了会计实践活动的目的和方向，同时也明确了会计在经济管理活动中的使命，成为会计发展的导向。

（二）会计目标的发展

关于会计目标问题的研究至少可以追溯到20世纪30年代，但是直到20世纪70年代，会计目标在会计准则体系中的重要作用才为会计准则制定机构所认同。1978年，美国财务会计准则委员会（FASB）发布了第1号财务会计概念公告——《企业财务报告的目标》，这标志着美国关于会计目标的研究达到顶峰。FASB以会计目标为起点的会计准则制定模式为美国的高质量会计准则奠定了基础，因此该模式也广为其他国家或国际组织所借鉴。英国、加拿大、澳大利亚以及国际会计准则理事会纷纷展开对会计目标的研究，以指导会计准则的制定。为了更好地指导我国会计准则体系的构建，我国会计理论界和会计准则制定机构也加大了对会计目标的研究力度，并取得了一定的成就，较好地发挥了对会计准则制定的导向作用。

从会计目标的实际演进结果来看，至20世纪70年代便基本形成“受托责任学派”与“决策有用学派”在研究中相互争论并日益融合的态势。

(1) 受托责任观

受托责任观产生的经济背景是企业所有权与经营权相分离，并且投资人与经营者之间有明确的委托与受托关系。受托责任观认为，财务会计的主要目标是管理当局向投资者、债权人等报告资源的运用情况，即评价受托经济责任。由于所有权和经营权的分离，资源的受托者就负有对资源的委托者解释、说明其活动及结果的义务。因此，会计的目标就是向资源的委托者报告资源受托管理情况。

受托责任观主要是从企业内部来谈的，重在向委托者报告受托者的受托管理情况，会计目标是向资源委托者提供信息。受托责任观是从监督角度考虑的，主要是为了监督受托者的受托责任。

(2) 决策有用观

决策有用观是20世纪70年代美国注册会计师协会出资成立的特鲁彼拉特委员会在对会计信息使用者进行了大量的实证调查研究后得出的结论。该委员会在1973年提出的研究报告中明确提出了12项财务报表的目标，其中前10个目标是针对营利性企业提出的，后2个目标是针对政府和非营利性组织提出的。其基本目标是“提供据以进行经济决策所需的信息”。1978年，美国财务会计准则委员会发布了第1号财务会计概念公告——《企业财务报告的目标》，充分表明了会计目标是建立财务会计准则体系的理论基础。

决策有用观是从企业会计信息的外部使用者来谈的。在决策有用观下，会计的目标是向信息使用者提供对决策有用的信息，信息的使用者不仅包括资源委托者而且还包括债权人、政府等和企业有密切关系的信息使用者。决策有用观侧重于信号角度，即会计信息能够传递信号，向信息使用者提供对决策有用的信息。

《企业会计准则——基本准则》第四条中明确规定：财务会计的目标是向财务会计的使用者提供与企业财务状况、经营成果和现金流量等有关的会计信息，反映企业管理层受托责任履行情况，有助于财务报告使用者做出经济决策。可以看出，我国有关会计目标的观点是兼顾了受托责任观和决策有用观。

第三节　会计对象与会计要素

一、会计对象

(一) 会计对象的定义

会计对象是会计所要反映核算和监督的内容，即说明会计核算和监督什么。社会再生产过程中发生的、能用货币表现的经济活动，就构成了会计的一般对象。社会再生产过程是由生产、分配、交换和消费四个相互联系的环节所构成的，它包括各种各样的经济活动，既有事物运动，又有价值运动。任何一个会计主体，企业、事业单位和其他组织经济活动的内容虽然各不相同，但它们的各项财产物资都可以用货币形式表现出来，这些以货币形式表现的财产物资以及货币本身就是资金。企业进行生产经营活动的资金称为经营资金，行政专业单位的财务收支活动的资金称为预算资金等。然而，这些资金又不是闲置不动的，而是随着经济业务的变化而不断运动的。因此，会计核算和监督的内容是那些能够用货币表现的资金运动。

由于不同的会计主体在国民经济中所处的地位和作用不同，它们的经济活动的内容和所应达到的目标也不一样，因此，每个会计主体的经济活动所包括的具体内容、形式也不相同，从而使会计核算和监督的具体内容产生了差异。下面就以产品制造企业来说明企业会计核算和监督的具体内容。

(二) 产品制造企业的资金运动

产品制造企业的主要经济活动是生产和销售产品，为社会提供商品或劳务，同时也为投资者和企业自身赚取利润，以满足国家经济发展的需要，满足企业自身扩大再生产的需要。产品制造企业的生产经营活动分为供应、生产和销售三个阶段。制造业企业的资金在企业的生产经营活动中，随着供应、生产、销售过程的不断进行，而沿着“货币资金—储备资金—生产资金—成品资金—货币资金”的轨道不断地改变其存在的形态，从而形成了制造企业资金的循环。企业的生产经营活动是连续不断的，资金循环也是不断重复的，这种周而复始的资金循环称为资金周转。资金周转过程如图 1-1 所示。

供应过程作为生产的储备过程，主要是为产品生产提供所需原材料等。在供应过程中，企业用货币资金购买原材料、支付材料运输及装卸费用等，并将所购材料存放在仓库备用。在这个过程中，物资货款的结算、采购费用的支付、物资采购成本的计算、物资的验收入库等，构成了供应过程核算的主要内容。资金的形态由货币资金转化为储备资金。

生产过程是各种劳动资料的消耗过程。在生产过程中，车间从仓库领用材料投入生产，生产工人借助劳动工具对材料进行加工，使其改变原有的实物形态，变为半成品，最后形成产成品。在这个过程中，除要消耗各种材料物资外，机器设备也发生磨损，同时还要支付生产工人工资及其他相关费用。这些物化劳动和活劳动的耗费，形成了产品的使用价值和价值。生产过程中的生产费用的发生、归集和分配以及产品成本的计算，构成产品生产活动业务核算的主要内容。随着产品的生产完工和验收入库，资金又从生产资金形态转化为成品资金形态。

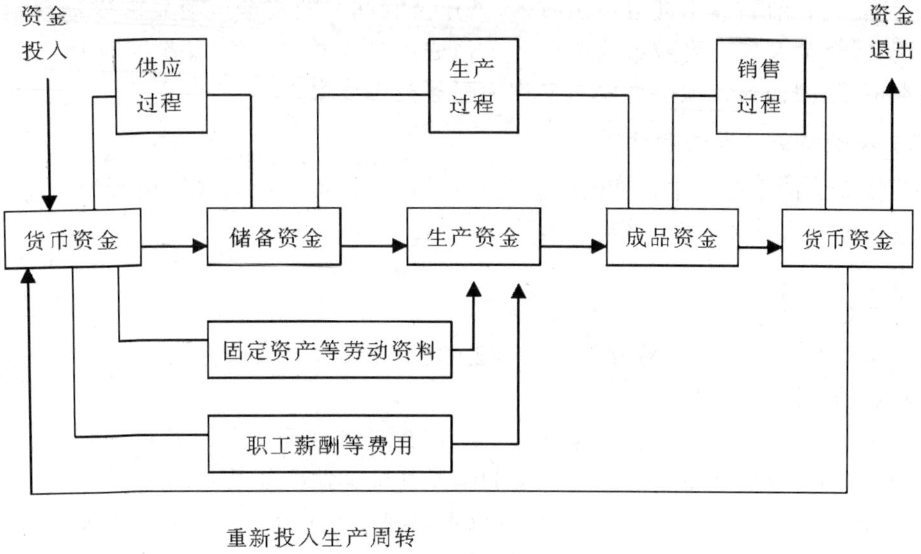

图 1-1 资金周转过程

销售过程是企业实现产品价值，取得收入、抵偿消耗、获得盈利的过程。在销售过程中，企业主要通过对产品进行包装、运输、广告宣传等活动将产品销售出去，并收回货币资金。销售过程核算的主要内容是确认营业收入的实现、计算和结转营业成本、计算和缴纳营业税金、支付营业费用和确定营业利润。在销售过程中，资金从成品资金形态转化为货币资金形态。

企业将取得的货币资金，补偿生产、销售过程中的全部耗费之后，剩余部分是企业实现的利润。企业实现的利润须按国家有关规定进行分配，分配结束后，产品制造业便完成了一个完整的生产经营过程。

以上分析可见，产品制造企业所拥有的资金随着经济活动的进行而不断运动、变化。概括地说，产品制造企业会计核算和监督的内容就是企业的资金及资金的运动。

二、会计要素

(一) 会计要素的概念

会计要素是对会计核算和监督的内容即企业资金运动按照一定标准所进行的概括和基本分类，是会计对象的具体化。

前已述及，资金运动由资金投入、资金循环与周转、资金退出三部分构成。资金投入包括企业所有者投入和债权人投入两类，从而形成企业的资产总额；债权人对投入资产的求偿权称为债权人权益，表现为企业的负债；企业所有者对投入资产（净资产，即资产、负债的差额)的所有权称为所有者权益,表现为企业的所有者权益。一方面,从某一特定日期来看,资产总额、负债及所有者权益的合计总额必然相等,由此分离出资产、负债及所有者权益三项资金运动相对静止状态的会计要素;另一方面,企业的各项资产经过一定时期的营运,将发生一定的耗费,生产出特定种类和数量的产品,产品销售后获得货币收入,收支相抵后确认当期损益,由此分离出收入、费用及利润三项资金运动显著变动状态的会计要素。资产、负债及所有者权益构成资产负债表的基本框架,收入、费用及利润构成利润表的基本框架,因而这六项会计要素又称为财务报告要素。

(二) 反映财务状况的会计要素

财务状况是指企业一定日期的资产及权益情况,是资金运动状态相对静止时的表现。反映财务状况的会计要素包括资产、负债、所有者权益三项。

1. 资产

(1) 定义

资产是指企业过去的交易或者事项形成的、由企业拥有或者控制的、预期会给企业带来经济利益的资源。

一个企业从事生产经营活动,必须具备一定数量的物质条件。这些物质条件一般统称为资产,它们是企业从事生产经营活动的物质基础。这些物质基础可以具有实物形态,如建筑物、机器设备、现金、原材料等;也可以不具有实物形态,如以债权形态出现的各种应收款项,以特殊权利形态出现的专利权、商标权等无形资产。

资产具有如下特点。

① 资产是由过去的交易或者事项形成的。过去的交易或者事项包括购买、生产、建造行为等。只有过去发生的交易或者事项的结果才能增加或减少企业的资产,未来的、尚未发生的、计划中的事项的可能后果不能确认为资产。

② 资产应为企业拥有或控制。拥有是指拥有所有权(产权);控制是指虽然没有所有权,但有支配使用权,如从银行取得借款存在企业的账户上,就形成企业的一项资产。企业只有拥有或控制资产,这些资源带来的经济利益才能为企业获得或享有。

③ 资产预期会给企业带来未来经济利益。所谓经济利益是指直接或间接地流入企业的现金或现金等价物。资产预期会给企业带来经济利益是指资产具有直接或间接导致现金和现金等价物流入企业的潜力。预期能给企业带来经济利益表明资产作为企业的资源,通过合理、有效的使用,在未来时期内能给企业带来经济利益。也就是说,资产有能直接或者间接带来现金流入企业的潜力。反之,在未来时期内不能给企业带来经济利益的资源,就不能归入企业的资产,如已明确无法收回的应收款项等。

(2) 资产的确认条件

要确认一项资产,必须满足确认资产的条件:在符合资产定义的基础上,同时满足以下条件时,才能确认为资产。

① 与该资源有关的经济利益很可能流入企业。能否带来经济利益是资产的一个本质特征,但在现实生活中,由于经济环境瞬息万变,与资源有关的经济利益能否流入企业或者能够流入多少,实际上带有不确定性。因此,资产的确认应当与对经济利益流入的不确定性程度的判断结合起来。如果根据编制财务报表时所取得的证据,与该资源有关的

经济利益很可能流入企业，那么就应当将其作为资产予以确认；反之，不能确认为资产。

② 该资源的成本或者价值能够可靠地计量。可计量性是所有会计要素确认的重要前提，只有当有关资源的成本或价值能够可靠地计量时，资产才能确认。比如，管理者的素质、职工群众的工作积极性和责任心、企业内部良好有效的控制制度等对企业经营成功具有不可低估的作用，但因无法以货币计量，就不能作为资产处理。

只有同时符合资产定义和资产确认条件的项目，才能确认为企业的资产，列入资产负债表；只符合资产定义，但不符合资产确认条件的项目，不能列入资产负债表。

(3) 资产的分类

企业的资产按其流动性可以分为流动资产和非流动资产。

① 流动资产是指企业主要为交易目的而持有，预计在一年内或超过一年的一个正常营业周期内变现、出售或者耗用的资产。流动资产按其变现能力的大小，主要包括货币资金、应收及预付款项、交易性金融资产、存货等。

流动资产的变现能力强，在企业生产经营过程中，其价值是一次计入成本，或在较短的时间内分几次转入成本费用，并从销售收入中得到补偿。流动资产具有价值周转快、实物形态不断变化的特点。

货币资金包括企业的库存现金、银行存款和其他货币资金。库存现金是存放在企业保险柜里的现金。银行存款是企业存放在银行或其他金融机构的货币资金。其他货币资金是企业除现金和银行存款以外的其他货币资金，包括外埠存款、银行汇票存款、银行本票存款、信用证存款、信用卡存款和存出投资款等。

应收及预付款项包括企业在日常生产经营中发生的各项债权，如应收账款、应收票据、其他应收款和预付账款。应收账款是指因销售商品或提供劳务应向购货单位或接受劳务的单位收取的款项。应收票据是指采用商业汇票结算方式下，企业因销售商品和提供劳动而收到的、尚未到期兑现的商业汇票。其他应收款是指其他原因所产生的应收款项，包括企业的备用金、应收各种赔偿款、应收各种罚款、应向职工收取的各种代垫款等。预付账款是指企业按照购货合同的约定，预先支付给供应单位的货款。

交易性金融资产是指为交易目的而持有的债券投资、股票投资和基金投资等。

存货是企业在日常活动中持有以备出售的产成品或商品、处在生产过程中的在产品、在生产过程或提供劳务过程中耗用的材料和物料等。制造业企业的存货包括原材料、燃料、辅助材料、周转材料、在产品及产成品等。

② 非流动资产是指计划长期持有，不准备在一年内变现的投资或为管理目的拥有或控制的资产。它包括持有至到期投资、长期股权投资、固定资产、无形资产和其他非流动资产等。

持有至到期投资是指企业购入的准备持有至到期收回的债券投资以及委托银行或金融机构向其他单位贷出的款项等。

长期股权投资是指企业以购买其他企业股票或以其他直接方式取得被投资企业的股权，其目的是为了长远利益而影响、控制其他在经济业务上相关联的企业。

固定资产是指企业为生产商品、提供劳务、出租或经营管理而持有的，使用寿命超过一个会计年度的有形资产，如房屋、建筑物、机器设备、运输工具以及其他与生产、经营有关的设备、工具、器具等。对于一些特殊方式形成的资产，企业虽对其不拥有所有权，但能够实际控制，如融资租入固定资产，按照实质重于形式原则的要求，也应作为企业的资产予以确认。

无形资产是指企业拥有或者控制的没有实物形态的可辨认的非货币性资产。它包括专利权、非专利技术、商标权、著作权、土地使用权、特许权等。

其他非流动资产是指除上述以外的资产，如长期待摊费用、特种储备物资以及冻结的资产等。

2. 负债

(1) 负债的定义

负债是指企业由过去的交易或者事项形成的、预期会导致经济利益流出企业的现时义务。负债具有以下基本特征。

① 负债是由过去的交易或者事项形成的。只有过去的交易或者事项才能形成负债，过去的交易或者事项包括购买货物、使用劳务、接受银行贷款等。企业将在未来发生的承诺、签订的合同等交易或者事项，不形成负债。

② 负债预期会导致经济利益流出企业。负债是要用资产或劳务进行清偿的，而清偿必然导致企业未来经济利益的流出。如果履行义务不会导致企业经济利益流出，就不符合负债的定义。在履行现时义务清偿负债时，导致经济利益流出企业的形式多种多样，例如，用现金偿还或以实物资产形式偿还，以提供劳务形式偿还，以部分转移资产、部分提供劳务形式偿还，将负债转为资本等。

③ 负债是企业承担的现时义务。现时义务是指企业在现行条件下已承担的义务，也就是说，企业要在未来偿还该项义务。如果是未来发生的交易或者事项形成的义务，就不属于现时义务，从而不是企业承担的债务，也就不能确认为企业的负债。这里所指的义务可以是法定义务，也可以是推定义务。法定义务是指具有约束力的合同或者法律法规规定的义务，通常必须依法执行。例如，企业购买原材料形成应付账款，企业向银行贷入款项形成借款，企业按照《中华人民共和国税法》(以下简称《税法》)规定应当缴纳的税款等，均属于企业承担的法定义务，需要依法予以偿还。推定义务是指根据企业多年来的习惯做法、公开的承诺或者公开宣布的政策而导致企业将承担的责任。例如，预期将为出售商品提供的保修服务就属于推定义务。

(2) 负债的确认条件

要确认一项负债，必须满足确认负债的条件：在符合负债定义的基础上，同时满足以下条件时，才能确认为负债。

① 与该义务有关的经济利益很可能流出企业。履行义务所需流出的经济利益带有不确定性，因此，负债的确认应当与对经济利益流出的不确定性程度的判断结合起来。如果有确凿证据表明，与现时义务有关的经济利益很可能流出企业，就应将其作为负债予以确认；反之，如果企业承担了现时义务，但是，导致经济利益流出企业的可能性已不复存在，就不符合负债的确认条件，就不应将其作为负债予以确认。例如，企业由于赊购材料形成一笔应付账款，由于供应方破产，并已清算完毕，债权人已不复存在，该项现时义务已不会导致经济利益流出企业，因此在资产负债表中就不应再将其确认为负债。

② 未来流出的经济利益的金额能够可靠地计量。对于与法定义务有关的经济利益流出金额，通常可以根据合同或者法律规定的金额予以确定。对于与推定义务有关的经济利益流出金额，企业应当根据履行相关义务所需支出的最佳估计数进行估计。由于经济利益的流出一般发生在未来期间，有时未来期间的时间还很长，在这种情况下，有关金额的计量通常需要考虑货币时间价值等因素的影响。

只有同时符合负债定义和负债确认条件的项目，才能确认为企业的负债，列入资产负债表；只符合负债的定义，但不符合负债确认条件的项目，不能列入资产负债表。

(3) 负债的分类

企业的负债按偿还期的长短划分为流动负债和非流动负债。

① 流动负债是指将在一年内或超过一年的一个营业周期内偿还的债务，包括短期借款、应付票据、应付账款、预收账款、应付职工薪酬、应交税费、应付利润、其他应付款、其他流动负债等。

短期借款是指企业为维持正常生产经营周转的需要而向银行或其他金融机构借入的、偿还期限在一年以内的各种借款。

应付票据是指企业因赊购货物或接受劳务而开出并承兑的商业汇票。

应付账款是指因赊购货物或接受劳务而应付给供应单位的货款。

预收账款是指企业按照购货合同的规定，预先收取购货单位的货款。

应付职工薪酬是指企业应该支付给员工的劳动报酬及福利。

应交税费是企业根据《税法》规定计算的应当缴纳的各种税款，包括增值税、消费税、所得税、资源税、房产税、城镇土地使用税等。

应付利润是指企业应该支付给投资者的利润，包括国家、其他单位和个人的投资利润。

② 非流动负债是指偿还期在一年内或超过一年的一个营业周期以上的债务，包括长期借款、应付债券、长期应付款等。

长期借款是指企业向银行或其他金融机构借入的偿还期在一年以上的各种借款。

应付债券是指企业为筹集长期资金而依照法定程序发行的，约定于某一特定日期还本付息的有价证券。

长期应付款是指除长期借款和应付债券以外的其他各种长期应付款项，如以分期付款方式购买的资产应付的款项、应付融资租赁固定资产的租赁费等。

3. 所有者权益

(1) 所有者权益的定义

所有者权益是指资产扣除负债后由所有者享有的剩余权益。它在数值上等于企业的全部资产减去全部负债后的余额。其实质是企业从投资者手中所吸收的投入资本及其增值。

企业投资者可以是国家、集体、法人，也可以是自然人。投资者把自己所拥有的经济资源投入企业，形成企业的资产，并通过企业经营使之增值，就自然应该享有一种可主张的权益，或称索求权，即所有者权益，如有权参与企业经营决策、有权参加分配股利等。所有者权益具有以下基本特征。

① 所有者投资可供企业长期使用，除非发生减资、清算，企业不需要偿还所有者权益。

② 企业清算时，只有在清偿所有的负债后，所有者权益才返还给所有者。

③ 投资者可按其出资的份额享受企业利润的权利和承担经营风险的责任。

(2) 所有者权益的确认条件

所有者权益体现的是所有者在企业中的剩余权益，其金额的大小取决于资产和负债的计量，即所有者权益＝资产－负债。因此，所有者权益的确认主要依赖于其他会计要素，尤其是资产和负债的确认，所有者权益金额的确定也主要取决于资产和负债的计量。例如，企业接受投资者投入的资产，在该资产符合企业资产确认条件时，就相应地符合了所有者权益的确认条件。

(3) 所有者权益的分类

在会计核算中，所有者权益具体包括实收资本（或股本）、资本公积、盈余公积和未分配利润。

① 实收资本。实收资本是指投资者按照企业章程或合同与协议的约定实际投入企业的资本，也是企业在工商部门注册的资本，在股份公司称为“股本”。

② 资本公积。资本公积是由投资者投入的超出其在注册资本或股本中所占份额的部分，但不能构成实收资本，属于资本溢价；直接计入所有者权益的利得和损失也属于资本公积的内容，归为其他资本公积。

③ 盈余公积。盈余公积是指企业按照规定的比例从税后利润中提取的各种积累。根据其用途不同又分为法定盈余公积和任意盈余公积两种。

④ 未分配利润。未分配利润是指企业留待以后年度分配的利润，在数量上等于期初未分配利润加本期实现的净利润扣除提取的盈余公积和分配给投资者利润后的余额。

(4) 所有者权益的来源

所有者权益的来源包括所有者投入的资本、直接计入所有者权益的利得和损失、留存收益等。

① 所有者投入的资本。它是所有者投入企业的资本额，包括构成企业注册资本或股本部分的金额，也包括投入资本超过注册资本或股本部分的金额。所有者投入资本时可投入货币，也可以投入非货币资产，如厂房、设备、商标等。

② 直接计入所有者权益的利得和损失。它是指不应计入当期损益、会导致所有者权益发生增减变动的、与所有者投入资本或者与所有者分配利润无关的利得或损失。其中，利得是指由企业非日常活动所形成的、会导致所有者权益增加的、与所有者投入资本无关的经济利益的流入。损失是指由企业非日常活动所发生的、会导致所有者权益减少的、与向所有者分配利润无关的经济利益的流出。

通常利得和损失包括直接计入所有者权益的利得和损失以及直接计入当期利润的利得和损失。前者反映在资产负债表中，后者反映在利润表中。

③ 留存收益。它是企业从历年实现的利润中提取或形成的留存于企业的内部积累，主要包括累计计提的盈余公积和未分配利润。

（三）反映经营成果的会计要素

1. 收入

(1) 收入的定义

收入是指企业在日常活动中形成的、会导致所有者权益增加的、与所有者投入资本无关的经济利益的总流入。

收入有以下基本特征。

① 收入是从企业日常活动中产生，而不是从偶发的交易或者事项中产生的。日常活动是指企业为完成其生产经营目标而从事的所有活动以及与之相关的其他活动。例如，制造业出售产品。企业非日常活动形成的经济利益的流入不能确认为收入，应计入利得。例如，出售固定资产所得就不作为收入。

② 收入会导致所有者权益的增加。与收入相关的经济利益的流入应当会导致所有者权益的增加，不会导致所有者权益增加的经济利益的流入不应确认为收入，如从银行取得借款。

③ 收入是与所有者投入资本无关的经济利益的总流入。收入能导致企业经济利益的流入，所有者投入资本也能导致企业经济利益的流入，但只有与所有者投入资本无关的经济利益的流入才是收入，如企业销售商品收到的现金。

(2) 收入的确认条件

收入的确认除了应当符合定义外，还应当满足下列条件。

① 与收入相关的经济利益很可能流入企业。

② 经济利益流入企业的结果表现为企业资产的增加或负债的减少，或二者兼而有之。

③ 经济利益的流入额能够可靠计量。

(3) 收入的构成

收入主要包括主营业务收入、其他业务收入、投资收益等。

① 主营业务收入，也称基本业务收入，指企业在其基本或主营业务活动中所获得的收入，包括因销售产品、商品、提供劳务等获得的收入。

② 其他业务收入，也称附营业务收入，指企业非主营业务活动所获得的收入，包括销售材料、技术转让、出租固定资产、出租包装物等获得的收入。

③ 投资收益，指企业对外投资所获得的收益减去发生的投资损失后的净额。

以上所述的收入是狭义的收入，又称营业收入。广义的收入还包括营业外收入。营业外收入是指企业发生的与其生产经营活动无直接关系的各项收入，包括处置固定资产净收益、处置无形资产净收益、接受捐赠财产净收益、无法支付的应付账款和罚款收入等。

2. 费用

(1) 费用的定义

费用是指企业在日常活动中发生的、会导致所有者权益减少的、与向所有者分配利润无关的经济利益的总流出。

费用具有以下特征。

① 费用是日常活动中形成的。企业非日常活动所形成的经济利益的流出不能确认

为费用，如企业出售非流动资产损失。

② 费用会导致所有者权益的减少。与费用相关的经济利益的流出应当会导致所有者权益的减少。不会导致所有者权益减少的经济利益的流出不符合费用的定义，不应确认为费用，如对其他单位的投资。

③ 费用是与向所有者分配利润无关的经济利益的总流出。费用的发生应当会导致经济利益的流出，从而导致资产的减少或者负债的增加，主要表现为现金的流出、存货的消耗等。尽管向所有者分配利润也会导致经济利益的流出，但这种经济利益的流出属于所有者权益的抵减，不应确认为费用。

(2) 费用的确认条件

费用的确认除了应符合定义外，还应当满足下列条件。

① 与费用相关的经济利益很可能流出企业。经济利益是否很可能流出企业，是费用确认的基本条件。如果经济利益很可能流出企业，则在满足其他条件时才能确认为费用；如果经济利益不是很可能流出企业，或者流出企业的可能性小于不能流出企业的可能性，则即使满足其他确认条件，也不能确认为费用。

② 经济利益流出的结果表现为资产的减少或负债的增加，或二者兼而有之。

③ 经济利益流出额能够可靠计量。流出企业的经济利益只有在能够可靠计量时，才有可能确认并在利润表中加以列示；反之，则无法在利润表中加以列示。

(3) 费用的构成

费用是在企业日常活动中发生的。企业在销售商品、提供劳务等日常活动中所发生的费用可分为两类：一类是应计入产品成本的生产费用，即成本，包括直接材料、直接人工和制造费用；另一类是不应计入产品成本而直接计入当期损益的期间费用，包括管理费用、财务费用和销售费用、营业税金及附加、资产减值损失、投资净损失等。

上面所说的费用是狭义费用。广义费用还包括所得税费用，以及非日常活动中形成的直接计入当期利润的损失(或支出)，即营业外支出，如固定资产盘亏净损失，处置固定资产、无形资产净损失，罚款支出，捐赠支出和非常损失等。所得税费用是指企业确认的应当从当期利润总额中扣除的按《税法》规定向国家缴纳的所得税，作为计入当期损益的一项费用。所得税费用既包括日常活动形成的所得税费用，也包括非日常活动形成的所得税费用，故所得税费用既不属于(狭义)费用，也不属于“损失”。

3. 利润

(1) 利润的定义

利润是指企业在一定会计期间的经营成果，包括收入减去费用后的净额、直接计入当期利润的利得和损失等。

直接计入当期利润的利得和损失，是指应当计入当期损益、会导致所有者权益发生增减变动、与所有者投入资本或者向所有者分配利润无关的利得或者损失，如固定资产处置损益等。

利润具有以下特征。

① 利润既反映企业日常活动的经营业绩，又反映非日常活动的业绩。日常活动的经营业绩是指狭义收入减去狭义费用后的净额，称为营业利润。非日常活动的业绩是指利得减去损失(即“营业外收入－营业外支出”)的收支净额。也就是说，利润是一定会计期

间收入与费用、利得与损失配比后的结果，反映会计期间的经营成果。

② 利润的实现，其结果是所有者权益的增值。

(2) 利润的确认条件

利润反映的是收入减去费用、利得减去损失后的净额的概念。因此，利润的确认主要依赖于收入和费用以及利得和损失的确认，其金额的确定也主要取决于收入、费用、利得、损失金额的计量。

(3) 利润的组成内容

在利润表中，利润分为营业利润、利润总额和净利润三个层次。

① 营业利润是指营业收入加上投资收益(或减去投资损失)、公允价值变动收益(或减去公允价值变动损失)，减去营业成本、营业税金及附加、期间费用、资产减值损失后的金额。计算公式如下：

营业利润＝营业收入－营业成本－营业税金及附加－销售费用－管理费用－财务费用－资产减值损失±公允价值变动损益±投资损益

② 利润总额又称税前利润，是营业利润加上营业外收入，减去营业外支出(即利得和损失)后的金额。计算公式如下：

利润总额＝营业利润＋营业外收入－营业外支出

③ 净利润又称税后利润，是利润总额减去所得税费用后的金额。计算公式如下：

净利润＝利润总额－所得税费用

总之，会计要素是对会计对象进行的基本分类，它在核算和监督企业的经济管理活动中发挥了重要作用。

第四节 会计核算的基本前提与会计信息质量要求

一、会计核算的基本前提

作为一名会计人员，为谁记账？何时记账、算账、报账？会计核算和监督的范围有多大？资金运动能否持续进行下去？采用什么计量手段？这些都是会计人员首先需要解决的问题。

现代会计所处的社会经济环境不仅复杂，而且变幻莫测。这种社会经济环境决定了各单位会计活动中必然存在着许多变化不定的因素。会计人员要全面反映和监督各种经济活动，为各有关方面提供有用的会计信息，就必须明确会计核算的基本前提。

会计核算的基本前提，也称会计假设，是指所有企业会计人员在进行会计核算工作时，都必须遵循的先决条件，是在进行会计核算工作之前，对会计核算的已经明确或不明确的不确定情况所做的限定或姑且认定。其中，明确的不确定情况是指某事件的几种可能情况已经明确，不确定仅仅是因为没有限定而不确定，一旦做了限定，就不会出现其他情况。例如,会计基础只有两种情况:权责发生制和收付实现制。在没有限定之前,企业就可以在两种情况中任取其一,一旦限定了采用权责发生制,就不会出现采用收付实现制作为会计基础的情况。不明确的不确定情况是指某事件的几种可能是不明确的,即使做了限定也不能保证不出现其他情况。例如,企业经营的时间长度虽然只有持续经营和解散清算两种可能,但这是不明确的,即使限定了持续经营,也不能保证企业以后就一定不会解散清算。因此,对不明确的不确定情况所做的限定,实际上是姑且认定,就是人们通常所说的会计假设。又如,会计人员在记录企业的应收账款时,由于无法确定与这笔应收账款相关的债务人最终是否能偿还,因而要假定债务人将会继续经营下去,而且有义务和能力清偿这笔债务,所以可以不考虑债务人出现破产的可能性。可见,会计核算的基本前提是会计核算工作的基础,离开了会计核算的基本前提,会计核算将会一片混乱,会计核算工作就无法顺利、正常地进行。

根据现代财务会计理论与国际上的主要财务会计概念框架,会计核算的基本前提包括会计主体、持续经营、会计分期和货币计量。

(一) 会计主体

会计主体是指会计为之服务的特定单位。《企业会计准则——基本准则》第五条指出:企业应当对其本身发生的交易或者事项进行会计确认、计量和报告。这是对会计主体假设的描述。也就是说,会计核算是反映一个特定企业的经济业务,只记本主体的账。尽管企业本身的经济活动总是与其他企业、单位或个人的经济活动相联系,但对于会计来说,其核算的范围既不包括企业所有者本人,也不包括其他企业的经济活动。会计主体假设界定了会计工作的空间范围。

会计主体不同于法律主体。一般来说,法律主体必然是一个会计主体,但是,会计主体不一定是法律主体,如独资企业、合伙企业都可以作为会计主体,但都不是法人。会计主体一般都是一个独立核算的经济实体,也是需要单独反映经营成果与财务状况、编制独立财务报告的实体。

会计主体基本前提的意义在于以下两点。

(1) 会计主体基本前提确定了会计核算的空间范围

它要求会计核算应当区分企业自身的经济活动与其他企业、单位的经济活动,区分企业的经济活动与企业所有者和债权人的经济活动。企业的会计记录和财务报表只涉及会计主体本身的经济活动,既不核算企业所有者和债权人的经济活动,也不核算其他企业或其他经济主体的经济活动。

(2) 会计主体基本前提划定了会计核算所要处理的经济业务事项的范围

只有那些影响会计主体经济利益的经济业务事项才能正确反映企业财务状况、经营成果和现金流量,企业的所有者或投资者、债权人以及社会其他有关方面,才能从企业的会计记录和财务报表中得到有用的会计信息。

(二) 持续经营

持续经营是指会计主体的经营活动将无限期地延续下去,在可以预见的未来不会因破产、清算、解散等而不复存在。《企业会计准则——基本准则》第六条指出:企业会计确认、计量和报告应当以持续经营为前提。这是对持续经营假设的描述。持续经营假设指会计核算应当以企业持续、正常的生产经营活动为前提,而不是考虑企业是否破产、清算等,在此前提下选择会计程序及会计处理方法,进行会计核算。

持续经营假设的现实意义在于,它使得企业能够履行既定的合同和承诺的条款,从而正确解决资产计价以及相关会计政策选择的问题。例如,采用历史成本计价,要求企业能够在正常情况下运用它所拥有的各种经济资源,并依照原来的承诺偿付其所负担的债务。又如,只有假设企业持续经营,才能采用折旧的方法将购置固定资产的支出同它们能够获得的利润相联系。

持续经营假设具有一定的主观性。尽管在激烈的市场竞争中,每个企业都有可能被兼并、改造,甚至破产,但是大部分企业在一定时期内都会稳定经营。因此,除非有充分的证据表明企业已经破产或被清算,否则,都应认为每个会计主体将无限期地持续经营下去。但是,当企业被判定不再符合持续经营假设时,应当改变会计核算方法。

(三)会计分期

会计分期是指在企业持续经营的基础上,人为地规定会计信息的提供期限,将企业持续不断的生产经营活动划分为一个个连续的、长短相同的期间,这些期间被称为会计期间。《企业会计准则——基本准则》第七条指出:企业应当划分会计期间,分期结算账目和编制财务报告。这是对会计分期假设的描述。

依照会计核算的持续经营前提,企业的经营活动是连续不断进行的。因此,非到结束经营进行清算之日无法确定企业真正的损益。因为只有在这时企业的全部经营活动才结束,企业的净收益方可确定。但是,在正常情况下,会计人员无法知道企业在什么时间结束其经营活动,企业的利益关系人,如债权人、投资者、政府主管机构和税收部门等,都需要不断地了解企业的经营成果,以便进行各种决策和行动,绝不能等到该企业结束经营时才来考查、计算它的经营成果。唯一的办法是在企业的持续经营中,设定企业的经营活动是可以间断的,并且人为地按照习俗上通行的期限,划分为一系列间隔相等、首尾相连的较短时期,作为损益计算期间。为此,会计核算应当划分会计期间,分期结算账目和编制财务报告。

会计期间通常分为年度和中期。按照惯例,一般以年度为最基本的会计期间。我国以日历年度作为企业的会计年度,即公历 1 月 1 日起至 12 月 31 日止。中期是指短于一个完整的会计年度的报告期间,即在会计年度内,再划分较短期间,有半年度、季度、月度等。企业可在相应的会计期间进行核算,提供该会计期间内企业的会计信息。

会计分期假设有着重要的意义。有了会计分期,才产生了本期与非本期的区别,才产生了收付实现制和权责发生制,使会计主体有了相应的记账基础,进而出现了折旧、摊销等会计处理方法。只有正确地划分会计期间,才能准确地提供财务状况和经营成果的资料,才能进行会计信息的对比。

(四)货币计量

货币计量是指会计主体在进行会计核算时,应以货币作为计量单位,反映会计主体的经营活动。《企业会计准则——基本准则》第八条指出:企业应当以货币计量。这是对货币计量假设的描述。

选择以货币为计量单位，是由货币本身的属性决定的。货币是商品的一般等价物，是衡量一般商品价值的共同尺度，具有价值尺度、流通手段、储藏手段和支付手段等特点。其他计量单位，如实物量度、劳动量度，只能从一个侧面反映企业的经营状况，无法在量上进行汇总和比较，不便于会计计量和经营管理，只有用货币作为计量单位，才能全面地反映企业的财务状况、经营成果和现金流量等会计信息。

在我国，要求企业对所有经济业务采用同一种货币作为统一的尺度来进行计量。若企业的经济业务有两种以上的货币计量，应该选用一种作为基准，称为记账本位币。记账本位币以外的货币则称为外币。我国有关会计法规规定：企业会计核算以人民币作为记账本位币；业务收支以外币为主的企业，也可以选定某种外币作为记账本位币，但编制的财务报表应当折算为以人民币反映。

货币本身也有价值，它是通过货币的购买力或物价水平表现出来的。在市场经济条件下，货币的价值也在发生变动，币值不稳定，甚至有些国家出现过比较严重的通货膨胀，对货币计量提出了挑战。因此，我们在确定货币计量假设时，必须同时假设币值是稳定的，不会有大的波动，或者前后期的波动能够被抵销。但是，在恶性通货膨胀下，就需要采用特殊的会计原则（如物价变动会计原则）来处理有关的经济业务。

会计假设虽然是人为确定的，但完全是出于客观的需要，有充分的客观必然性，否则，会计核算工作就无法进行。这四项假设缺一不可，既有联系也有区别，共同为会计核算工作的开展奠定了基础。

二、会计信息质量要求

会计信息质量要求，也称会计信息质量特征或会计信息质量标准，是对企业财务报告中所提供的会计信息质量的基本要求，是为保证所提供的会计信息对信息使用者决策有用而要求其应具备的基本特征，主要包括可靠性、相关性、可理解性、可比性、实质重于形式、重要性、谨慎性和及时性等。其中，可靠性、相关性、可理解性、可比性是会计信息的首要质量要求，是会计信息应具备的基本质量特征；实质重于形式、重要性、谨慎性和及时性是会计信息的次级质量要求，是对首要质量要求的补充和完善。

（一）首要质量要求（基本质量特征）

1. 可靠性

可靠性，也称真实性、客观性，是要求企业应当以实际发生的交易或者事项为依据进行确认、计量和报告，如实反映符合确认和计量要求的各项会计要素及其他相关信息，保证会计信息真实可靠、内容完整。

可靠性要求企业的会计核算全过程，从填制凭证、登记账簿，到编制财务报表，任何一个环节都不允许弄虚作假、隐瞒谎报。只有真实的会计资料才是有用的，才能满足各有关方面了解企业财务状况和经营成果，以进行决策的需要。

可靠性要求会计核算的各个阶段，包括会计确认、计量、记录和报告，必须符合会计真实客观的要求，必须以实际发生的经济活动及表明经济业务发生的合法凭证为依据。

会计信息可靠并非指绝对精确。这是因为，在会计实务中，有些数据只能根据会计人员的经验或对未来的预计予以计算。例如，固定资产的折旧年限、制造费用分配方法的选择等，都会受到一定程度的个人主观意志的影响。不同会计人员对同一经济业务的处理出现不同的计量结果是在所难免的。因此，会计记录和报表的结论，在一定程度上是近似的而不是精确的，但却是真实的。会计人员应在统一标准的条件下将可能发生的误差降到最低程度，以保证会计核算提供的会计资料真实可靠。

2. 相关性

相关性，也称有用性，要求企业提供的会计信息应当与财务报告使用者的经济决策需要相关，有助于财务报告使用者对企业过去、现在或者未来的情况做出评估或者预测。

信息要成为有用的信息，就要求这些信息必须与使用者的经营决策相关。当信息通过财务报告帮助信息使用者对企业过去、现在或者未来的情况做出评价或者预测时，信息就具有了相关性。这就要求信息具有预测价值和反馈价值(亦称验证价值)。预测价值是指相关的会计信息还应当有助于使用者根据财务报告所提供的会计信息预测企业未来的财务状况、经营成果和现金流量，有利于使用者做出正确决策。反馈价值是指相关的会计信息应当能够有助于使用者评价企业过去的决策，证实或者修正过去的有关决策，以利于未来的决策。

会计信息相关性质量要求是指会计信息应当符合国家宏观经济管理的要求，满足有关各方了解企业财务状况、经营成果和现金流量的需要，满足企业加强内部经营管理的需要。

相关性是会计工作和会计信息本质的体现，因为会计的目标就是向信息使用者提供会计信息。只有对信息使用者决策有用的信息，才是会计应当披露的信息。因此，相关性要求的相关，是指与信息使用者的决策相关，需要企业在确认、计量和报告会计信息的过程中，充分考虑使用者的决策模式和信息需要。但是，相关性是以可靠性为基础的，会计信息应在可靠性前提下，尽可能地做到相关性，以满足会计信息使用者的决策需要。

3. 可理解性

可理解性，也称清晰性、可辨认性，是要求企业提供的会计信息应当清晰明了，便于财务报告使用者理解和使用。

提供会计信息的目的在于使用，因此，必须了解会计信息的内涵，明确会计信息的内容，如果无法做到这一点，就谈不上决策的有用性。

会计信息是专业人员按照会计的专门方法，对大量的经济业务数据进行系统加工整理的结果。会计信息使用者具备的会计知识往往是有限的，如果提供的会计信息不能让信息使用者正确理解，会计信息就失去了使用价值。按照可理解性要求，会计人员提供的会计信息应做到会计记录清晰，文字使用规范、简洁，财务报告项目完整、关系清楚、数字准确。

4. 可比性

可比性是要求企业提供的会计信息应当相互可比。

可比性包含两层含义：一是同一企业不同时期可比，即要求同一企业不同时期发生的相同或者相似的交易或者事项，应当采用一致的会计政策，不得随意变更，以便于会计信息使用者通过分析会计信息了解企业的过去、现在和未来发展趋势;二是不同企业相同会计期间可比,即要求不同企业同一会计期间发生的相同或者相似的交易或者事项,应当采用规定的会计政策,确保会计信息口径一致,相互可比,以便于会计信息使用者对不同企业的会计信息进行比较、分析和汇总,从而有助于信息使用者做出正确决策。实际上,可比性既要求同一企业不同会计期间的会计信息纵向可比,也要求不同企业在同一会计期间的会计信息横向可比。

需要说明的是,会计信息的可比不是绝对可比,而是相对可比,因为在《企业会计准则》中,对同一项会计事项的处理方法可有多种选择。例如,固定资产折旧的方法有年限平均法、双倍余额递减法、年数总和法等,企业选择不同的方法,则期末就会出现不同的财务成果。可比性要求同一企业使用的会计处理程序和方法应当尽可能前后各期保持一致,不得随意变更,但并不绝对禁止会计政策的变更。

(二)次要质量要求

1. 实质重于形式

实质重于形式是要求企业应当按照交易或者事项的经济实质进行会计确认、计量和报告,不应仅以交易或者事项的法律形式为依据。

在会计核算过程中,企业发生的交易或者事项在多数情况下,其经济实质和法律形式是一致的,企业发生的交易或者事项的法律形式并不总能完全真实地反映其经济实质,在有些情况下也会出现不一致。这就要求企业必须根据交易或者事项的经济实质来进行判断,而不能仅仅依据它们的法律形式。例如,企业融资租入的固定资产在租赁期未满以前,从法律形式讲,所有权并没有转移给承租人,但从经济实质上讲,与该项固定资产相关的收益和风险已经转移给承租人,承租人实际上也能行使对该项固定资产的控制,因此承租人应该将其视同自有的固定资产,一并计提折旧和大修理费用。又如,企业按照销售合同销售商品,但又签订了售后回购协议,虽然从法律形式上看实现了收入,但如果企业没有将商品所有权上的主要风险和报酬转移给购货方,就没有满足收入确认的各项条件,即使签订了商品销售合同或者已将商品交付给购货方,也不应当确认为销售收入。通常应当将该售后回购协议作为融资协议来处理。如果企业仅以交易或者事项的法律形式为依据进行会计确认、计量和报告,则容易导致会计信息失真,无法如实反映经济事实。

遵循实质重于形式原则,体现了对经济实质的尊重,能够保证会计核算信息与客观经济事实相符。

2. 重要性

重要性是要求企业提供的会计信息应当反映与企业财务状况、经营成果和现金流量等有关的所有重要交易或者事项。重要性应当包括以下几点。

(1) 重要性的确认

如果财务报告中提供的会计信息的省略或者错报会影响投资者或其他使用者据此做出决策的,该信息就具有重要性。

(2) 重要性的判断

重要性可从质和量两个方面加以判断。从性质方面来看,一项交易或者事项对信息使用者决策产生较大影响,该交易或者事项就具有重要性。从数量方面来看,一项交易或者事项达到一定数量或比例，就可能对信息使用者决策产生较大影响，该交易或者事项就具有重要性。

(3) 重要性的处理

重要性要求是指财务报告在全面反映企业的财务状况和经营成果的同时，应当区别经济业务和重要程度，采用不同的会计处理程序和方法。具体来说，对于重要的经济业务应单独核算、分项反映，力求准确，并在财务报告中做重点说明；对于不重要的经济业务，在不影响会计信息真实性的情况下，可适当简化会计核算或合并反映，以便集中精力抓好关键。

需要明确的是，重要性具有相对性，并不是同样的业务对不同的企业都是重要或不重要的事项。在一个规模较小的企业中可能认为是重要的项目，在一个规模较大的企业中就可能被认为是不太重要或并不重要的项目。因此，重要性的应用需要依赖职业判断，企业应当根据其所处的环境和实际情况，从项目的性质和金额两方面加以判断。

3. 谨慎性

谨慎性，也称稳健性或保守性，是指企业对交易或者事项进行会计确认、计量和报告应当保持应有的谨慎，不应高估资产或者收益、低估负债或者费用。

谨慎性要求当企业某项经济业务或会计事项存在不同的处理方法和程序可供选择时，会计人员在不影响合理选择的前提下，应尽量选用能合理核算可能发生损失或者费用的会计处理方法，避免多计资产或者收益。

在企业的生产经营活动面临着许多风险和不确定性的情况下，从维护会计主体的利益出发，对某些不确定性的经济业务，需要选择特定的会计方法做出慎重的会计处理。对费用和负债要充分估计，对资产和收益要适当从低估计；对可能发生的损失应及时计算入账，对可能发生的收益不得预计列账。这样就能较好地避免企业发生虚盈实亏的现象，有利于保护债权人利益，也有利于提高企业在市场上的竞争能力。

企业在运用谨慎性时，不能滥用，不能以谨慎性为由任意计提各种准备，即秘密准备。在实际执行时，有些公司滥用会计政策，在某一会计年度大量计提损失准备，待下一会计年度再予以转回，以此进行利润转移。《企业会计准则》规定，企业不得计提秘密准备，计提秘密准备的，作为重大会计差错，按重大会计差错更正的处理方法进行处理。

4. 及时性

及时性是指企业对已经发生的交易或者事项，应当及时进行会计确认、计量和报告，不得提前或者延后。

会计信息的价值在于失去其决策价值前帮助会计信息使用者做出经济决策，具有时效性，应当及时提供给信息使用者，使需要的人们在“第一时间”得到相关的信息并据此做出判断与选择。即使是可靠、相关的信息，如果不及时提供，就会失去时效性，对于使用者的效用就会大大降低，不能满足使用者的决策需求。

及时性的要求表现在及时收集会计数据；及时对所收集的会计数据进行会计处理，编制财务报告；及时传递会计信息，将会计信息提供给信息使用者。

上述会计信息质量要求被人们称为会计核算的八项基本原则。其中，及时性还是会计信息相关性和可靠性的制约因素，因为及时提供会计信息可能会损害可靠性，拖延又可能失去相关性。这就要求企业在相关性和可靠性之间寻求一种平衡，以确定信息披露的时间。

第五节　会计核算的基本程序与会计核算方法

一、会计核算的基本程序

会计在行使其核算职能时必须遵照一定的程序，采用相应的核算方法，才能保证会计目标的实现。所谓会计核算的基本程序，是指会计数据处理与会计信息加工的程序，也就是对会计要素进行确认、计量、记录和报告的过程。

从取得原始数据到将会计信息提供给信息使用者，会计核算工作要经过会计确认、会计计量、会计记录和会计报告等一系列特定程序，如图 1-2 所示。

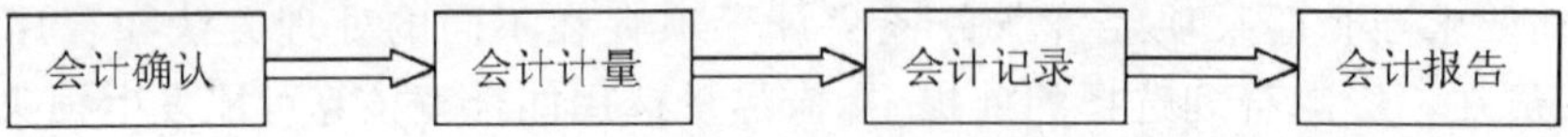

图 1-2　会计核算基本程序

（一）会计确认

为了保证企业提供的会计信息的有用性，面对企业经济活动中产生的大量经济信息，哪些应进入本企业会计核算系统，哪些不应进入会计核算系统，需要会计人员根据一定的会计标准进行识别与筛选，即应进行必要的会计确认。

会计确认就是按照一定的会计标准，对应由会计系统处理的各项经济业务和经济信息进行明确和认定的过程。它涉及会计核算的全过程，具体包括初始确认与最终确认两个过程。

1. 初始确认

所谓初始确认是指当企业发生各项经济业务时，确定反映各项经济业务的原始经济信息是否可进入本企业会计核算系统，应记入哪个会计要素及相应的会计账簿以及应何时记入。经过初始确认的经济信息首先要按一定标准进行审核与分类，然后运用复式记账法编制记账凭证，继而登记有关账簿，使经济信息转化为会计信息。

2. 最终确认

所谓最终确认是指对会计账簿中记录的会计信息是否应列入财务报表以及如何列入财务报表的过程。最终确认实际上是对已经形成的会计信息再提纯、再加工，以保证会计信息的真实性和正确性。

初始确认与最终确认的作用是不同的。初始确认决定了已发生的经济信息能否转化为会计信息，最终确认是对已进入会计核算系统的会计信息是否再提纯、再加工以及如何列入财务报表的决定。经过初始确认和最终确认，可以保证会计信息的真实性和有用性。

另外,确认会计要素的时间基础分为以下两种情况。

① 以交易或者事项实际发生的会计期间为确认的时间基础。

② 以收取款项的权利或支付款项的责任应当发生的会计期间为确认的时间基础,通常称为权责发生制。

权责发生制,就是对于收入和费用,不论是否有款项的收付,按其是否影响各会计期间经营成果的受益情况,确定其归属期。也就是说,凡属本期的收入,不管其款项是否收到,都应作为本期收入;凡属本期应当负担的费用,不管其款项是否付出,都应作为本期费用。反之,凡不归属本期的收入,即使款项已经收妥,也不能作为本期收入;凡不应归属本期的费用,即使款项已经付出,也不能作为本期费用。由于权责发生制确定本期收入和费用是以"应收应付"作为确认标准,而不问款项的收付,所以又称为"应计制"或"应收应付制"。

与权责发生制相对应的是收付实现制。收付实现制是指以实际收到或付出款项的日期确定其归属期。也就是说,凡属本期收到的收入和支付的费用,不管其是否应归属于本期,都作为本期的收入和费用;反之,凡本期未收到的收入和未支付的费用,即使应归属本期,也不能作为本期的收入和费用。由于收付实现制确定本期收入和费用是以现金收付为准,所以又称为"现金制"或"实收实付制"。《企业会计准则——基本准则》明确规定:企业应当以权责发生制为基础进行会计确认、计量和报告。

权责发生制与收付实现制是确定收入和费用的两种截然不同的会计核算依据与会计处理基础。正确地应用权责发生制是会计核算中非常重要的一项工作。

现举例说明权责发生制和收付实现制下会计处理的特点。

【例 1-1】 企业于 3 月 8 日销售一批商品,3 月 19 日收到货款,存入银行。

这笔销售收入由于在 3 月份收到了货款,按照收付实现制的处理标准,应作为 3 月份的收入入账。

在权责发生制下,收入的归属期和款项的实际收到日期属于相同的会计期间,也作为 3 月份的收入入账。

【例 1-2】 企业于 3 月 10 日销售一批商品,4 月 8 日收到货款,存入银行。

这笔销售收入虽然属于 3 月份实现的收入,但由于是在 4 月份收到了货款,按照收付实现制的标准,则应将其作为 4 月份的收入入账。

在权责发生制下,应作为 3 月份的收入,因为收入的权利在 3 月份就实现了。

【例 1-3】 企业于 3 月 15 日收到某购货单位一笔货款,存入银行,但按合同规定于 5 月份交付商品。

这笔货款虽然属于 5 月份实现的收入,但由于是在 3 月份收到了款项,按照收付实现制的处理标准,则应将其作为 3 月份的收入入账。

在权责发生制下,应作为 5 月份的收入,因为 3 月份只是收到款项,并没有实现收入的权利。

【例 1-4】 企业于 12 月 26 日以银行存款预付来年全年的保险费。

这笔款项虽然属于来年各月应负担的费用,但由于在本年 12 月份支付了款项,按照收付实现制的处理标准,应将其作为本年 12 月份的费用入账。

在权责发生制下，应作为第二年的费用，因为支出的义务在第二年。

【例 1-5】 企业于 12 月 28 日购入一批办公用品，但款项在来年的 3 月份支付。

这笔费用虽然属于本年 12 月份负担的费用，但由于款项是在来年 3 月份支付，按照收付实现制的处理标准，应将其作为来年 3 月份的费用入账。

在权责发生制下，应作为本年 12 月份的费用，因为本年 12 月份已经发生支出的义务了。

【例 1-6】 企业于 12 月 30 日用银行存款支付本月水电费。

这笔费用由于在本年 12 月份付款，按照收付实现制的处理标准，应将其作为本年 12 月份的费用入账。

在权责发生制下，费用的归属期和款项的实际付出日期属于相同的会计期间，也应将其作为本年 12 月份的费用入账。

【例 1-7】 企业出租房屋的租金收入，1 月份一次收讫上半年的租金。

按照收付实现制的处理标准，全部作为 1 月份的收入入账。

在权责发生制下，1 月份的租金收入为整笔收入的 1/6，其余部分在 1 月份作为预收收入。

【例 1-8】 企业 1 月份把全年的报刊费一次付讫。

按照收付实现制的处理标准，全部作为 1 月份的费用入账。

在权责发生制下，1 月份的报刊费仅为整笔支出的 1/12，其余部分在 1 月份作为预付费用。

（二）会计计量

会计计量是对经济活动进行量化的过程，是对会计对象的内在数量关系加以衡量、计算、确定，使其转化为能以货币表现的财务信息和其他有关的经济信息，以便集中综合反映企业的财务状况及其变动和财务成果的过程。会计计量包括计量单位和计量属性两个方面的内容。

会计核算主要以货币为计量单位，但也会辅助采用实物和劳动等计量单位，如记录采购材料的数量、生产产品耗费的工时等。

计量属性是计量会计要素时的价格标准。目前，我国《企业会计准则——基本准则》中规定的会计计量属性主要包括历史成本、重置成本、可变现净值、现值和公允价值。

1. 历史成本

历史成本，又称实际成本，就是取得或制造某项资产时所实际支付的现金或现金等价物，或负债发生时承担现时义务的金额。

在历史成本计量下，资产按照其购置时支付的现金或者现金等价物的金额，或者按照购置资产时所付出的等价的公允价值计量。负债按照其因承担现时义务而实际收到的款项或者资产的金额，或者承担现时义务的合同金额，或者按照日常活动中为偿还负债预期需要支付的现金或者现金等价物的金额计量。

2. 重置成本

重置成本又称现实成本，是指按照当前市场条件，重新取得同样一项资产所需支付的现金或现金等价物金额。

在重置成本计量下，资产按照现在购买相同或者相似资产所需支付的现金或者现金等价物的金额计量。负债按照现在偿还该项债务所需支付的现金或者现金等价物的金额计量。在实务中，重置成本多应用于盘盈固定资产的计量等。

3. 可变现净值

可变现净值是指在正常生产经营过程中，以预计售价减去进一步加工成本和预计销售费用以及相关税费后的净值。

在可变现净值计量下，资产按照其正常对外销售所能收到现金或者现金等价物的金额扣减该资产至完工时估计将要发生的成本、估计的销售费用以及相关税费后的金额计量。可变现净值通常应用于存货资产减值情况下的后续计量。

4. 现值

现值是指对未来现金流量以恰当的折现率进行折现后的价值，是考虑货币时间价值的一种属性。

在现值计量下，资产按照预计从其持续使用和最终处置中所产生的未来净现金流入量的折现金额计量。负债按照预计期限内需要偿还的未来净现金流出量的折现金额计量。现值通常用于非流动资产可收回金额和以摊余成本计量的金融资产价值的确定等。

5. 公允价值

公允价值是指在公平交易中，熟悉情况的交易双方自愿进行资产交换或者债务清偿的金额。

在公允价值计量下，资产和负债按照在公平交易中熟悉情况的交易双方自愿进行资产交换或者债务清偿的金额计量。公允价值主要应用于交易性金融资产的计量等。

（三）会计记录

会计记录是对经济业务进行确认、计量后，采用专门的方法在账簿中加以记载的过程。

会计记录是与会计确认、会计计量结合在一起进行的。这个过程就是通过账户、会计凭证和账簿等载体，运用复式记账等手段，对确认和计量的结果进行记录，为编制财务报告积累数据资料的过程。

《企业会计准则——基本准则》只规范了会计确认、会计计量和会计报告的内容，没有规范会计记录，给会计记录以一定的灵活性。

（四）会计报告

会计报告也可称为财务会计报告、财务报告，是指企业对外提供的反映企业某一特定日期的财务状况和某一会计期间的经营成果、现金流量等会计信息的文件。

财务状况是指企业某一特定日期的资产总额及构成、负债总额及构成、所有者权益总额及构成。经营成果是指企业某一会计期间的利润（亏损）总额及构成情况。现金流量是指企业某一会计期间现金和现金等价物流入和流出的情况。

财务报告包括财务报表及其附注和其他应当在财务报告中披露的相关信息和资料。

财务报表包括资产负债表、利润表、现金流量表等报表，小企业可不编制现金流量表。

资产负债表是反映企业在某一特定日期的财务状况的财务报表。利润表是反映企业在一定会计期间的经营成果的财务报表。现金流量表是反映企业在一定会计期间的现金和现金等价物流入和流出的财务报表。

财务报表附注是对在财务报表中列示项目所做的进一步说明，以及对未能在这些报表中列示项目的说明等。

其他应当披露的相关信息和资料具体内容可以根据有关法律法规的规定和外部报告使用者的信息需求而定。例如，企业可以在财务报告中披露其承担的社会责任、对社区的贡献、可持续发展能力等信息。

二、会计核算方法

会计核算方法是指执行会计程序，对经济业务进行确认、计量、记录和报告时所采用的各种专门方法。

会计核算方法是用来反映和监督会计对象的，会计对象的多样性和复杂性，就决定了用来对其进行反映和核算的会计核算方法不能采用单一、简单的方法形式，而应该采用系统的方法，具体包括设置会计科目和账户、复式记账、填制和审核会计凭证、登记账簿、成本计算、财产清查、编制财务报告。

（一）设置会计科目和账户

设置会计科目和账户是对会计对象具体内容进行分类的专门方法。所谓会计科目，就是对会计对象具体内容按其内部性质和经济管理的具体要求，进一步分类的具体项目。账户则是根据会计科目开设的，具有一定结构的账页，用来分门别类地记录交易或者事项的发生情况，以及由此引起的会计科目内容在数量上的增减变化及结果的载体。设置会计科目和账户是企业进行会计核算的第一项工作。通过设置会计科目和账户可以构架起会计核算的基本框架。

（二）复式记账

复式记账也称复式记账法，是指对企业发生的每一项经济业务，都以相等的金额，同时在两个或两个以上相互联系的会计账户中进行记录的方法。复式记账法将经济业务全面完整地记录下来，使得不同类型会计信息之间的钩稽关系更加明晰，是一种科学的记账方法。

（三）填制和审核会计凭证

填制和审核会计凭证是指为了审查交易或者事项是否合法、合规，保证账簿记录真实可靠，对发生的每一笔交易或者事项，为取得发生或完成的“凭据”和登记账簿的依据，而采用的一种专门核算方法。会计凭证是记录经济业务、明确经济责任的书面证明，是登记账簿的依据。将证明交易或者事项发生或完成的“凭据”称为原始凭证。根据审核无误的原始凭证填制的作为登记账簿直接依据的凭证，称为记账凭证。原始凭证和记账凭证统称为会计凭证。企业经济业务发生时，需要填制或取得证明经济业务发生的原始凭证，会计人员须根据原始凭证编制记账凭证。它是会计人员运用专业知识对经济业务进行会计确认、会计计量的过程，其正确与否决定了会计信息的质量高低。填制和审核会计凭证是保证会计核算质量的必要手段,也是实行会计监督的重要内容。

(四) 登记账簿

登记账簿是以审核无误的会计凭证为依据,按照交易或者事项发生的顺序,分门别类地记入有关账簿的一种专门核算方法。账簿是用来连续、系统、全面地记录各项交易或者事项的簿记,是保存会计信息的重要工具。会计账簿按照会计账户开设,由具有专门格式的账页组成。根据会计管理的要求,会计账簿可分为总账、分类账和日记账等。通过登记会计账簿对会计数据进行加工和整理,为经营管理和编制财务报告提供了所需的资料。

(五) 成本计算

成本计算即按照特定的对象(例如某种产品、某批订单等)归集和分配生产过程中与该对象直接或间接相关的各项费用,进而将生产费用对象化,计算出各成本计算对象生产成本。通过成本计算可以核算和监督生产经营过程中所发生的各项费用是否节约,以便采取措施来降低成本,提高经济效益。成本计算还对确定生产补偿尺度、正确计算和分配国民收入、确定价格政策等具有重要作用,并可据以确定企业盈亏。成本计算是提供会计信息的必要环节。

(六) 财产清查

财产清查是对各项财产物资、往来款项等进行实物盘点和清查,将清查盘点结果与账面结存相核对,以确定账实是否相符的一种专门方法。通过这一专门方法,可以查明各项财产物资、货币资金以及债权债务的保管和使用的情况;监督各类财产的安全与完整,明确经济责任和使用的合理性,以保证会计核算资料的正确性和真实性。

(七) 编制财务报告

编制财务报告是以书面报告的形式定期地、总括地反映企业某一特定日期的财务状况和某一会计期间的经营成果、现金流量等会计信息所采用的一种专门核算方法。其中的会计报表是财务报告的核心内容,是根据信息使用者的需要设置的,其数据主要来源于会计账簿,是对记录于账簿的会计资料进行加工整理后产生的完整指标体系。

财务报告既是企业外部会计信息使用者获取并利用会计信息的有效工具,又是企业内部考核和分析财务计划和预算执行情况以及编制下期财务计划和预算的重要依据,也是国家进行宏观经济管理的重要资料。

三、会计核算的基本程序和会计核算方法的关系

会计核算基本程序与会计核算方法不是孤立存在的,而是相互联系、一环扣一环的,它们共同构成一个完整的会计信息加工处理的程序和方法体系。在这个体系中,会计核算方法是通过会计基本程序来实现的。

① 在确认过程中,首先确认某一项经济业务归属于哪项会计要素并用货币加以计量,同时还要对已确认归属会计要素的经济业务是否合法、合规进一步确认。这个过程就是运用填制和审核会计凭证的方法的过程。

会计确认、会计计量二者虽是不同的概念,但关系密不可分,会计确认不仅为正确地

进行会计计量做准备，而且会计计量的过程也是会计确认的过程。

② 对经过确认、计量的经济业务，要进行分类，运用预先设置的账户，按照复式记账法的要求，把经济业务分门别类地记录到账簿中。通过会计记录，把会计对象的具体内容进行详细的描述和量化，并对会计数据进行分类汇总及加工处理，使之转化为初始的会计信息。总之，会计记录程序要运用设置会计科目、复式记账、登记账簿和成本计算等方法。

③ 在财务报告程序中，运用编制财务报表的方法。

会计核算基本程序和会计核算方法之间的关系如图 1-3 所示。

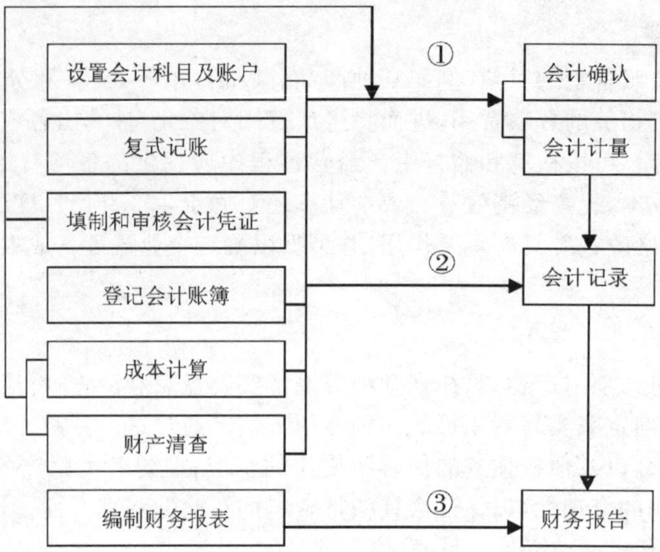

图 1-3 会计核算基本程序和会计核算方法的关系

从图 1-3 可以看出，通过会计核算基本程序实现的会计核算方法体系中，就其主要工作程序或工作过程来说，有三个环节，即填制和审核会计凭证、登记会计账簿和编制财务报表。在一个会计期间内，所有经济业务的发生都要通过这三个环节，周而复始地进行会计处理，以提供对决策有用的会计信息。我们把这三个会计核算工作的程序，称为会计核算根本任务的循环。前一个会计期间结束，后一个会计期间又重新开始三个会计核算工作程序。

会计人员在一定会计期间内，从取得企业发生的交易或者事项的原始凭证开始，到编制出财务报表为止，运用会计核算基本程序、会计核算方法，按一定顺序依次记录、周而复始的核算过程，称为会计循环。

会计循环的基本内容是：交易或者事项发生后，对是否涉及会计要素，涉及哪些会计要素，进行初始确认，然后对符合确认条件的会计要素进行会计计量，确定其金额，再对会计要素涉及的账户，采用复式记账的方法填制并审核会计凭证、登记账簿。会计期末，编制财务报表前，对企业的资产、负债、收入、费用，根据其定义和确认条件通过期末账项调整、资产清查、对账、结账等一系列会计手段，进行最终确认和会计记录，然后据以编制财务报告。

小 结

本章主要讲述了五个方面的内容，即会计的演进及含义、会计职能与会计目标、会计对象与会计要素、会计核算的基本前提与会计信息质量要求、会计核算的基本程序与会计核算方法。

会计学的产生和发展是与人类社会的产生和发展息息相关的。社会的不断发展和进步、科学技术的日新月异和企业管理制度的创新等为会计学的不断发展和完善提供了有利的条件和坚实的基础。实践也证明社会越发展，会计越重要。

会计的基本职能是核算和监督，这是会计本身所具备的功能。二者是相辅相成、辩证统一的关系。会计核算是会计监督的前提和基础，而会计监督又是会计核算质量的保障。会计是一个以提供财务信息为主的信息系统，财务会计的目标是向财务报告的使用者提供与企业财务状况、经营成果和现金流量等有关的会计信息，反映企业管理层受托责任履行情况，有助于财务报告使用者做出经济决策。可以看出，我国有关会计目标的观点是兼顾了"受托责任观"和"决策有用观"。

会计的对象是指会计核算和监督的内容，企业会计的对象就是企业的资金及资金的运动。会计要素是对会计核算和监督的内容，即企业资金运动按照一定标准所进行的概括和基本分类，是会计对象的具体化。一方面，从某一特定日期来看，资产总额与负债及所有者权益的合计总额必然相等，由此分离出资产、负债及所有者权益三项资金运动相对静止状态的会计要素；另一方面，企业的各项资产经过一定时期的营运，将发生一定的耗费，生产出特定种类和数量的产品，产品销售后获得货币收入，收支相抵后确认出当期损益，由此分离出收入、费用及利润三项资金运动显著变动状态的会计要素。资产、负债及所有者权益构成资产负债表的基本框架，收入、费用及利润构成利润表的基本框架，因而这六项会计要素又称为财务报告要素。

会计核算的基本前提也称为会计假设，一般认为包括会计主体、持续经营、会计期间和货币计量四项。会计核算的四项基本前提，具有相互依存、相互补充的关系。没有会计主体，就不会有持续经营；没有持续经营，就不会有会计期间；没有货币计量，就不会有现代会计。

为了实现会计目标，保证会计信息系统所提供的会计信息真实可靠、内容完整，我国还对会计信息质量提出了可靠性、相关性、可理解性、可比性、实质重于形式、重要性、谨慎性和及时性八项要求。

会计核算的基本程序，是指会计数据处理与会计信息加工的程序，也就是对会计要素进行确认、计量、记录和报告的过程。从取得原始数据到将会计信息提供给信息使用者，会计工作要经过会计确认、会计计量、会计记录和会计报告等一系列特定程序。这四个环节相互联系，环环相扣，逐步深入。

会计核算方法是指执行会计程序，对经济业务进行确认、计量、记录和报告时所采用的各种专门方法。

会计核算方法是用来反映和监督会计对象的，会计对象的多样性和复杂性，就决定了用来对其进行反映和核算的会计核算方法不能采用单一、简单的方法形式，具体包括设置会计科目和账户、复式记账、填制和审核会计凭证、登记账簿、成本计算、财产清查、编制财务报告。这七种会计核算专门方法通过之间的密切配合和相互的联系，构成了一个完整的会计核算方法体系。

复习思考题

1. 在会计产生与发展的过程中，各个阶段具有什么重要标志？

2. 关于会计的本质有几种主要观点？你认为哪一种观点比较恰当？根据你的理解试对会计下一定义。

3. 有人说会计就是指会计核算，你同意吗？为什么？

4. 会计对象与会计要素之间有什么联系？

5. 什么是资产？资产的特征和确认条件各是什么？

6. 什么是负债？负债的特征和确认条件各是什么？

7. 所有者权益包括哪些内容？从金额上看，它与资产、负债有何关系？

8. 什么是收入？收入的特征和确认条件各是什么？

9. 什么是费用？费用的特征和确认条件各是什么？

10. 什么是会计信息质量要求？它包括哪些质量要求？

11. 会计核算的基本程序是什么？它包括哪些基本程序？

12. 会计的核算基本前提基础有哪些？应当如何理解？

13. 什么是会计计量？会计计量有哪些属性？

14. 会计核算方法体系包括哪些内容？为什么说会计核算方法是一个完整的科学体系？

实务练习题

[目的]　熟悉与掌握各会计要素的具体内容。

[资料]　明光公司有下列会计账户：

库存现金　银行存款　应收账款　应付账款　原材料　预付账款　主营业务收入　预收账款　管理费用　利润分配　投资收益　应交税费　所得税费用　营业外收入　主营业务成本　实收资本　短期借款　盈余公积　其他业务收入　固定资产　其他应收款　应付职工薪酬

[要求]　根据上列资料，分别列示出资产类、负债类、所有者权益类及损益类项目。

案例分析

张雅是河南某高校播音与主持专业的研一学生。由于张雅家庭经济状况不是很好，所以她常常为了补贴日常花销而去挣一些零用钱。经过调查，她认为创办一个播音与编导培训部是可行的。于是，她找到一位能力较强的同学王艺作合伙人，于2018年6月创办了一个播音与编导培训部，命名为“艺雅培训部”。每人先各拿出1 000元作为培训部的启动费，同时，张雅向她的导师借款6 000元，以供租房等使用。张雅与王艺分别为“艺雅培训部”的发展担任着不同的职务（经理和授课老师与会计和授课教师），并获取一定的授课报酬，培训部盈利二人平分。6月中旬房屋租赁、装修已完成，之后进行了必要的广告宣传，购置了一些必备的办公设备。其中，预支了两个月房租3 000元，支付有关广告费300元，装修培训部2 000元，购置办公设备2 300元。6月底，已招生20名学员，并计划于7月初开始培训。培训计划7月、8月每月培训8次，9月、10月每月培训4次，11月底本年度培训结束。对7月份开始上课的学生每人收费2 800元，对7月份、8月份陆续报名学生根据培训时间长短灵活收费。7月份陆续报名学生10人，平均每人收费2 000元；8月份陆续报名学生8人，平均每人收费1 500元。7月底归还了张雅导师的借款本金、利息、答谢费共计7 000元，又支付了4个月的房租6 000元。

7月份为了扩大招收学员的数量，她们聘请本学院的教授、社会知名编导、播音主持专业人士做了3次讲座，每次讲座支付了2 000元报酬。

至11月底，6个月下来，他们共收取学费88 000元。以每小时100元的授课报酬聘请了3位师兄弟作兼职教师，共支付授课酬金（包括她们自己的酬金）34 000元。除此之外，还支付了一些其他费用（如水电费等）4 800元。她们核算了一下，培训部共获利28 600元（不包括合伙人课时酬金收入）。但更重要的是，她们通过6个月的锻炼，懂得了许多营销的技巧，也懂得了应该怎样与人合作和打交道，学到了不少财务知识，获得了比金钱更为宝贵的工作经验。

案例要求

1. 张雅和王艺是如何创办并发展她们的企业的？会计在这里扮演了什么样的角色？

2. 从中你是不是获得了有关会计方面的许多术语，如投资、借款、费用、收入、盈余、投资人投资以及独资企业、合伙企业等？

3. 上面涉及的金额中，投资是多少？借款是多少？收入是多少？盈余是多少？费用有哪几种？

第二章　会计核算基本原理

【学习目的与要求】

本章主要阐述会计等式及经济业务对会计等式的影响，会计科目的设置与分类，账户的设置与分类，复式记账的基本理论和基本方法。通过本章学习，要求理解会计要素之间的关系，即会计等式；重点掌握经济业务发生对会计等式中各个会计要素之间的影响；明确会计科目的作用，明确复式记账的基本内容，包括记账符号、账户结构、记账规则和试算平衡等，从而掌握设置会计账户的必要性及账户的基本结构，掌握借贷记账法的应用。

【教学重点与难点】

教学的重点是：经济业务发生对会计等式中各个会计要素的影响，账户的基本结构，复式记账的基本理论和基本方法。教学的难点是：经济业务发生对会计等式中各个会计要素的影响。

第一节　会计等式

一、会计等式

会计等式，又称会计平衡式，它是利用数学等式对会计要素之间的内在经济联系所做的概括和科学表达，用来表明各会计要素之间的基本关系。

一个企业为了独立地进行生产经营活动，以获取利润，必须拥有一定数额可供支配运用的资产，而企业的资产，最初进入企业的来源渠道不外乎两种：一是由债权人提供，二是由所有者提供。企业对这些资产的使用不是无偿的，作为企业的债权人和投资者，对企业资产拥有一定的要求权，这种要求权在会计上称为“权益”。这样，在资产和权益之间就存在着相互依存的等量关系。资产和权益实际上是同一价值运动的两个方面，资产表明企业经济资源的存在形态，权益表明资产的取得渠道。资产不能离开权益而存在，而权益也不能离开资产而存在，并且两者在数量上一定相等，这两者的平衡关系用会计等式可表述为：

资产＝权益

企业的资产从两个渠道取得，对资产的要求权即权益也由两部分构成：一部分属于债权人，是债权人权益，会计上称为"负债"；另一部分属于投资者，是所有者权益。因此，会计等式可进一步表述为：

资产＝负债＋所有者权益

这一会计等式体现了企业资金运动过程中某一时点上会计要素之间的数量关系，是资金运动的静态表现形式，是静态会计等式，又称为基本的会计等式、第一平衡等式。这一等式表明，在某一时点企业所掌握或拥有的经济资源的数额，债权人和企业所有者对这些资源所拥有的权益。

在企业生产经营过程中，资产不断被消耗，形成费用，并相应获得收入。费用的发生必然带来经济利益的流出，收入的发生必然带来经济利益的流入；收入和费用相抵减，形成利润。利润是企业经济利益流入与流出的结果，最终带来所有者权益的增加。因此，企业的资产、负债、所有者权益、收入、费用、利润之间也存在着一种内在的联系，在数量关系上，可表述为：

利润＝收入－费用

资产＝负债＋所有者权益＋利润

＝负债＋所有者权益＋(收入－费用)

资产＋费用＝负债＋所有者权益＋收入

这一会计等式揭示了企业某一时点资产、负债、所有者权益和截止到该时点的某一时期收入、费用金额，即企业在某一时点有多少资产、负债、所有者权益，截止到该时点的某一时期有多少收入、费用。这一会计等式也称为扩展的会计恒等式。

到会计期末，企业的收入抵减费用，计算出利润(亏损)后，利润并入所有者权益。最后，会计等式仍然表现为：

资产＝负债＋所有者权益

综上所述，"资产＝负债＋所有者权益"是反映企业生产经营的最基本会计等式，它是各会计主体设置账户或会计科目、进行复式记账、编制财务报告的理论依据。

二、经济业务对会计等式的影响

经济业务是指企业在生产经营过程中发生的能以货币计量并能引起会计要素发生增减变化的交易或者事项。国际上通常将会计需要确认的各类经济业务具体化为会计交易与会计事项两类。其中，会计交易是指发生在两个不同会计主体之间的价值转移，如向投资者筹集资金，向供货方购货，向银行归还借款，向购货方销货，企业将自产产品发给职工用作福利和奖金等；会计事项主要是指发生在一个会计主体内部各部门之间资源的转移，如企业在生产经营过程中耗用的材料、机器设备的折旧、工资的分配及收入与费用的结转、自然灾害导致财产受损等。我国习惯将会计交易与会计事项统称为经济业务。

企业在生产经营过程中必然会发生各种各样的经济业务，每项经济业务的发生都会对会计要素产生一定的影响。但都不会破坏资产与权益之间的平衡关系，即不会破坏会计等式。因为一个企业的经济业务虽然数量多、花样繁，但归纳起来不外乎以下几种。

经济业务的发生，仅引起等式一边发生增减变化，但增减金额相等，总额不变。具体又可分为以下五种情况：

① 经济业务的发生导致等式左边资产项目此增彼减，但增减金额相等。

② 经济业务的发生导致等式右边负债项目此增彼减，但增减金额相等。

③ 经济业务的发生导致等式右边所有者权益项目此增彼减，但增减金额相等。

④ 经济业务的发生导致等式右边负债项目增加，而所有者权益项目减少，但增减金额相等。

⑤ 经济业务的发生导致等式右边的所有者权益项目增加，而负债项目减少，但增减金额相等。

经济业务的发生引起等式两边发生同时增加或减少的变化，但增加或减少的金额相等，等式保持平衡，而两边的总额或增加或减少。这里又可分为以下四种情形：

① 经济业务的发生导致等式左边的资产项目增加，而同时等式右边的负债项目亦增加相同金额。

② 经济业务的发生导致等式左边的资产项目增加，而同时等式右边的所有者权益项目亦增加相同金额。

③ 经济业务的发生导致等式左边的资产项目减少，而同时等式右边的负债项目亦减少相同金额。

④ 经济业务的发生导致等式左边的资产项目减少，而同时等式右边的所有者权益项目亦减少相同金额。

下面以明光公司为例，对各种经济业务对会计等式的影响情况进行分析。

明光公司 2018 年 1 月 1 日的资产负债情况为(单位：万元)：

资产＝负债＋所有者权益

200 ＝ 70 ＋ 130

该公司 2018 年 1 月份发生如下经济业务。

【例 2-1】 明光公司从银行存款中提取现金 2 万元。

这笔业务的发生引起一项资产项目“库存现金”增加 2 万元，同时引起另一项资产项目“银行存款”减少 2 万元，一项资产增加 2 万元，另一项资产减少 2 万元，等式两边仍然保持平衡。

	资产＋费用	＝负债＋所有者权益＋收入
变动前金额	200	＝ 70 ＋ 130
提取现金	＋2	
	－2	
变动后金额	200	＝ 70 ＋ 130

【例 2-2】 明光公司向银行借入短期借款，直接偿还应付账款 5 万元。

这笔业务的发生引起一项负债项目“短期借款”增加 5 万元，同时引起另一项负债项目“应付账款”减少 5 万元，一项负债增加 5 万元，另一项负债减少 5 万元，等式两边仍然保持平衡。

	资产＋费用	＝负债＋所有者权益＋收入
变动前金额	200	＝ 70 ＋ 130

借款归还欠款　　　　　　＋5
　　　　　　　　　　　　－5
变动后金额　200　　　＝70　＋130

【例 2-3】　明光公司用银行存款支付当月各种办公费 6 万元。

这笔业务的发生引起费用项目“管理费用”增加 6 万元，同时引起资产项目“银行存款”减少 6 万元，等式左边一个项目增加，另一个项目减少，会计等式仍保持平衡。

资产＋费用＝负债＋所有者权益＋收入

变动前金额　200　　　＝70　＋130
支付办公费　－6　＋6
变动后金额　194＋6　＝70　＋130

【例 2-4】　明光公司用盈余公积 10 万元转增资本。

这笔业务的发生引起一项所有者权益项目“实收资本”增加 10 万元，同时引起另一项所有者权益项目“盈余公积”减少 10 万元，一项所有者权益项目增加 10 万元，另一项所有者权益项目减少 10 万元，等式两边仍然保持平衡。

资产＋费用＝负债＋所有者权益＋收入

变动前金额　194＋6　＝70　＋130
转增资本　　　　　　　　　＋10
　　　　　　　　　　　　　－10
变动后金额　194＋6　＝70　＋130

【例 2-5】　明光公司宣告分派 2017 年的利润 10 万元。

这笔业务的发生引起一项负债项目“应付利润”增加 10 万元，同时引起一项所有者权益项目“利润分配”减少 10 万元，一项负债项目增加 10 万元，另一项所有者权益项目减少 10 万元，等式两边仍然保持平衡。

资产＋费用＝负债＋所有者权益＋收入

变动前金额　194＋6　＝70　＋130
宣告分派股利　　　　＋10　－10
变动后金额　194＋6　＝80　＋120

【例 2-6】　明光公司所欠华联公司 8 万元债务，经双方协商同意将此负债转为对本公司的投资。

这笔业务的发生引起一项所有者权益项目“实收资本”增加 8 万元，同时引起另一项负债项目“应付账款”减少 8 万元，一项所有者权益项目增加 8 万元，另一项负债项目减少 8 万元，等式两边仍然保持平衡。

资产＋费用＝负债＋所有者权益＋收入

变动前金额　194＋6　＝80　＋120
债转股　　　　　　　－8　　＋8
变动后金额　194＋6　＝72　＋128

【例 2-7】　明光公司购入一批材料已入库，金额 4 万元，款未付。

这笔业务的发生引起一项资产项目“原材料”增加 4 万元，同时引起一项负债项目“应付账款”增加 4 万元，等式两边同时增加 4 万元，等式两边仍然保持平衡。

	资产	+	费用	=	负债	+	所有者权益	+	收入
变动前金额	194	+	6	=	72	+	128		
购买材料	+4				+4				
变动后金额	198	+	6	=	76	+	128		

【例 2-8】 明光公司接受投资者投资 20 万元，款项直接存入银行。

这笔业务的发生引起一项资产项目“银行存款”增加 20 万元，同时引起一项所有者权益项目“实收资本”增加 20 万元，等式两边同时增加 20 万元，等式两边仍然保持平衡。

	资产	+	费用	=	负债	+	所有者权益	+	收入
变动前金额	198	+	6	=	76	+	128		
接受投资	+20						+20		
变动后金额	218	+	6	=	76	+	148		

【例 2-9】 明光公司对外销售产品，取得收入 18 万元，款项存入银行。

这笔业务的发生引起收入项目“主营业务收入”增加 18 万元，同时引起资产项目“银行存款”增加 18 万元，等式两边同时增加，等式两边仍然保持平衡。

	资产	+	费用	=	负债	+	所有者权益	+	收入
变动前金额	218	+	6	=	76	+	148		
销售产品	+18								+18
变动后金额	236	+	6	=	76	+	148		+18

【例 2-10】 明光公司以银行存款 10 万元偿还银行短期借款。

这笔业务的发生引起一项负债项目“短期借款”减少 10 万元，同时引起一项资产项目“银行存款”减少 10 万元，一项资产项目减少 10 万元，另一项负债项目减少 10 万元，等式两边仍然保持平衡。

	资产	+	费用	=	负债	+	所有者权益	+	收入
变动前金额	236	+	6	=	76	+	148		+18
偿还银行借款	−10				−10				
变动后金额	226	+	6	=	66	+	148		+18

【例 2-11】 明光公司按规定用银行存款 12 万元退还给长城公司的投资。

这笔业务的发生引起一项资产项目“银行存款”减少 12 万元，同时引起一项所有者权益项目“实收资本”减少 12 万元，等式两边同时减少 12 万元，等式两边仍然保持平衡。

	资产	+	费用	=	负债	+	所有者权益	+	收入
变动前金额	226	+	6	=	66	+	148		+18
退回投资	−12						−12		
变动后金额	214	+	6	=	66	+	136		+18

将利润转入所有者权益，经过上述业务后的会计等式为：

资产＝负债＋所有者权益

214 ＝ 66 ＋ 148

第二节　会计科目的设置与分类

一、会计科目的概念

会计六大要素是从总体上反映企业的财务状况和经营成果的，而对于企业外部信息使用者和内部管理者来说，只借助于会计六大要素是无法了解企业具体经营情况的，难以满足各有关方面对会计信息的需要。为满足信息使用者的需要，有必要在会计要素的基础上对会计对象进行再分类。例如，资产可进一步细分为库存现金、银行存款、应收账款、原材料、固定资产等，负债也可再分为短期借款、应付账款、长期借款、应付债券等。因此，会计科目就是对会计要素的具体内容按其在经济活动中体现的特点和经济管理的需要，进行分类核算的项目。

每一个会计科目都有明确的含义和科学的核算范围。例如，对企业用货币资金表现的资产，按其收付保管的方式不同，划分为库存现金、银行存款和其他货币资金三个类别，设置“库存现金”“银行存款”“其他货币资金”三个不同的会计科目。同时，规定“库存现金”科目核算企业库存现金的收付和结存；规定“银行存款”科目核算企业银行存款各种款项的存入运用和结存情况。“其他货币资金”科目核算企业的外埠存款、银行汇票存款、银行本票存款、信用卡存款、信用证保证金存款、存出投资款等各种其他货币资金。

二、设置会计科目的意义

设置会计科目，有着非常重要的意义：

① 设置会计科目，使会计要素进一步明确化和具体化，便于会计核算和会计管理。

② 会计科目规范了相同类别业务的核算范围、核算内容、核算方法和核算要求，是进行会计核算的一个重要环节。

③ 会计科目的合理设置是设置账户、编制财务报表的基础，是正确组织会计核算的一个重要条件。资产负债表、利润表中所列示的项目基本上都是会计科目。

三、设置会计科目的原则

为了正确、合理地设置会计科目，应遵循以下几条原则：

① 设置的会计科目要全面反映会计要素的内容，要具有完整性。全部会计科目必须包含会计要素的所有组成部分，没有遗漏，使得企业对每一笔交易或者事项进行核算时，都能找到恰当的会计科目。

② 设置的会计科目要具有互斥性。互斥性是指每个科目核算的内容互相排斥，不同

的会计科目不能有相同的核算内容。不同的会计科目应有各自不同的经济内容，在内涵和外延上不存在重复和交叉，从而保证不会发生同一笔交易或者事项既可以在这个会计科目中核算，又可以在另一个会计科目中核算的情况。

③ 设置的会计科目既要保持统一性，又要考虑灵活性。统一性，就是对一些主要的会计科目的设置及核算内容进行统一的规定，以保证会计核算指标可以在一个部门乃至全国范围内综合汇总、分析利用。企业应在保持统一性的前提下，考虑会计科目设置的灵活性。灵活性是指在保证提供统一核算指标的前提下，各单位可以根据本单位的具体情况和经济管理的要求，对统一规定的会计科目做必要的增补或合并。因此，各单位应在保证不影响会计核算要求和财务报表指标汇总的前提下，根据自身的具体情况，增加或减少规定的会计科目和财务报表项目。

④ 设置的会计科目保持相对稳定性。会计科目的设置要适应社会经济环境的变化和本单位业务发展的需要。但在持续经营的情况下，为了保证核算资料的连续性，保证不同时期会计核算指标的可比性以及便于在一定范围内进行综合、汇总和相互对比，设置的会计科目应保持相对稳定，防止频繁更改。

⑤ 设置的会计科目要简明、适用。每一个会计科目都应有特定的核算内容，各科目之间既有联系，又要有明确的界定，不能含糊不清。所以，设置会计科目时，对每一个科目的特定核算内容必须严格、明确界定。会计科目的名称应与其核算的内容相一致，并要含义明确、通俗易懂。科目的数量和粗细程度应根据企业规模的大小、业务的繁简和管理的需要而定。既不能太过粗略，使信息使用者得不到所需的信息，又不能太过细致，使提供会计信息的成本过高。

四、会计科目的分类

会计科目反映的经济内容名目繁多，为便于掌握和运用会计科目，应将会计科目按一定的标准进行分类。会计科目一般按反映的经济内容的性质不同和按提供核算指标的详细程度不同进行分类。

（一）按反映的经济内容的性质进行分类

《企业会计准则——应用指南》中将会计科目按反映的经济内容的性质不同，分为资产类、负债类、共同类、所有者权益类、成本类和损益类六大类，主要是依据会计要素来划分的。其中的“共同类”科目是针对少数金融企业设置的。制造业企业实际上只用到五大类，即资产类、负债类、所有者权益类、成本类和损益类。

为了便于掌握和运用会计科目，使得记账在计算机工作下能够正常进行处理，有必要对会计科目进行分类和编号，并编制成会计科目表。一般企业所设置的基本会计科目如表 2-1 所示。现行的会计科目（一级科目）采用的是四位数编号法。四位数码的千位数（从左到右的第一个数），表示会计科目按照经济内容所属的分类类别；四位数码的百位数（从左到右的第二个数），表示会计科目在大类下所属的小类代码，凡是小类会计科目核算的内容都具有在业务性质、要素特征上基本一致或类似的特征；四位数码的十位数和个位数（从左到右的第三、四个数），表示会计科目在会计科目各小类别中的顺序号。在各会计科目编号之间，应留有适当的空号，以便在增添新的会计科目时使用。例如，“银行存款”科目的编号为1002，“应交税费”科目的编号为2221等。

表2-1　一般企业基本会计科目分类

顺序号	编号	会计科目名称	顺序号	编号	会计科目名称
一、资产类			50	2221	应交税费
1	1001	库存现金	51	2231	应付利息
2	1002	银行存款	52	2232	应付股利
3	1012	其他货币资金	53	2241	其他应付款
4	1101	交易性金融资产	54	2401	递延收益
5	1121	应收票据	55	2501	长期借款
6	1122	应收账款	56	2502	应付债券
7	1123	预付账款	57	2701	长期应付款
8	1131	应收股利	58	2702	未确认融资费
9	1132	应收利息	59	2711	专项应付款
10	1221	其他应收款	60	2801	预计负债
11	1231	坏账准备	61	2901	递延所得税负债
12	1401	材料采购	三、共同类		
13	1402	在途物资	62	3002	货币兑换
14	1403	原材料	63	3101	衍生工具
15	1404	材料成本差异	64	3201	套期工具
16	1405	库存商品	65	3202	被套期项目
17	1406	发出商品	四、所有者权益类		
18	1407	商品进销差价	66	4001	实收资本
19	1408	委托加工物资	67	4002	资本公积
20	1411	周转材料	68	4003	其他综合收益
21	1461	融资租赁资产	69	4101	盈余公积
22	1471	存货跌价准备	70	4103	本年利润
23	1501	持有至到期投资	71	4104	利润分配
24	1502	持有至到期投资减值准备	72	4201	库存股
25	1503	可供出售金融资产	五、成本类		
26	1511	长期股权投资	73	5001	生产成本
27	1512	长期股权投资减值准备	74	5101	制造费用
28	1521	投资性房地产	75	5201	劳务成本

续　表

顺序号	编号	会计科目名称	顺序号	编号	会计科目名称
29	1531	长期应收款	76	5301	研发支出
30	1532	未实现融资收益	六、损益类		
31	1601	固定资产	77	6001	主营业务收入
32	1602	累计折旧	78	6011	利息收入
33	1603	固定资产减值准备	79	6021	手续费及佣金收入
34	1604	在建工程	80	6051	其他业务收入
35	1605	工程物资	81	6101	公允价值变动损益
36	1606	固定资产清理	82	6111	投资收益
37	1701	无形资产	83	6301	营业外收入
38	1702	累计摊销	84	6401	主营业务成本
39	1703	无形资产减值准备	85	6402	其他业务成本
40	1711	商誉	86	6403	营业税金及附加
41	1801	长期待摊费用	87	6411	利息支出
42	1811	递延所得税资产	88	6421	手续费及佣金支出
43	1901	待处理财产损溢	89	6601	销售费用
二、负债类			90	6602	管理费用
44	2001	短期借款	91	6603	财务费用
45	2101	交易性金融负债	92	6701	资产减值损失
46	2201	应付票据	93	6711	营业外支出
47	2202	应付账款	94	6801	所得税费用
48	2203	预收账款	95	6901	以前年度损益调整
49	2211	应付职工薪酬			

（二）按提供核算指标的详细程度进行分类

会计科目的设置既要符合对外报告的要求，又要满足内部经营管理的需要。因此，在会计核算中，既要有反映资金运动的总括指标，同时又要有进一步反映明细情况的指标，即分为总分类科目和明细分类科目。

总分类科目，又称一级科目、总账科目，是总括反映会计要素具体内容的科目，如库存现金、银行存款、固定资产、生产成本等。

明细分类科目，也称明细科目、细目，是对总账科目的进一步分类，它所提供的是更加详细具体的核算指标。例如，“其他货币资金”下设“外埠存款”“银行汇票”“银行本票”“信用卡”“信用证保证金”“存出投资款”等明细科目。除会计制度有规定者外，可以根据经济管理的实际需要由各单位自行规定。

为了满足内部经营管理的需要，当总分类科目下设置的明细科目太多时，可在总分类科目和明细分类科目之间增设二级科目，也称子目，再在二级科目下设置明细科目。例如，在"原材料"总分类科目下，可按材料的类别设置二级科目："原料及主要材料""辅助材料""燃料"等，再在这些二级科目下分别设置三级科目，例如，在"原料及主要材料"下设置"钢管""螺纹钢""钢板""角钢""木材"等科目。将原材料分为三个级次，如表 2-2 所示。

表 2-2　原材料会计科目的级次

一级科目	二级科目	三级科目
原材料	原料及主要材料	钢管
		螺纹钢
		钢板
		角钢
		木材
		水泥
	辅助材料	润滑油
		防锈剂
		油漆
		稀释剂
	燃料	煤炭
		汽油
		柴油
		液化气

总分类科目、明细分类科目反映的经济业务内容是一样的，但总分类科目处于统御、控制地位，明细分类科目处于辅助、从属地位。它们所提供的核算资料互相补充，只有把二者结合起来，才能既总括又详细地反映同一核算项目的不同情况。

企业在不违反会计准则中关于确认、计量和报告的规定的前提下，可以根据本单位的实际情况自行增设、分拆、合并会计科目。对于会计科目级次和明细科目，企业可以比照规定自行设置。会计科目编号供企业填制会计凭证、登记会计账簿、查阅会计账目、采用会计软件系统时参考，企业可结合实际情况自行确定会计科目编号。

第三节　会计账户的设置与分类

一、会计账户的概念

（一）概念

设置会计科目是按照经济内容对各个要素所做的进一步分类。对发生的每一笔交易或者事项，只确定其应归属于哪一个会计项目，还无法连续、系统地予以记录，这就需要根据会计科目在账簿中开设账户，以便提供日常管理上的会计核算资料。

会计账户简称账户，是指具有一定格式，用来分类、连续地记录经济业务，反映会计要素增减变化及其结果的一种工具，也是会计核算的一种专门方法。每一个账户都标有一个简明的名称，用以说明账户所记录的经济内容，会计科目就是账户的名称。

（二）会计科目和会计账户关系

会计科目与会计账户是两个不同的概念，两者之间既有联系又有区别。联系在于：它们都是对会计对象具体内容的科学分类，二者口径一致，性质相同，内容相同；会计科目是会计账户的名称，也是设置会计账户的依据，会计账户是会计科目的具体运用。有什么会计科目，就必有什么会计账户；反之，有什么会计账户，就必有什么会计科目。

二者的区别是：会计科目仅仅是会计账户的名称，不存在结构；而会计账户不仅要有明确的经济内容，而且还有一定的格式和结构，并通过这个结构来核算会计要素的增减变动情况。

在会计实际工作中，由于会计科目和会计账户之间存在着一一对应的关系，因此人们常常把会计科目作为会计账户的同义词。

二、会计账户的基本结构

为了在账户中分类记录各项经济业务，每个账户不但要有明确的核算内容，而且还应该具有一定的结构。账户的结构是指账户要设置哪几个部分，每一部分反映什么内容。企业任何经济业务的发生，都必然会引起会计要素数量的变动，这种最基本的数量变动不外乎是增加和减少两个方面。因此，每个账户的结构也相应地分为左右两个部分，一部分登记增加额，一部分登记减少额。至于哪一方记增加额，哪一方记减少额，则要根据所采用的记账方法而定。这就是账户的基本结构，这一基本结构，不论企业在实际中所使用的账户具体格式如何，总是一样的。

一个完整的账户除必须有反映增加数和反映减少数的两栏外，还应包括其他栏目，反映其他相关内容。一个完整的账户结构应包括以下内容：

① 账户的名称（会计科目名称）；

② 日期（会计事项发生的日期，根据记账凭证的日期填写）；

③ 凭证号数（账户记录的依据，目的是建立起凭证与账户、账簿之间的联系）；

④ 摘要（经济业务的简要说明）；

⑤ 左方及其金额和右方及其金额（增加和减少的金额）；

⑥ 余额（结存余额）。

一般账户格式如表 2-3 所示。

表 2-3　账户名称(会计科目)

年		凭证		摘要	增加(减少)	减少(增加)	余额
月	日	字	号				

表 2-3 的格式通常称为三栏式。为了便于说明和教学的需要，将上列账户基本格式简化为 T 字型，格式如图 2-1 所示。

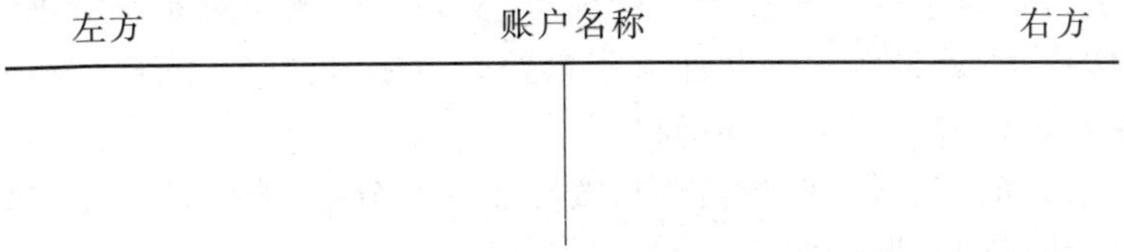

图 2-1　T 字型账户

账户结构就是在上述账户格式中规定会计要素增加、减少和余额如何登记。至于在 T 字型账户的左方和右方，哪一方登记增加额，哪一方登记减少额，则取决于所采用的记账方法以及在特定的记账方法下每一个账户的性质。但作为一个账户，若在账户左方登记增加额，账户右方就一定登记减少额；反之，若在账户左方登记减少额，账户右方就一定登记增加额。

在账户中，登记本期增加的金额，称为本期增加额；登记本期减少的金额，称为本期减少额。增减相抵后的差额，称为余额。余额按时间不同，有期初余额和期末余额。它们之间的关系可表示为：

本期期末余额＝本期期初余额＋本期增加发生额－本期减少发生额

期末余额一般在账户的增加方。

一个账户的本期增加发生额、本期减少发生额、期初余额、期末余额四个项目，在 T 字型账户中一般以图 2-2 或图 2-3 的形式存在。

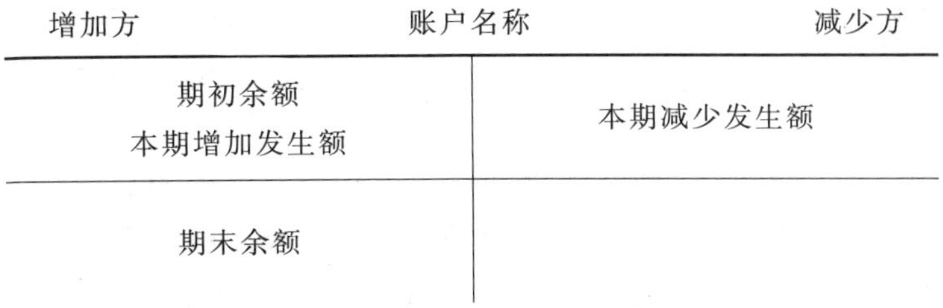

图 2-2　左方为增加、右方为减少的账户结构

减少方　　　　　账户名称　　　　　增加方

减少方	增加方
本期减少发生额	期初余额 本期增加发生额
	期末余额

图 2-3　左方为减少、右方为增加的账户结构

三、会计账户的分类

账户的分类是指对全部账户按照特定标志，从某一个侧面对账户所进行的科学归类。账户分类的特定标志，就是账户的共性。账户分类的标志主要有账户的经济内容、账户的用途和结构、账户提供核算资料的详细程度。

因此，会计账户的分类，一般包括账户按经济内容分类、账户按用途和结构分类、账户按提供核算资料的详细程度分类。

（一）账户按经济内容分类

在账簿中根据各个会计科目分别设立账户，每个账户按照会计科目命名，记录该会计科目所确定的核算内容。为此，与会计科目的分类相适应，账户按其核算的经济内容可分为资产类账户、负债类账户、共同类账户、所有者权益类账户、成本类账户和损益类账户。

1. 资产类账户

资产类账户是用来核算各类资产的增减变动及结存情况的账户。资产类账户具体分为流动资产类账户和非流动资产类账户。属于流动资产类账户的有库存现金、银行存款、其他货币资金、交易性金融资产、应收票据、应收账款、预付账款、应收股利、应收利息、其他应收款、坏账准备、代理业务资产、材料采购、在途物资、原材料、材料成本差异、库存商品、发出商品、商品进销差价、委托加工物资、周转材料、存货跌价准备。属于非流动资产类账户的有持有至到期投资、持有至到期投资减值准备、可供出售金融资产、长期股权投资、长期股权投资减值准备、投资性房地产、长期应收款、未实现融资收益、固定资产、累计折旧、固定资产减值准备、在建工程、工程物资、固定资产清理、无形资产、累计摊销、无形资产减值准备、商誉、长期待摊费用、递延所得税资产、待处理财产损溢。

2. 负债类账户

负债类账户是用来核算企业各种负债增减变动及结存情况的账户。负债类账户按其在形成时不确定的偿还期的不同可以划分为流动负债类账户和长期负债类账户。属于流动负债类账户的有短期借款、交易性金融负债、应付票据、应付账款、预收账款、应付职工薪酬、应交税费、应付股利、应付利息、其他应付款、代理业务负债。属于非流动负债账户的有递延收益、长期借款、应付债券、长期应付款、未确认融资费用、专项应付款、预计负债、递延所得税负债。

3. 共同类账户

共同类账户是指用来核算企业在某一会计期间，既可能形成企业资产，也可能构成企业负债的某类特定业务增减变动及结果的账户。该类账户具有资产负债双重性质，属于该类账户的有衍生工具、套期工具、被套期项目。

4. 所有者权益类账户

所有者权益类账户是用来核算所有者权益增减变动及结存情况的账户。按其形成的方式，该类账户可分为投入资本类账户和留存收益类账户。属于投入资本类账户的有实收资本（股本）、资本公积。属于留存收益类账户的有盈余公积、本年利润、利润分配。

5. 成本类账户

成本类账户是用来核算企业为生产产品、提供劳务而发生的经济利益流出的账户。成本类账户包括生产成本、制造费用、劳务成本、研发支出等账户。

6. 损益类账户

损益类账户是用来核算企业某一会计期间的一切经营活动和非经营活动的所有损益内容的账户。一般来说，该类账户可以划分为收入类账户、费用类账户和收入费用双重类账户。属于收入类账户的有主营业务收入、其他业务收入、营业外收入。属于费用类账户的有主营业务成本、其他业务成本、营业税金及附加、销售费用、管理费用、财务费用、资产减值损失、营业外支出、所得税费用。属于收入费用双重性质类账户的有投资收益、公允价值变动损益、以前年度损益调整。

（二）账户按用途和结构分类

所谓账户用途，是指开设账户的目的，即通过账户记录能够提供哪些核算资料。所谓账户结构，是指在账户中如何提供哪些核算资料。

账户按用途和结构的分类，是在认识每个账户的用途和结构的基础上，概括它们的共性，把用途或结构相同的账户归为一类，探讨该类账户之间的内在联系以及在整个账户体系中的地位和作用，掌握各类账户在提供会计信息方面的规律性。

一般企业的 90 多个账户，按用途和结构不同，可分为盘存类账户、结算类账户、对外投资类账户、暂记类账户、调整类账户、跨期摊配类账户、集合分配类账户、投资权益类账户、无实物资产类账户、递延所得税类账户、计价对比类账户、成本计算类账户和损益计算类账户。

1. 盘存类账户

盘存类账户是用来核算和监督各项财产物资和货币资金的增减变动及其实有数的账户。这类账户可以通过实物盘点（银行存款、其他货币资金除外）的方法验证账实是否相符。属于这类账户的有库存现金、银行存款、其他货币资金、原材料、库存商品、周转材料、工程物资、固定资产、投资性房地产等账户。

2. 结算类账户

结算类账户是用来核算和监督本企业与其他单位或个人以及企业内部各部门之间应收、应付、往来账款结算业务的账户。根据所反映的结算业务性质不同，结算账户可以分为资产结算账户、负债结算账户和债权债务结算账户。

资产结算账户也称债权结算账户，是用来核算企业债权增减变动及结果的账户。属于这类账户的有应收票据、应收账款、应收股利、应收利息、其他应收款、长期应收款等账户。

负债结算账户也称债务结算账户，是用来核算企业债务增减变动及结果的账户。属于这类账户的有短期借款、应付利息、其他应付款、长期借款、应付债券、长期应付款、专项应付款等账户。

债权债务结算账户又称资产负债结算账户，是核算企业具有债权债务双重性质的交易或者事项增减变动及结果的账户。属于这类账户的有预收账款、预付账款、应交税费、应付职工薪酬等账户。

3. 对外投资类账户

对外投资类账户是指用来核算企业对外投资成本和应享有的权益或投资收益增减变动及结存情况的账户。其用途就是用来核算企业对外投资成本和应享有的权益或投资收益数额的增减变动及结存情况。属于这类账户的有交易性金融资产、持有至到期投资、可供出售金融资产、长期股权投资等账户。

4. 暂记类账户

暂记类账户又叫待处理账户，是用来核算和监督企业某些一时难以确定其处理结果的经济业务的账户。显然，暂记类账户是一种过渡性的账户，一旦确定其处理结果，即应及时进行转账。属于这类账户的有待处理财产损溢、以前年度损益调整等。

5. 调整类账户

调整类账户是指用来调整与其相关账户的账面余额，以便能够提供与其相关账户的另一个核算指标而设置的账户。在会计核算中，由于经营管理或其他方面的原因，对某些会计要素项目，需要了解与之相关的几个方面的核算数据，而这些数据不能通过一个账户，而必须通过两个甚至三个账户才能得到。在这些账户中，一个账户用来核算原始数据，另外的账户用来对原始数据的某个方面进行调整，通过调减或调增原始数据，即可求得反映原始数据账户另一意义下的余额。反映原始数据的账户，称为被调整账户。用来对原始数据进行调整的账户，称为调整账户。

调整类账户按其调整的方式分为备抵调整账户、附加调整账户、备抵附加调整账户三类。

(1) 备抵调整账户

备抵调整账户又称抵减调整账户，它是作为被调整对象原始数额的抵减项目，以确定被调整对象实有数额而设置的账户。属于备抵调整账户的有坏账准备、存货跌价准备、持有至到期投资减值准备、长期股权投资减值准备、累计折旧、固定资产减值准备、累计摊销、无形资产减值准备等。

(2) 附加调整账户

附加调整账户也称补充账户，它与备抵调整账户的作用相反，用以增补被调整对象原始数额，从而确定被调整对象的实有数额。

附加调整账户在理论上是存在的，但在实际工作中，纯粹的附加调整账户并不存在。

(3) 备抵附加调整账户

备抵附加调整账户是指既可以用来抵减，也可以用来增加被调整账户的账面余额，以求得被调整账户另一意义余额的账户。属于备抵附加调整账户的有材料成本差异、商品进销差价等账户。

6. 跨期摊配类账户

跨期摊配类账户是指用来核算企业已经发生但应由本期或以后各期，或只由以后各期负担或享有的分摊期在一年以上的各项费用或收益，并将这些跨期费用或收益在各个会计期间进行分摊的账户。属于这类账户的有未确认融资收益、长期待摊费用、递延收益、未确认融资费用等账户。

7. 集合分配类账户

集合分配类账户是用来归集和分配生产经营过程中某一阶段所发生的成本费用，并借以核算和监督该阶段费用预算执行情况和费用分配情况的账户。属于这类账户的有制造费用账户。

8. 投资权益类账户

投资权益类账户是用来核算投资者投入资本，以及经营活动中的经营性积累和非经营性积累的增减变动及结存情况的账户。其用途就是核算所有者权益的增减变动及结存情况。属于这类账户的有实收资本、资本公积、盈余公积、利润分配账户。

9. 无实物资产类账户

无实物资产类账户是用来核算企业长期拥有或控制的无实物形态的可辨认和不可辨认的资产增减变动及结存情况的账户。其用途就是核算企业没有实物形态的可辨认和不可辨认资产的增减变动及结存情况。属于这类账户的有无形资产、商誉两个账户。

10. 递延所得税类账户

递延所得税类账户是用来核算暂时性差异形成的递延所得税资产和递延所得税负债的增减变动及结存情况的账户。其用途就是用来核算可抵扣暂时性差异产生的递延所得税资产和应纳税暂时性差异产生的递延所得税负债。属于这类账户的有递延所得税资产、递延所得税负债两个账户。

11. 计价对比类账户

计价对比类账户是指对某类交易或者事项，在特定账户的借贷双方分别以两种不同的计价标准进行核算，通过对比，以确定其业务成果的账户。属于该类账户的有本年利润、固定资产清理、物资采购等账户。

12. 成本计算类账户

成本计算类账户就是用来核算某一特定成本计算对象实际成本的账户。其用途就是核算特定成本对象的实际成本。属于该类账户的有生产成本、在建工程、劳务成本、研发支出、委托加工物资等账户。

13. 损益计算类账户

损益计算类账户是用来计算并反映一定期间企业全部经营活动的最终成果，并确定企业利润或亏损数额的账户。损益计算类账户可分为反映收入收益、反映成本费用和反映财务成果三大类账户。反映收入收益类账户的有主营业务收入、其他业务收入、营业外收入、投资收益等账户。这类账户在期末将金额转入本年利润账户，所以期末一般没有余额。反映成本费用类账户的有主营业务成本、营业税金及附加、销售费用、管理费用、财务费用、其他业务成本、营业外支出等账户，这类账户在期末将金额转入本年利润账户，期末一般没有余额。反映最终财务成果类账户的有本年利润账户，期末本年利润账户的余额即为本期实现的利润总额或亏损总额，反映该时期经营业务活动的最终成果。

(三) 账户按提供核算资料的详细程度分类

账户按其提供核算资料的详细程度可分为总分类账户和明细分类账户。总分类账户是根据总分类科目开设的，提供各种总括分类核算资料。明细分类账户是根据二级科目或明细科目开设的，提供各种具体详细的分类核算资料。

1. 总分类账户与明细分类账户之间的联系

(1) 核算内容相同

总分类账户是对相同内容的汇总和概括登记的，明细分类账户是对相同内容的进一步分类的详细登记。

(2) 登账依据相同

虽然总分类账户是根据记账凭证登记的，明细分类账户是根据记账凭证和原始凭证登记的，但是记账凭证是根据原始凭证编制的。因此，登记总分类账户和明细分类账户的原始依据均是证明交易或者事项发生的原始凭证，两者必须一致。

(3) 登记期间相同

对同一笔交易或者事项，总分类账户与明细分类账户都在同一个会计期间进行登记。

(4) 登记方向相同

总分类账户登记增加，明细分类账户也登记增加；总分类账户登记减少，明细分类账户也登记减少。

(5) 账户余额相同

总分类账户的余额与其所对应的明细分类账户的余额之和相同。

2. 总分类账户与明细分类账户之间的区别

(1) 核算内容的详细程度不同

总分类账户提供的会计信息比较概括、简略，明细分类账户提供的会计信息则比较具体、详细。

(2) 提供的信息可能不同

总分类账户只提供以货币为计量单位的价值信息，明细分类账户则可能提供包括价值信息和实物数量在内的多种信息。

(3) 登记的方法可能不同

明细分类账户可以根据原始凭证、记账凭证直接登记，总分类账户则可以根据记账凭证、汇总记账凭证、科目汇总表等进行登记。(见第七章有关内容)

(4) 作用不同

总分类账户提供的会计信息是明细分类账户资料的综合，对所属明细分类账户起着统御和控制的作用，被称为统御账户；明细分类账户提供的会计信息是对总分类账户资料的具体化，对总分类账户起着补充和说明的作用，被称为从属账户。

第四节　复式记账法原理与借贷记账法

一、复式记账法原理

(一) 复式记账法的含义

记账方法是指经济业务发生后，将经济业务根据一定的原理和原则，运用货币计量单位，利用文字和数字记录在账户中的方法。记账方法也经历了由单式记账法到复式记账法的演变过程。

单式记账法是对已发生的每项经济业务，一般只在一个账户中进行记录的记账方法。在单式记账法下除了对有关人欠、欠人的现金收付的经济业务需要在两个或两个以上的账户中反映外，对于其他经济业务只在一个账户中登记或不予登记。例如，通过银行结算购买 20 000 元材料，只记录银行存款账户减少 20 000 元，而不记录材料账户增加 20 000 元。这种方法的优点是手续简单，缺点是不能全面反映经济业务的来龙去脉，也不能明确各账户之间的对应关系，更不便于检查账户记录的正确性。因此，世界各国早已不采用这种记账方法。在单式记账法下，通常只设置“库存现金”“银行存款”“应收账款”“应付账款”四个账户。

复式记账法是对于任何一项经济业务都以相等的金额，同时在两个或两个以上相互联系的账户中进行全面登记的一种记账方法。复式记账法能够全面记录经济业务的来龙去脉，清楚地反映各相关账户之间的对应关系和账户之间的内在平衡关系，而且便于核对账户记录，检查记录的正确性，是一种十分科学的记账方法。例如，通过银行结算购买 20 000 元材料，这项业务的发生，一方面使企业的银行存款减少了 20 000 元，另一方面使企业的材料增加了 20 000 元。在复式记账法下，这项经济业务涉及“银行存款”和“原材料”两个账户，应以相等的金额同时在这两个账户中进行登记，即“银行存款”账户登记减少 20 000 元，“原材料”账户登记增加 20 000 元。

(二) 复式记账法的种类

复式记账法按技术上的特点不同，主要分为借贷记账法、增减记账法和收付记账法。其中，借贷记账法是世界各国通用的一种记账方法。

增减记账法是以“增”“减”为记账符号来反映交易或者事项的一种复式记账法。它是我国特有的一种记账方法，20 世纪 60 年代在我国商品流通企业全面推行。

收付记账法是以“收”“付”为记账符号来反映交易或者事项的一种复式记账法。它是在我国传统的单式收付记账法的基础上发展起来的，又分为资金收付记账法(在我国行政、事业单位采用)、现金收付记账法(在我国金融企业采用)和财产收付记账法(用于我国农村社队)。

借贷记账法是以“借”“贷”为记账符号来反映交易或者事项的一种复式记账方法。1494 年，意大利数学家卢卡·帕乔利所著的《算术、几何比及比例概要》中第一次从理论上阐述借贷记账法的原理，从此现代会计产生，他本人也被尊称为“会计之父”。随后，这种方法遍及全欧洲，20 世纪初由日本传入我国，并于 1908 年创办大清银行时首次使用，1930 年国民党政府实业部推行此法，从此逐渐成为我国工商界、银行界习惯运用的记账方法。

20 世纪 60 年代以后，我国曾用过增减记账法、收付记账法等记账方法，到 1993 年 7 月 1 日《企业会计准则——基本准则》明确规定采用借贷记账法。2017 年修改后的《企业会计准则——基本准则》第十一条也明确规定会计记账应当采用借贷记账法记账。

借贷记账法经过 500 多年的锤炼，已被全世界的会计工作者普遍接受，是一种公认的、比较成熟的、科学的记账方法。

(三) 复式记账法的内容

虽然存在不同的复式记账法，但每一种复式记账法都包含以下一些基本要素：记账平衡原理、记账符号、记账规则、试算平衡等。

1. 记账平衡原理

复式记账法是建立在会计等式基础之上的，受会计等式的平衡原理所制约，它对每一项经济业务都要求在两个或两个以上的账户中做对应记录，并且应符合会计等式的平衡关系。不同的复式记账法有不同的会计基本等式，即不同的平衡原理。

2. 记账符号

记账符号是指作为一种复式记账法对会计要素增减变动进行记录时所使用的符号。每一种复式记账法都有不同的记账符号，它是区分不同复式记账法的主要标志。例如，在借贷记账法下，以“借”或“贷”作为记账符号；在增减记账法下，以“增”和“减”作为记账符号；在收付记账法下，以“收”和“付”作为记账符号。

3. 记账规则

记账规则是指作为一种复式记账法，对发生的任何交易或者事项所涉及账户之间具有的普遍性规律制定的规则，以保证账户记录的正确性。记账规则是通过编制会计分录表现出来的。

4. 试算平衡

试算平衡是指作为一种复式记账法，用于检查所有记账凭证编制、账簿登记、财务报表编制是否正确所采用的方法。在复式记账法下，可以通过平衡公式的试算来检查账户记录的正确性。不同的复式记账法有不同的试算平衡方法。

二、借贷记账法

借贷记账法是以“借”“贷”为记账符号，对发生的每一笔交易或者事项都要以借、贷相等的金额，在两个或两个以上的相关账户中进行登记的一种复式记账法。

(一) 理论基础

借贷记账法记账的理论依据就是资产、负债及所有者权益之间的平衡关系，即会计等式：

$$资产＝负债＋所有者权益$$

当某个会计要素发生变化时，其他会计要素必然随之发生变化，使会计等式的平衡关系不被破坏。而要维持等式的平衡，就必须进行等额登记，保证记录经济业务的完整性。

（二）记账符号

借贷记账法以"借"和"贷"作为记账符号，反映会计要素的增减变化。"借"（debit）、"借主"（debtor），"贷"（credit）、"贷主"（creditor），原本起源于拉丁文，就原字的解释，"借"的意思是"欠"，"贷"是"有"（含有"取得"的意思），自从"借""贷"二字应用于会计上以后，随着时代的推进和社会经济的发展，"借"和"贷"已失去原有含义，逐步转化为抽象的记账符号，并获得了新的含义：第一，为记录每一个账户的增减变动，我们将账户分为左右两方，"借"表示账户的左方，"贷"表示账户的右方；第二，用"借"和"贷"作为记账符号，并不能直接说明账户内容是增是减，当与不同性质的账户结合在一起时，就具有了明确的含义，具体内容如图 2-4 所示。

借方　　　　账户名称	贷方
（1）资产的增加	（1）资产的减少
（2）费用的增加（发生）	（2）费用的减少（结转）
（3）负债的减少	（3）负债的增加
（4）所有者权益的减少	（4）所有者权益的增加
（5）收入、利润的减少（结转）	（5）收入、利润的增加（发生）

图 2-4　记账方向示意

所谓借，它表示：资产、费用的增加，负债、所有者权益、收入和利润的减少。进行账户记录时，上述内容应登记在账户的借方（左方）。

所谓贷，它表示：资产、费用的减少，负债、所有者权益、收入和利润的增加。进行账户记录时，上述内容应登记在账户的贷方（右方）。

记账符号在不同账户表示的内容如下。

1. 资产类账户

资产类账户的结构是：借方登记资产增加额，贷方登记资产减少额。在一定会计期间内（月、季、年），借方增加额合计数称为借方发生额，贷方减少额合计数称为贷方发生额，期末，借贷两方差额称为期末余额，本期的期末余额结转到下期，即为下期的期初余额。资产类账户的结构如图 2-5 所示。

借方	×××账户		贷方
期初余额	×××		
（1）本期资产增加额 1	×××	（1）本期资产减少额 1	×××
（2）本期资产增加额 2	×××	（2）本期资产减少额 2	×××
……		……	
本期借方发生额	×××	本期贷方发生额	×××
期末余额	×××		

图 2-5　资产类账户结构

资产类账户的期末余额一般在借方，其计算公式为：

资产类账户期末余额＝期初借方余额＋本期借方发生额－本期贷方发生额

2. 负债及所有者权益类账户

按照会计平衡式“资产＝负债＋所有者权益”的原理以及经济业务变化的四种情况，负债及所有者权益类账户结构的内容与资产类账户结构的内容必须相反，这样才能保证既全面反映经济业务的全貌，又不影响会计等式。对于负债及所有者权益类账户，借方登记其减少额，贷方登记其增加额。在一定会计期间内(月、季、年)，借方本期减少额合计数称为本期借方发生额，贷方本期增加额合计数称为本期贷方发生额。负债及所有者权益类账户的结构如图 2-6 所示。

借方	×××账户		贷方
		期初余额	×××
(1)本期减少额 1	×××	(1)本期增加额 1	×××
(2)本期减少额 2	×××	(2)本期增加额 2	×××
……		……	
本期借方发生额	×××	本期贷方发生额	×××
		期末余额	×××

图 2-6　负债及所有者权益类账户结构

负债及所有者权益类账户的期末余额一般在贷方，计算公式为：

负债及所有者权益类账户的期末余额

＝期初贷方余额＋本期贷方发生额－本期借方发生额

3. 成本类账户

成本类账户的结构与资产类账户的结构基本相同，借方登记成本增加额，贷方登记成本转出额(减少额)，该类账户期末若有余额一般在借方。成本类账户的结构如图 2-7 所示。

借方	×××账户		贷方
期初余额	×××		
(1)本期成本增加额 1	×××	(1)本期成本减少数(转出额)1	×××
(2)本期成本增加额 2	×××	(2)本期成本减少数(转出额)2	×××
……		……	
本期借方发生额	×××	本期贷方发生额	×××
期末余额	×××		

图 2-7　成本类账户结构

4. 费用类账户

费用类账户的结构与资产类账户的结构基本相同，借方登记费用支出的增加额，贷方登记费用支出的转出额(减少额)，由于借方登记的费用支出增加额期末一般都要从贷方转出，以便确定一定期间的利润，因此该类账户通常没有期末余额。费用类账户的结构如图 2-8 所示。

借方　　　　　　　　×××账户　　　　　　　　贷方

期初余额	×××		
(1)本期费用支出增加额 1	×××	(1)本期费用支出减少数(转出额)1	×××
(2)本期费用支出增加额 2	×××	(2)本期费用支出减少数(转出额)2	×××
……		……	
本期借方发生额	×××	本期贷方发生额	×××

图 2-8　费用类账户结构

5. 收入类账户

收入类账户的结构与负债及所有者权益类账户的结构基本相同，贷方登记收入增加额，借方登记收入转出额(减少额)。由于贷方登记的收入增加额期末一般都要从借方转出，以便确定一定期间的利润，因此该类账户通常也没有期末余额。收入类账户的结构如图 2-9 所示。

借方　　　　　　　　×××账户　　　　　　　　贷方

		期初余额	×××
(1)本期收入减少数(转出数)1	×××	(1)本期收入增加数 1	×××
(2)本期收入减少数(转出数)2	×××	(2)本期收入增加数 2	×××
……		……	
本期借方发生额	×××	本期贷方发生额	×××

图 2-9　收入类账户结构

为正确计算企业一定期间的利润，要将所有收入、费用类账户的期末余额分别转入本年利润账户，收入、费用类账户的期末余额为零。因此，收入、费用类账户又称为虚账户；资产、负债及所有者权益类账户有期末余额，故又称为实账户。

(三) 记账规则

1. 记账规则的内容

记账规则是指运用记账方法记录经济业务时应当遵守的规律，是记账方法本质特征的具体表现。它是在运用某一记账方法处理经济业务、确定其应记的方向与金额时必须遵守的一种规定。记账规则必须符合“资产＝负债＋所有者权益”的平衡原理。

由于借贷记账法是复式记账法的一种，对每一项经济业务都要在两个或两个以上相互联系的账户中进行分类记录，即记录一个账户的借方，必须同时记录另一个账户或几个账户的贷方；记录一个账户的贷方，必须同时记录另一个或几个账户的借方，且记入借方的金额与记入贷方的金额必须相等。因此，借贷记账法的记账规则是“有借必有贷，借贷必相等”。

“有借必有贷”是指发生任何一项经济业务都必须在两个或两个以上的账户中同时进行两种登记：一是在一个(或一个以上)账户中作借方记录，二是在另一个(或一个以上)账户中作贷方记录。“借贷必相等”是指同一项经济业务在有关账户归类记录时，记录到借方账户的金额必然等于记录到贷方账户的金额。

现以明光公司 2018 年 2 月发生的部分经济业务为例说明。

【例 2-12】 明光公司用银行存款 30 000 元偿还前欠某企业账款。

这项经济业务一方面使企业的资产——银行存款减少，应记入“银行存款”账户的贷方；另一方面使企业的负债——应付账款减少，应记入“应付账款”账户的借方。其登账的结果如下：

银行存款

借	贷
	① 30 000

应付账款

借	贷
① 30 000	

【例 2-13】 明光公司收到某单位投入的资本 160 000 元存入银行。

这项经济业务一方面使企业的资产——银行存款增加，应记入“银行存款”账户的借方；另一方面使企业的所有者权益——实收资本增加，应记入“实收资本”账户的贷方。其登账的结果如下：

银行存款

借	贷
② 160 000	

实收资本

借	贷
	② 160 000

【例 2-14】 明光公司用银行存款 120 000 元购入一台全新机器设备。

这项经济业务一方面使企业的资产——固定资产增加，应记入“固定资产”账户的借方；另一方面使企业的资产——银行存款减少，应记入“银行存款”账户的贷方。其登账的结果如下：

银行存款

借	贷
	③ 120 000

固定资产

借	贷
③ 120 000	

【例 2-15】 明光公司以银行存款 50 000 元，偿还银行短期借款 36 000 元和前欠某单位的货款 14 000 元。

这项经济业务一方面使企业的资产——银行存款减少，应记入“银行存款”账户的贷方；另一方面使企业的负债——短期借款和应付账款减少，应记入“短期借款”和“应付账款”账户的借方。其登账的结果如下：

银行存款

借	贷
	④ 50 000

短期借款

借	贷
④ 36 000	

应付账款

借	贷
④ 14 000	

【例 2-16】 明光公司购进原材料 38 000 元，其中 20 000 元货款已用银行存款付讫，其余 18 000 元货款尚未支付。

这项经济业务一方面使企业的资产——原材料增加，应记入“原材料”账户的借方；另一方面使企业的资产——银行存款减少以及企业的负债——应付账款增加，应记入“银行存款”和“应付账款”账户的贷方。其登账的结果如下：

原材料

借	贷
⑤ 38 000	

银行存款

借	贷
	⑤ 20 000

应付账款

借	贷
	⑤ 18 000

【例 2-17】 明光公司签发并承兑一张面额 16 000 元、为期两个月的商业汇票，用以抵付应付账款。

这项经济业务一方面使企业的负债——应付账款减少，应记入“应付账款”账户的借方；另一方面使企业的负债——应付票据增加，应记入“应付票据”账户的贷方。其登账的结果如下：

应付账款

借	贷
⑥ 16 000	

应付票据

借	贷
	⑥ 16 000

2. 记账规则的应用

(1) 会计分录

在记账规则下，对经济业务进行确认和计量，通常是通过编制会计分录来进行的。会计分录是指在经济业务被分类记录在账簿之前，运用复式记账原理，对经济业务首先确定应借、应贷账户的名称，然后确定应记金额的一种记录。编制会计分录的目的是保证账户记录的正确性，以便于事后的检查和分析。编制会计分录，就意味着对经济业务做会计确认，为经济业务记入账户提供依据。

每一笔会计分录应包括三个要素，即账户名称(会计科目)、记账方向(借方或贷方)、记账金额。在编制会计分录时，应遵守以下惯例：

① 先记借方账户，后记贷方账户，即借方在上，贷方在下；

② 书写贷方的文字和数字时要缩进一个字符；

③ 在一借多贷、一贷多借或多借多贷的情况下，借方或贷方的文字要对齐，借贷金额也应相等。

编制会计分录的具体做法：

① 分析经济业务，对应会计科目表，找出业务中所涉及的会计科目(账户)的名称；

② 分析确定各账户的性质；

③ 根据业务中所涉及的账户的内容，看其是增加还是减少，按照各账户结构的登记要求，分别登记在借方和贷方。

对上述例 2-12 所述经济业务编制会计分录如下：

借：应付账款　　30 000

　贷：银行存款　　30 000

对上述例 2-16 所述经济业务编制会计分录如下：

借：原材料　　38 000

　贷：银行存款　　20 000

　　应付账款　　18 000

（2）记账规则应用举例

【例 2-18】 假设明光公司 2018 年 8 月 31 日有关总账账户期末余额如表 2-4 所示。

表 2-4　明光公司 2018 年 8 月 31 日有关总账账户期末余额

单位：元

资产类账户	期末余额	负债及所有者权益类账户	期末余额
库存现金	4 000	短期借款	200 000
银行存款	400 000	应付账款	180 000
原材料	68 000	应交税费	42 000
预付账款	70 000	实收资本	1 150 000
固定资产	1 636 000	盈余公积	486 000
		利润分配	120 000
资产合计	2 178 000	负债及所有者权益合计	2 178 000

对该公司 9 月发生下列交易或者事项编制会计分录。

① 明光公司从银行存款中提取现金 18 000 元。这笔业务涉及“库存现金”和“银行存款”两个账户，且都是资产类账户，由于资产类账户一般在借方登记增加，贷方登记减少，故会计分录为：

借：库存现金　　18 000

　贷：银行存款　　18 000

② 明光公司向银行借入短期借款，直接偿还应付账款 50 000 元。

这笔业务涉及“短期借款”和“应付账款”两个账户，且都是负债类账户，由于负债类账户一般在贷方登记增加，借方登记减少，故会计分录为：

借：应付账款　　50 000

　贷：短期借款　　50 000

③ 明光公司购入一批材料，已入库，价款 20 000 元，增值税进项税额为 3 200 元，价税合计为 23 200 元，款项未付。这笔业务涉及资产类账户“原材料”和负债类账户“应付账款”，由于资产类账户一般在借方登记增加，贷方登记减少；负债类账户一般在贷方登记增加，借方登记减少，故会计分录为：

借：原材料　　20 000

　　应交税费　　3 200

贷:应付账款 23 200

④ 明光公司接受投资者投资 80 000 元,直接存入银行。

借:银行存款 80 000

贷:实收资本 80 000

⑤ 明光公司以银行存款 60 000 元,偿还银行短期借款。

借:短期借款 60 000

贷:银行存款 60 000

⑥ 按规定用银行存款 20 000 元退还给宏达公司的投资。

借:实收资本 20 000

贷:银行存款 20 000

⑦ 用盈余公积 180 000 元转增资本。

借:盈余公积 180 000

贷:实收资本 180 000

⑧ 明光公司宣告分派 2011 年的利润 80 000 元。

借:利润分配 80 000

贷:应付利润 80 000

⑨ 明光公司所欠美华公司 80 000 元债务,经双方协商同意将此负债转为对本公司的投资。

借:应付账款 80 000

贷:实收资本 80 000

⑩ 采购甲材料 50 000 元,增值税进项税额为 8 000 元,价税合计为 58 000 元,用银行存款支付 45 000 元,尚欠 13 000 元。

这笔业务涉及“原材料”和“银行存款”两个资产类账户和“应付账款”“应交税费”两个负债类账户,由于资产类账户一般在借方登记增加,贷方登记减少;负债类账户一般在贷方登记增加,借方登记减少,故会计分录为:

借:原材料 50 000

应交税费 8 000

贷:银行存款 45 000

应付账款 13 000

⑪ 从华阳公司购入一项固定资产,已验收投入使用,根据发票账单入账,价款为 85 000 元,当即补汇货款 15 000 元,上月已预付 70 000 元。应编制会计分录如下:

借:固定资产 85 000

贷:预付账款 70 000

银行存款 15 000

⑫ 采购员王春山出差,借支差旅费 5 000 元,开出现金支票支付。应编制会计分录如下:

借:其他应收款——王春山 5 000

贷:银行存款 5 000

(3) 账户对应关系与会计分录类型

根据借贷记账法的记账规则，每笔交易或者事项，既要有借方账户，又要有贷方账户，把借方账户与贷方账户这种关系称为账户对应关系，把发生对应关系的账户称为对方的对应账户。如例 2-18 中，第一笔业务银行存款账户与库存现金账户是对应关系，银行存款账户的对应账户是库存现金账户，同样，库存现金账户的对应账户是银行存款账户。

账户的对应关系不一定是一一对应的，可能几个账户对应同一个账户，也可能是一个账户对应几个账户。如在例 2-18 中的第 11 笔业务，银行存款的对应账户是原材料，预付账款的对应账户也是原材料，而原材料的对应账户是银行存款和预付账款两个账户。

账户的对应关系也可能是模糊的，即无法准确确定其对应账户。如在例 2-18 中的第 10 笔业务，这是多借多贷会计分录的一个缺陷。

在会计分录中，只涉及一个账户的借方和另一个账户贷方的会计分录，称为简单会计分录，即一借一贷的会计分录。由两个以上对应账户所组成的会计分录称为复杂会计分录，也称为复合的会计分录，即一借多贷、一贷多借、多借多贷的会计分录。

一借一贷、一贷多借、一借多贷的会计分录，账户之间的对应关系一目了然，能够清晰反映每笔交易或者事项的来龙去脉。而多借多贷的会计分录，账户间的对应关系模糊。因此，在实际工作中，除非交易或者事项本身需要，可以编制多借多贷的会计分录外，不许把不同的交易或者事项合并在一起，编制多借多贷的会计分录；如果一笔交易或者事项涉及两个以上的账户，一般都要编制复合会计分录，而不编制与其等价的几个简单会计分录。

(四) 试算平衡

由于企业涉及的业务内容方方面面，且受到主观和客观因素的影响，一个会计期间下来很难保证没有金额登记错误、记账方向记反、遗漏等方面的错误。因此，在会计期末，需要通过一定的手段或方法来检查一下这个会计期间的账务处理是否正确、完整。试算平衡就是用来检查账务处理正确性的方法之一。

试算平衡，就是指根据会计等式的平衡原理，按照借贷记账法记账规则的要求，通过汇总、计算和比较，来检查账户记录和过账过程等的正确性、完整性的一种方法。

通常做法是：对涉及的所有会计账户进行结算，计算出各账户本期发生额和期末余额，然后编制试算平衡表。

进行试算平衡，首先要将一定时期内（如一个月）全部经济业务的会计分录都分类记录到有关会计账户中，这一工作步骤叫“过账”。过账后，加计每个账户的本期发生额，并结出各账户的期末余额，这一工作步骤叫“结账”。试算平衡有发生额平衡和余额平衡两种方法。

1. 发生额平衡

发生额平衡是用来检查本期记录的所有账户的借方和贷方金额是否正确的方法，其计算检验公式是：

全部账户本期借方发生额合计＝全部账户本期贷方发生额合计

本期发生的经济业务按编制的会计分录全部过账后，应根据各账户的本期借、贷方发生额编制发生额试算平衡表进行试算平衡。如果借贷发生额平衡，则证明记入各账户的发生额是正确的。如果不平衡，则证明记账有错误，应对账户记录和过账内容进行检查。

2. 余额平衡

余额平衡是用来检查经过过账、结账等工作步骤后，各账户期末余额是否正确的一种方法，其计算检验公式是：

期末全部账户的借方余额合计＝期末全部账户的贷方余额合计

在日常会计记账中，过账过程可能是正确的，但在计算账户的期末余额时可能发生错误。因此，为了保证整个账户记录及期末余额的正确性，除应检查发生额记录是否正确外，还须检查账户期末余额是否正确。它是通过编制余额试算表来完成的。

通过这两种方法进行检查，可以及时发现并纠正记账过程中的差错。如发现所有账户在一定期间内借、贷方发生额合计不平衡或借、贷方余额合计不平衡，则可以肯定本期记账、过账或结账有错误，需要进一步检查，找出错误并及时予以更正。如果两者都平衡，则说明结果基本正确，它为编制财务报告提供了依据。

但需要指出的是，试算平衡也存在一定的局限性，它不能发现记账过程中不影响借、贷方平衡关系的错误和遗漏，如记账时重记和漏记整笔经济业务、对相互对应的账户都以大于或小于正确金额的金额进行记账、对应账户的同方向串户等，都无法通过试算平衡检查出来。因此，还必须通过其他的检查方法进行核对和检查。

【例 2-19】 假设明光公司 2018 年 9 月份只发生了例 2-18 中所列举的 12 笔交易或者事项，现以此 12 笔经济业务为例，说明如何进行试算平衡。基本步骤如下：

① 将每个账户的期初余额记入相关的账户中(开设账户)；

② 将已完成的会计分录逐一过入 T 型账户中(过账)；

③ 结出各账户本期发生额和期末余额(结账)，如图 2-10 所示。

借	库存现金		贷
期初余额	4 000		
(1)	18 000		
本期发生额	18 000	本期发生额	
期末余额	22 000		

借	应付账款		贷
(2)	50 000	期初余额	180 000
(9)	80 000	(3)	23 200
		(10)	13 000
本期发生额	130 000	本期发生额	36 200
		期末余额	86 200

借	银行存款		贷
期初余额	400 000	(1)	18 000
(4)	80 000	(5)	60 000
		(6)	20 000
		(10)	45 000
		(11)	15 000
		(12)	5 000
本期发生额	80 000	本期发生额	163 000
期末余额	317 000		

借	实收资本		贷
(6)	20 000	期初余额	1 150 000
		(4)	80 000
		(7)	180 000
		(9)	80 000
本期发生额	20 000	本期发生额	340 000
		期末余额	1 470 000

借	原材料		贷
期初余额	68 000		
(3)	20 000		
(10)	50 000		
本期发生额	70 000	本期发生额	
期末余额	138 000		

借	应交税费		贷
(3)	3 200	期初余额	42 000
(10)	8 000		
本期发生额	11 200	本期发生额	
		期末余额	30 800

借	短期借款		贷
(5)	60 000	期初余额	200 000
		(2)	50 000
本期发生额	60 000	本期发生额	50 000
		期末余额	190 000

借	盈余公积		贷
(7)	180 000	期初余额	486 000
本期发生额	180 000	本期发生额	
		期末余额	306 000

借	利润分配		贷
(8)	80 000	期初余额	120 000
本期发生额	80 000	本期发生额	
		期末余额	40 000

借	应付利润		贷
		(8)	80 000
本期发生额		本期发生额	80 000
		期末余额	80 000

借	预付账款		贷
期初余额	70 000	(11)	70 000
本期发生额	70 000	本期发生额	70 000
期末余额	0		

借	固定资产		贷
期初余额	1 636 000		
(11)	85 000		
本期发生额	85 000	本期发生额	
期末余额	1 721 000		

借	其他应收款		贷
(12)	5 000		
本期发生额	5 000	本期发生额	
期末余额	5 000		

图 2-10　T 型账户记录

根据明光公司 9 月份各个账户的本期发生额和期初、期末余额，分别编制三种试算平衡表，如表 2-5、2-6 和 2-7 所示。

表 2-5　总分类账户本期发生额试算平衡表

2018 年 9 月 30 日　　单位:元

账户名称	借方发生额	贷方发生额
库存现金	18 000	
银行存款	80 000	163 000
其他应收款	5 000	
原材料	70 000	
预付账款		70 000
固定资产	85 000	
短期借款	60 000	50 000
应付账款	130 000	36 200
应付利润		80 000
应交税费	11 200	
实收资本	20 000	340 000
盈余公积	180 000	
利润分配	80 000	
合计	739 200	739 200

表 2-6　总分类账户期末余额试算平衡表

2018 年 9 月 30 日　　单位:元

账户名称	借方余额	贷方余额
库存现金	22 000	
银行存款	317 000	
其他应收款	5 000	
原材料	138 000	
预付账款		
固定资产	1 721 000	
短期借款		190 000
应付账款		86 200
应付利润		80 000
应交税费		30 800
实收资本		1 470 000
盈余公积		306 000
利润分配		40 000
合计	2 203 000	2 203 000

表 2-7 总分类账户本期发生额及期末余额试算平衡表

2018 年 9 月 30 日 单位:元

账户名称	期初余额		本期发生额		期末余额	
	借方	贷方	借方	贷方	借方	贷方
库存现金	4 000		18 000		22 000	
银行存款	400 000		80 000	163 000	317 000	
其他应收款			5 000		5 000	
原材料	68 000		70 000		138 000	
预付账款	70 000			70 000		
固定资产	1 636 000		85 000		1 721 000	
短期借款		200 000	60 000	50 000		190 000
应付账款		180 000	130 000	36 200		86 200
应付利润				80 000		80 000
应交税费		42 000	11 200			30 800
实收资本		1 150 000	20 000	340 000		1 470 000
盈余公积		486 000	180 000			306 000
利润分配		120 000	80 000			40 000
合计	2 178 000	2 178 000	739 200	739 200	2 203 000	2 203 000

由于试算平衡能够检查出记账、过账过程中最容易出现的大部分错误,到目前为止,仍不失为世界上公认的检查记账、过账错误的最好办法。上述余额及发生额试算表还可以作为编制报表的依据。

小　　结

本章主要介绍了会计等式、会计科目、会计账户和借贷记账法。

会计等式反映了会计要素之间的数量关系。它是设置会计账户、复式记账和编制财务报告的理论依据。任何经济业务的发生都不会影响会计等式的平衡。

会计科目是对会计对象的具体内容进行分类核算的项目,设置会计科目应遵循一定的原则。账户就是根据会计科目开设的,它是连续、分类记录各项经济业务,反映各个会计要素增减变化情况及结果的一种工具。

会计科目和账户是两个不同的概念,两者都是对会计要素具体内容的进一步分类,科目是账户的名称,账户不仅有明确的经济内容,而且还有一定的结构。但在一般情况下,我们并不区分会计科目和账户。

账户的结构都是由两个基本部分组成。一部分登记资金数量的增加，另一部分登记资金数量的减少。至于哪一方登记增加，哪一方登记减少，则取决于记账方法和账户所记录的经济业务的内容，即账户的性质。

账户按其核算的经济内容可分为资产类账户、负债类账户、共同类账户、所有者权益类账户、成本类账户、损益类账产。账户按用途和结构不同，可分为盘存类账户、结算类账户、对外投资类账户、暂记类账户、调整类账户、跨期摊配类账户、集合分配类账户、投资权益类账户、无实物资产类账户、递延所得税类账户、计价对比类账户、成本计算类账户和损益计算类账户。

借贷记账法是典型的复式记账法，对任何一笔经济业务都要用相等的金额，在两个或两个以上的有关账户中进行相互联系的登记。借贷记账法的理论依据是会计平衡等式，即资产＝负债＋所有者权益，记账的规则是“有借必有贷，借贷必相等”。

会计分录是按照借贷记账法的要求，对每项经济业务所涉及的会计科目（账户）的名称、记账方向及金额所做的一种记录。它是会计语言的表达方式。编制会计分录是会计工作的初始阶段，在实际工作中，这项工作一般是通过编制记账凭证或登记日记账来完成的。

试算平衡就是指根据会计等式的平衡原理，按照借贷记账法记账规则的要求，通过汇总、计算和比较，来检查账户记录和过账过程等的正确性、完整性的一种方法。试算平衡工作，一般是在月末结出各个账户的本月发生额和月末余额后，通过编制总分类账户发生额试算平衡表和总分类账户余额试算平衡表来进行的。

复习思考题

1. 什么是会计等式？试述会计等式的基本原理。
2. 为什么企业各种经济业务的变化都不会破坏会计等式的平衡关系？
3. 什么是会计科目？什么是账户？试述二者的关系与区别。
4. 试述账户的基本结构。
5. 账户按经济内容分哪几类？
6. 账户按结构和用途分哪几类？
7. 什么是借贷记账法？借贷记账法的记账规则是什么？
8. 什么是会计分录？一个完整的会计分录包括哪些要素？
9. 论述试算平衡的基本原理和具体方法。

实务练习题

习题一

［目的］ 练习会计要素之间的关系。

［资料］ 甲企业某月末各项目余额如下：

1. 投资者投入资本 600 000 元。

2. 出纳处存放现金 3 000 元。

3. 向银行借入两年期的借款 400 000 元。

4. 应付外单位货款 30 000 元。

5. 机器设备价值 357 000 元。

6. 仓库里存放的原材料 20 000 元。

7. 银行存款 350 000 元。

8. 向银行借入半年期的借款 40 000 元。

9. 房屋及建筑物价值 310 000 元。

10. 应收外单位货款 30 000 元。

[要求]

1. 判断上列资料中各项目的类别(资产、负债、所有者权益),并将各项目金额填入表 2-8。

2. 计算表内资产合计、负债和所有者权益合计,并检验是否符合会计等式。

表 2-8　甲企业各项目余额汇总表

×年×月×日

资产	业务序号	金额	负债和所有者权益	业务序号	金额
合计			合计		

习题二

[目的]　了解经济业务的发生所引起的资产、负债、所有者权益的增减变化及平衡关系。

[资料]　明光公司 2018 年 5 月 31 日的资产、权益状况如下(单位:元):

固定资产	120 000	银行存款	61 000	本年利润	40 000
应付账款	18 800	原材料	31 000	实收资本	110 000
短期借款	54 000	无形资产	72 000	盈余公积	64 200
库存现金	3 000				

6 月份发生以下经济业务:

1. 投资者投入资本 35 000 元,存入银行。

2. 通过银行转账支付欠南山公司货款 6 000 元。

3. 从银行提取现金 26 000 元,准备发放工资。

4. 收到销售商品款 15 000 元,增值税销项税 2 400 元,共计 17 400 元,存入银行。

5. 以银行存款归还短期借款 20 000 元。

6. 购入材料 3 600 元,增值税进项税 576 元,款项未付。

7. 采购员预借差旅费 4 000 元,以银行存款支付。

［要求］

1. 根据公司 5 月 31 日的资料，编制 5 月末的资产和所有者权益平衡表。

2. 根据 6 月份的经济业务，确定资产、负债、所有者权益项目的增减变化及其结果，并编制 6 月末的资产和所有者权益平衡表。

习题三

［目的］　练习借贷记账法的运用。

［资料］　建设工厂 2018 年 5 月发生的部分经济业务如下：

1. 国家投入资本 80 000 元，存入银行存款账户。

2. 购入一批 A 材料计 4 000 元，增值税进项税 640 元，货款和税金已用银行存款支付。

3. 从银行提取现金 1 600 元。

4. 向银行取得短期借款 60 000 元。

5. 购入 B 材料 30 000 元，增值税进项税 4 800 元，款项未付，材料已验收入库。

6. 收到上月应收销货款 46 800 元。其中，20 000 元用于归还短期借款，其余款项存入银行。

7. 采购员出差返回，按规定报销差旅费 6 600 元，原预借 6 000 元，支付现金 600 元。

［要求］

编写相关业务的会计分录。

习题四

［目的］　练习 T 型账户的登记。

［资料］　见本章习题二的资料。

［要求］

1. 开设各有关账户，登记期初余额。

2. 根据明光公司 5 月份经济业务，编制会计分录。

3. 根据已编制的会计分录，登入各有关账户。

4. 结出各账户的本期发生额和期末余额。

5. 编制本期发生额和期末余额试算平衡表。

案例分析

赵美和赵莉拥有一个蛋糕房，她们都没有接受过正规的会计教育，她们认为只要采用复式记账的方法就不会出现错误了，于是自己设计了一个用来记录交易的系统，自认为很有效。下面列示的是本月所发生的一些交易：

(1) 收到商品的订单，当货物发出后将收到 600 元。

(2) 发出一份商品订单，订购价值 800 元的商品。

(3) 将货物运给顾客并收到 600 元。

(4) 收到所订的商品并支付400元现金。

(5) 用现金支付银行200元的利息。

(6) 赊购10 000元的设备。

赵美和赵莉对以上业务进行了记录,如表2-9所示。

表2-9 蛋糕房本月的交易情况

单位:元

资产=		负债+所有者权益		+(收入-费用)	
收到商品订单	600			销售	600
发出订购商品的订单	800				
库存现金	600				
将货物发运给顾客	-600				
收到所订的商品	400	应付账款	-400		
支付现金	200			利息支出	-200
赊购设备		应付账款	10 000	设备支出	-10 000

案例要求

1. 向赵美和赵莉解释对记录交易的错误理解。
2. 改正错误的记录。

第三章 复式记账的运用

——产品制造企业主要经济业务的核算

【学习目的与要求】

本章在上章介绍记账基本原理的基础上，以制造企业经常发生的典型经济业务为例，重点说明账户及借贷记账法的运用。通过本章的学习，要求掌握账户设置方法及主要业务的账户对应关系，掌握企业资金筹措、材料采购业务、产品生产业务、产品销售业务、财务成果的形成与分配等主要经济业务的核算方法，掌握产品制造企业成本计算业务的账户设置与核算方法，熟悉制造企业的业务循环，理解企业经济活动各步骤之间的内在联系。

【教学重点与难点】

教学的重点是：制造企业的典型业务特点、各类经济业务之间的内在联系、主要业务循环的核算。教学的难点是：主要经济业务循环的账户设置与核算。

第一节 产品制造企业主要经济业务的内容

产品制造企业是市场经济体系中的生产单位，是以产品的加工制造和销售为主要生产经营活动的营利性经济组织。其基本任务是按照市场经济的要求，生产出满足经济发展需要以及人民生产消费需要的社会产品，通过销售，以收抵支，不断增加企业的价值，并实现企业业务的循环。因此，产品制造企业的主要经济业务就是产品的生产经济活动，其基本内容可以概括为以下几点。

1. 筹集生产所需资金

筹集资金的目的是为企业组织生产经营活动提供资金准备。任何一个经济实体，其存在和发展的首要条件是拥有一定数量的资金。因此，为正常的生产经营活动筹集必需的资金就成为产品制造业的首要经济活动。企业筹集资金的渠道包括：企业所有者对企业的资本性投资，形成企业的资本(或股本)；向银行等金融机构举债借款，形成企业的短期借款和长期借款；通过发行企业债券的方式筹集资金，形成企业的应付债券。此外，在经营过程中，企业还会因结算关系占用其他单位的部分资金。

2. 将筹集到的资金投放于企业生产经营的各个环节，实现生产经营的连续性

产品制造企业生产产品的过程就是生产者利用劳动手段对劳动对象进行加工，制造出社会所需产品的过程。它由原材料的采购过程、产品制造过程和产品销售过程三部分组成。

原材料的采购过程又称为供应过程或生产储备过程。在该过程中，企业需要不断地动用货币资金购买各种生产原料或赊购原料建立生产储备，并及时与供货单位结算货款及各项采购费用。所以，支付购货款及采购费用、正确计算和确定各种材料的采购成本是企业供应过程的主要经济业务和核算内容。在供应过程中，企业的资金由货币形式转化为材料储备资金形式。

产品制造过程为产品的生产过程，它包括归集发生在产品制造过程的各项制造费用和分配产品制造费用至各加工产品的生产成本两个环节，其具体经济业务和核算内容包括：

① 在产品制造过程中，生产工人首先借助于劳动手段对各种原材料进行加工，形成材料的耗费。

② 同时，生产过程还要支付人工费用。

③ 归集发生的其他生产费用如固定资产折旧费、车间管理费等。生产过程中发生的材料费用、人工费用、财产磨损费用以及为管理生产过程而发生的其他必需的费用统称为"生产费用"。

④ 将生产费用按加工产品的对象进行分配，计算完工产品和未完工产品的生产成本。在整个产品的生产过程中，企业的材料资金、货币资金及有关财产资金首先转化为在产品资金形式，然后再由在产品资金转化为产品资金形式。

产品的销售过程，企业按照销售合同出售产成品，并按照销售价格与购货单位办理货款结算，收回销货款，形成了销售过程的主要经济业务。因此，确认销售收入、结转销售成本、归集和分配销售费用、计算销售税金、确定销售成果是销售过程主要的核算内容。销售过程使企业的资金从产成品资金形式转化为货币资金形式，又回到了生产经营过程的起点，使生产经营完成了一次循环。

从空间角度认识企业的产品制造过程，供应过程、生产过程和销售过程永不间断地交替进行着，具有一定的并存性。

从资金运动的时间角度认识产品的经营过程，从供应过程到生产过程再到销售过程，各个过程是相互连续进行的，并具有一定的继起性。企业的资金从货币资金形式开始，顺次经过供应、生产、销售三个阶段，分别转化为在产品资金、产成品资金，最后又回到货币资金形式。这种周而复始的资金循环，会计上称之为"资金周转"。

3. 确定和分配企业的经营成果

产品销售以后，企业取得了产品销售收入，销售收入补偿了生产经营过程的相关费用后形成了企业的利润总额。按照《中华人民共和国企业所得税法》的规定，企业应按利润总额的一定比例向国家上缴所得税，税后利润即为企业的净利润。按照《中华人民共和国公司法》《企业会计准则》和会计制度等的要求，企业实现了净利润后，按照法定程序应将净利润在企业与投资者之间分配，一部分留归企业形成盈余公积，作为企业扩大生产和发

展职工集体福利事业的资金来源;一部分向企业的所有者分配。

会计应反映企业能够用货币表示的一切经济活动。产品制造企业必须根据企业各项经济业务的具体内容,运用复式记账原理,设置和运用不同的账户,对企业的筹资及生产经营全过程进行全面、系统的核算。

可见,制造企业的主要经济业务包括:① 资金筹集和固定资产购置业务;② 材料采购与付款业务;③ 产品生产业务;④ 产品销售与收款业务;⑤ 财务成果计算与分配业务。这五个方面的经济业务,也是产品制造企业日常会计核算的主要内容。

本章将以明光公司 2018 年 6 月份发生的经济活动(例 3-1 至例 3-58)为例,说明产品制造企业主要经济业务的内容和核算方法。明光公司 2018 年 5 月 31 日各账户余额如表 3-1 所示。

表 3-1　明光公司账户余额表

单位:元

账户名称	借方余额	账户名称	贷方余额
库存现金	22 000	坏账准备	4 500
银行存款	317 000	短期借款	150 000
应收账款	153 600	应付账款	128 000
其他应收款	6 000	其他应付款	4 500
原材料	142 000	应付职工薪酬	97 200
生产成本	27 000	应交税费	33 000
库存商品	80 000	应付利息	1 400
预付账款	7 000	实收资本	1 670 000
固定资产	1 789 000	资本公积	24 000
		盈余公积	56 000
		利润分配	85 000
		累计折旧	290 000
合计	2 543 600	合计	2 543 600

有关明细账户期初余额如下:生产成本——A 产品 15 000 元,生产成本——B 产品 12 000 元;库存商品——A 产品 200 件,计 52 000 元,B 产品 100 件,计 28 000 元;应交税费——应交增值税 33 000 元;应收账款为应收东明公司销货款 83 600 元,应收光大公司销货款 70 000 元;应付账款为应付永利公司购货款 98 000 元,应付兴业公司购货款 30 000 元。

开设 T 型账户,将总账各账户期初余额记入相应账户中。

第二节 资金筹集与固定资产购置业务的核算

一、资金筹集业务的核算

(一) 资金筹集业务及流程

1. 权益资金筹集

权益资金筹集是指企业通过吸收投资者直接投资、发行股票、内部积累等方式筹集的自有资金。我国法律规定,设立企业必须要有法定资本。资本是由投资者认缴并经工商行政管理部门核准注册的资金总额。投资者一旦对企业投资后,即对企业的资产、资产经营的结果、资产经营的权利等享有一种权益,形成所有者权益;投资者对企业的投资,可以是货币、实物、无形资产等形式。投资者向企业投入的资本,在一般情况下企业无须偿还但可以依法转让;企业对实际收到的资本金,依法享有经营权。因各种原因企业投资者的出资额超过注册资本的差额,形成企业的资本公积。因此,对所有者投资的核算应包括两方面内容:一是揭示投入资本的形式和来源,即反映所有者对企业实际投资的形式和金额;二是反映投资后所有者享有的权益,包括实收资本和资本公积。

2. 借入资金筹集

借入资金筹集是指企业通过发行债券、向银行借款等方式筹集资金,即企业吸收债权人投资。债权人投资的形式主要是货币资金。债权人投资后拥有要求企业按照规定的期限、规定的利率偿还本金和利息的权利。对企业主体而言,这部分资金则形成了企业的负债。按照债务资金的内容和偿还期限的长短,它又包括短期借款、长期借款、应付债券等。

短期借款是企业向银行或其他金融机构借入的期限在一年以下(含一年)的各种借款,企业取得的短期借款主要用于生产周转资金的需要。长期借款是企业向银行或其他金融机构借入的期限在一年以上的各项借款。应付债券是企业依照法定程序对外发行、约定在一定期限内还本付息的具有一定价值的证券。

企业借入短期借款所支付的利息支出,在财务费用中列支,并按其数额大小和结算方式不同,可采取以下两种方法处理:一是短期借款利息数额较大且按季支付的,可采取预先计提办法分月计入财务费用,季末再结算支付;二是短期借款利息数额不大,可采取简化办法,在支付时一次性直接计入当期财务费用。

(二) 投入资本的核算

1. 反映权益资金筹集业务的主要账户

为了总括地核算和监督所有者投入资金及其变动情况,根据所有者投资业务的内容,企业在会计核算中应当设置以下几个账户。

① “库存现金”账户属于资产类账户,用以核算企业的库存现金。该账户借方登记库

存现金的收入(增加)数;贷方登记库存现金的支出(减少)数;期末余额在借方,反映企业实际持有的库存现金数。

② “银行存款”账户属于资产类账户,用以核算企业存入银行或其他金融机构的各种款项。该账户借方登记存款的存入(增加)数;贷方登记存款的支取(减少)数;期末余额在借方,反映企业存放在银行的存款实有数。

③ “实收资本”账户属于所有者权益类账户,用以核算企业实际收到投资者投入的资本。该账户贷方登记企业收到投资者投入企业资本的实际数额;借方登记按规定程序减少注册资本的数额,在实际返还资本时入账;期末余额在贷方,反映企业实有的资本或股本数额。该账户应按投资者设置明细账,进行明细核算。该账户结构如图 3-1 所示。

借方　　实收资本	贷方
按规定程序减少注册资本的数额	企业收到投资者投入企业资本的实际数额
	期末余额:企业的实有资本或股本数额

图 3-1　“实收资本”账户结构

企业收到投资者的投资,应按其在注册资本或股本中所占份额入账。企业在生产经营过程中所取得的收入和利得、所发生的费用和损失,不得直接增减投入资本。

④ “资本公积”账户属于所有者权益类账户,用以核算企业取得的资本公积。该账户贷方登记企业因资本溢价等原因而增加的资本公积数额;借方登记用于按法定程序转增注册资本等原因而减少的资本公积数额;期末余额在贷方,反映企业实有的资本公积数额。该账户可按“资本溢价(股本溢价)”“其他资本公积”进行明细核算。该账户结构如图 3-2 所示。

借方　　资本公积	贷方
资本公积的减少额	资本公积的增加额
	期末余额:企业实有的资本公积数额

图 3-2　“资本公积”账户结构

2. 例题讲解

【例 3-1】　2018 年 6 月 1 日,明光公司收到华阳集团公司投入货币资本 200 000 元,款项存入银行。

这项经济业务涉及“实收资本”“银行存款”两个账户。一方面,投资者投入资本,使所有者权益增加,应记入“实收资本”账户的贷方;另一方面,款项存入银行,使资产增加,应记入“银行存款”账户的借方。这项经济业务编制的会计分录如下:

借:银行存款　　　200 000

　贷:实收资本——华阳　　　200 000

【例 3-2】 2018 年 6 月 10 日，明光公司收到宏远公司投入设备一台，双方协议确认价值为 400 000 元；专有技术一项，确认价值为 300 000 元。

这项经济业务涉及“实收资本”“固定资产”“无形资产”三个账户。一方面，投资者投入资本，使所有者权益增加，就记入“实收资本”账户的贷方；另一方面，企业收到设备、材料、专有技术，使资产增加，应按资产的确认价值分别记入“固定资产”“原材料”“无形资产”账户的借方。这项经济业务编制的会计分录如下：

借：固定资产——设备 400 000
　　无形资产——专有技术 300 000
　贷：实收资本——宏远 700 000

【例 3-3】 2018 年 6 月 11 日，明光公司接受华阳集团公司追加投资 580 000 元，款项存入银行。双方协议确认，华阳集团公司按投资比例应享有的注册资本为 500 000 元，其余作资本溢价处理。

这项经济业务涉及“实收资本”“资本公积”“银行存款”三个账户。一方面，投资者追加投资，使所有者权益增加，应按华阳集团公司享有的投资份额记入“实收资本”账户的贷方，而资本溢价部分应记入“资本公积”账户的贷方；另一方面，款项存入银行，使资产增加，应记入“银行存款”账户的借方。这项经济业务编制的会计分录如下：

借：银行存款 580 000
　贷：实收资本——华阳 500 000
　　资本公积——资本溢价 80 000

【例 3-4】 2018 年 6 月 21 日，明光公司收到外商投入的机器设备 3 台，每台设备确认价值 36 万元。合同约定外商的注册资本为 100 万元。

这项经济业务的发生，一方面，使企业固定资产增加 108 万元；另一方面，使企业所有者权益增加 108 万元。因此，此项业务涉及“固定资产”“实收资本”和“资本公积”三个账户，固定资产的增加是企业资产的增加，应记入“固定资产”账户的借方，外商投入资本的增加是所有者权益的增加，应按合同约定的注册资金额 100 万元记入“实收资本”账户的贷方，超出部分增加资本公积，记入“资本公积”账户的贷方。这项经济业务编制的会计分录如下：

借：固定资产 1 080 000
　贷：实收资本——外商投入 1 000 000
　　资本公积——资本溢价 80 000

（三）借入款项的核算

1. 反映借入资金筹集业务的账户

为了总括地核算和监督债权人投入的债务资金及其变动情况，根据债权人投资业务的内容，企业在会计核算中应当设置以下几个账户。

① “短期借款”账户，属于负债类账户，用以核算企业向银行或其他金融机构等借入的期限在一年以下（含一年）的各种借款。该账户贷方登记借入资金的实际金额；借方登记偿还的实际金额；期末余额在贷方，反映企业尚未偿还的短期借款的本金。该账户应按债权人设置明细账，并按借款种类进行明细核算。该账户结构如图 3-3 所示。

借方　　　短期借款	贷方
偿还的实际金额	借入资金的实际金额
	期末余额：尚未偿还的短期借款的本金

图 3-3　“短期借款”账户结构

②“长期借款”账户，属于负债类账户，用以核算企业向银行或其他金融机构借入的期限在一年以上（不含一年）的各项借款。该账户贷方登记借入的本金和应计的利息金额；借方登记偿还的借款本息金额；期末余额在贷方，反映企业尚未偿还的长期借款本息。该账户应按债权人设置明细账，并按贷款种类进行明细核算。该账户结构如图 3-4 所示。

借方　　　长期借款	贷方
偿还的借款本息金额	借入的本金和应计的利息金额
	期末余额：尚未偿还的长期借款本息

图 3-4　“长期借款”账户结构

③“应付债券”账户，属于负债类账户，用以核算企业为筹集长期资金而实际发行的债券及应付的利息。该账户贷方登记企业发行债券收到的款项和应计提的利息额；借方登记实际支付的偿债本息；期末余额在贷方，反映企业尚未偿还的债券本息。该账户应设置“债券面值”“利息调整”“应计利息”等明细账户，进行明细核算。该账户结构如图 3-5 所示。

借方　　　应付债券	贷方
实际支付的偿债本息	(1) 发行债券收到的款项 (2) 应计提的利息额
	期末余额：尚未偿还的债券本息

图 3-5　“应付债券”账户结构

④“财务费用”账户，属于损益类账户，用以核算企业为筹集生产经营所需资金等而发生的费用。该账户借方登记发生的财务费用额；贷方登记期末转入“本年利润”账户的财务费用额；结转后该账户无余额。该账户应按费用项目设置明细账，进行明细账核算。该账户结构如图 3-6 所示。

借方　　　财务费用	贷方
发生的财务费用额	期末转入“本年利润”账户的财务费用额

图 3-6　“财务费用”账户结构

2. 例题讲解

【例 3-5】 2018 年 6 月 1 日，明光公司向银行取得年利率为 6%、6 个月后归还本金的生产周转借款 1 200 000 元。银行通知款项已划入存款账户。

这项经济业务涉及“短期借款”“银行存款”两个账户。一方面，银行提供短期贷款，使负债增加，应记入“短期借款”账户的贷方；另一方面，款项转存银行，使资产增加，应记入“银行存款”账户的借方。这项经济业务编制的会计分录如下：

借：银行存款　　1 200 000

　贷：短期借款　　　　1 200 000

【例 3-6】 2018 年 6 月 14 日，明光公司为构建一条新的生产线（工期为 2 年），向银行借入 3 年期、年利率为 9%、到期一次还本付息的设备借款 9 000 000 元，已转入银行存款账户。该借款当即投入到生产线的构建工程中。

这项经济业务涉及“长期借款”“银行存款”两个账户。一方面，银行提供 3 年期的设备贷款，使负债增加，应记入“长期借款”账户的贷方；另一方面，借款转存银行，使资产增加，应记入“银行存款”账户的借方。这项经济业务编制的会计分录如下：

借：银行存款　　9 000 000

　贷：长期借款　　　　9 000 000

【例 3-7】 2018 年 6 月 30 日，明光公司对上述生产周转借款采用按月计提利息费用，计算本月应负担的利息支出数 6 000 元。

这项经济业务涉及“财务费用”“应付利息”两个账户。一方面，应计入本月费用但尚未支付的利息，使负债增加，应记入“应付利息”账户的贷方；另一方面，计提的利息应计入本月的财务费用，使费用增加，应记入“财务费用”账户的借方。这项经济业务编制的会计分录如下：

借：财务费用　　6 000

　贷：应付利息　　　6 000

【例 3-8】 2018 年 6 月 30 日，明光公司按面值发行 3 年期、票面利率为 8% 的债券 1 000 000 元，债券到期一次性还本付息，款项已转入银行存款账户。

这项经济业务涉及“应付债券”“银行存款”两个账户。一方面，通过债券发行筹集起长期使用的资金，使负债增加，应记入“应付债券”账户的贷方；另一方面，债券的发行款项已转存银行，使资产增加，应记入“银行存款”账户的借方。这项经济业务编制的会计分录如下：

借：银行存款　　　　　　1 000 000

　贷：应付债券——债券面值　　　1 000 000

二、固定资产购置业务的核算

生产经营需要企业有经营用厂房、建筑物和机器设备等固定资产。固定资产是指同时具有下列特征的有形资产：一是为生产商品、提供劳务、出租或经营管理而持有；二是使用寿命超过一个会计年度。它通常是指房屋、建筑物、机器、运输工具以及其他与生产经营有关的设备、器具、工具等。

固定资产应按其取得时的成本入账，固定资产取得时的成本包括买价、相关税费、运输费、装卸费、安装费以及专业人员服务费等。

(一) 固定资产购置业务核算的账户设置

1. “固定资产”账户

“固定资产”账户是资产类账户，用来核算企业固定资产的原值。该账户的借方核算不需要经过建造、安装即可使用的固定资产增加的原值，自行建造完成以及符合固定资产确认条件的固定资产增加值；贷方核算减少的固定资产原值；期末余额在借方，反映企业固定资产的原值。该账户可按固定资产类别和项目设置明细账户，进行明细核算。该账户结构如图 3-7 所示。

借方　　　　固定资产　　　　贷方

借方	贷方
固定资产增加的原值、自行建造完成的固定资产增加值、其他方式取得的固定资产的增加值	减少的固定资产原值
期末余额：企业固定资产的原值	

图 3-7　“固定资产”账户结构

2. “在建工程”账户

“在建工程”账户是资产类账户，用来核算企业基建、更新改造等在建工程发生的支出。该账户的借方核算建造、安装过程中所发生的全部支出；贷方核算结转完工工程实际成本；期末余额在借方，反映企业尚未达到预定可使用状态的在建工程的成本。该账户可按“建筑工程”“安装工程”“在安装设备”“待摊支出”等设置明细账户，进行明细核算。该账户结构如图 3-8 所示。

借方　　　　在建工程　　　　贷方

借方	贷方
建造、安装过程中所发生的全部支出	结转完工工程实际成本
期末余额：企业尚未达到预定可使用状态的在建工程的成本	

图 3-8　“在建工程”账户结构

下面以购置机器设备为例说明固定资产购置业务的会计处理。

【例 3-9】 2018 年 6 月 6 日，明光公司购置不需要安装的机器设备一台，买价 80 000 元，增值税进项税额 12 800 元，运输费 1 500 元，装卸费 500 元，全部款项用银行存款支付，设备已交付使用。

该项经济业务的发生，一方面，使固定资产增加 82 000 元，可以抵扣的增值税进项税额增加 12 800 元；另一方面，使银行存款减少 94 800 元，因此，此项业务涉及“固定资产”“应交税费”和“银行存款”账户。固定资产增加是企业的资产增加，应按其购入的实际成本记入

"固定资产"账户的借方;可以抵扣的增值税进项税额增加,应记入"应交税费"账户的借方;银行存款的减少是企业资产的减少,应记入"银行存款"账户的贷方。其会计分录如下:

借:固定资产　　82 000
　应交税费——应交增值税(进项税额)　　12 800
　贷:银行存款　　94 800

【例 3-10】 2018 年 6 月 8 日,明光公司购入需要安装的机器设备一台,买价 50 000 元,增值税进项税额 8 000 元,均以存款支付;另以银行存款支付运输费 1 200 元,安装过程中发生人工费 7 200 元。

该项经济业务的发生,一方面,使在建工程支出增加 58 400 元,应记入"在建工程"账户的借方,可以抵扣的增值税进项税额 8 000 元应记入"应交税费"账户的借方;另一方面,使企业银行存款减少 59 200 元,应付职工薪酬增加 7 200 元,应分别记入"银行存款"和"应付职工薪酬"账户的贷方。其会计分录如下:

借:在建工程　　58 400
　应交税费——应交增值税(进项税额)　　8 000
　贷:银行存款　　59 200
　　应付职工薪酬　　7 200

【例 3-11】 2018 年 6 月 28 日,上述所购设备安装完毕,经验收合格交付使用,结转安装工程成本。

该项经济业务的发生,使固定资产增加,应记入"固定资产"账户的借方;结转完工工程成本记入"在建工程"账户的贷方。其会计分录如下:

借:固定资产　　58 400
　贷:在建工程　　58 400

第三节　材料采购与付款业务的核算

一、材料采购业务的主要内容

企业为保证生产经营业务的正常进行,必须采购和储备一定数量的材料物资。材料储备不足,生产需要的物资得不到保证;材料储备过多,就会造成资金的积压,影响企业的效益。产品制造企业在供应过程中的主要经济业务是购进材料。在采购材料过程中,企业要与供应单位或其他单位办理款项的结算,支付采购材料的货款运输费和装卸费等各种采购费用。一般来讲,企业的材料应由仓库验收并保管,以备生产车间和管理部门领用。当企业所购进的材料验收入库,或虽然材料未到达企业,但企业已为该项材料支付了货款,企业即拥有了该材料的所有权,材料即可被视为企业的资产加以确认。当生产车间或管理部门领用材料时,随着材料的被消耗,材料就从资产转化为成本费用。期末,全部库存材料作为资产负债表中的一项流动资产而得以确认。如果企业购进材料而未付款，未支付的货款被视为企业的一项负债加以确认。

典型制造企业的材料按其在生产中的用途不同，可以分为以下几大类：

① 原料及主要材料，指经过加工能够构成产品主要实体的各种材料。

② 辅助材料，指直接用于生产，有助于生产进行或便于生产进行，单独不能构成产品主要实体的各种材料，如润滑油、油漆等。

③ 外购半成品(外购件)，指从外单位购入的，作为企业产品组成部分的产品。

④ 修理用品备件(备品备件)，指为本企业修理企业机器设备、运输工具所专用的各种零配件，如轴承、齿轮等。

⑤ 包装材料，指为出售产品而储备的包装物，如绳、纸、铁丝、铁皮等各种包装材料。

⑥ 燃料，指为本企业生产经营储备的燃料，包括固体、液体、气体燃料等。

采购过程是制造企业生产经营的第一阶段，其主要经济业务就是采购材料，为生产过程做准备。采购过程的主要经济业务包括：第一，从购买单位取得所需的各种材料并验收入库；第二，与材料供应商发生款项结算业务；第三，支付各种采购费用(包括运输费、装卸费、包装费、保险费和入库前的挑选整理费等)；第四，计算并结转材料的采购成本。

在实际工作中，为便于对材料进行核算和管理，企业可根据实际需要选择实际成本法或计划成本法对材料进行核算。

二、材料按实际成本计价的核算

(一) 材料采购业务的账户设置

为加强对材料采购业务的管理，核算和监督库存材料的增减变动和结存情况，以及因采购材料而与供应单位发生的债权债务结算关系，核算中应设置如下账户。

1. “在途物资”账户

“在途物资”账户是资产类账户，用来核算企业采用实际成本进行材料和商品等物资的日常核算、货款已付但尚未验收入库的在途物资的采购成本。该账户的借方核算外购材料的采购成本(买价和采购费用)；贷方核算已验收入库材料的采购成本；期末余额在借方，表示企业在途物资的采购成本。该账户可按供应单位和物资品种设置明细账户，进行明细核算。该账户结构如图 3-9 所示。

借方　　　　在途物资	贷方
外购材料的采购成本(买价和采购费用)	已验收入库材料的采购成本
期末余额：企业在途物资的采购成本	

图 3-9　“在途物资”账户结构

2. “原材料”账户

“原材料”账户是资产类账户，在实际成本法下，用来核算企业库存的各种材料包括原材料及主要材料、辅助材料、燃料等的实际成本。该账户的借方核算购入并已验收入库材料的实际成本；贷方核算发出材料的实际成本；期末余额在借方，表示企业库存材料的实际成本。该账户可按材料的类别、品种和规格设置明细账户，进行明细核算。该账户结构如图 3-10 所示。

借方	原材料　　　　　　　贷方
购入并已验收入库材料的实际成本	发出材料的实际成本
期末余额：企业库存材料的实际成本	

图 3-10 “原材料”账户结构

3. “应付账款”账户

“应付账款”账户是负债类账户，用来核算企业因购买材料、商品和接受劳务等经营活动应支付给供应单位的款项。该账户的贷方核算因购买材料、商品和接受劳务供应等而发生的应付未付的款项；借方核算支付给供应单位的款项；期末余额在贷方，表示企业尚未支付的应付账款余额。该账户可按债权人设置明细账户，进行明细核算。该账户结构如图 3-11 所示。

借方	应付账款　　　　　　　贷方
支付给供应单位的款项	因购买材料、商品和接受劳务供应等而发生的应付未付的款项
	期末余额：企业尚未支付的应付账款余额

图 3-11 “应付账款”账户结构

4. “应付票据”账户

“应付票据”账户是负债类账户，用来核算企业购买材料、商品和接受劳务供应等而开出、承兑的商业汇票，包括商业承兑汇票和银行承兑汇票。该账户的贷方核算企业已开出、承兑的商业汇票的票面金额；借方核算汇票到期实际支付的款项；期末余额在贷方，表示企业尚未到期的商业汇票的票面金额。该账户可按债权人设置明细账户，进行明细核算。该账户结构如图 3-12 所示。

借方	应付票据　　　　　　　贷方
汇票到期实际支付的款项	企业已开出、承兑的商业汇票的票面余额
	期末余额：企业尚未到期的商业汇票的票面金额

图 3-12 “应付票据”账户结构

5. “预付账款”账户

“预付账款”账户是资产类账户，用来核算企业按照合同规定预付的款项。该账户的借方核算按照合同规定预付的货款和补付的货款;贷方核算收到已预付货款的材料应支付的金额和退回的多付的货款;若期末余额在借方,表示企业预付的款项;若期末余额在贷方,则表示企业尚未补付的款项。该账户结构如图3-13所示。

借方　　预付账款	贷方
(1) 按合同规定预付的货款 (2) 补付的货款	(1) 收到已预付货款的材料应支付的金额 (2) 退回的多付的货款
期末余额:企业预付的款项	期末余额:企业尚未补付的款项

图3-13 "预付账款"账户结构

该账户可按供应单位设置明细账户,进行明细核算。预付款项不多的企业也可将预付的款项直接记入"应付账款"账户,不设置本账户。

6. "应交税费"账户

"应交税费"账户是负债类账户,用来核算企业按照《税法》等法律的规定应计交的各种税费,包括增值税、消费税、所得税、城市维护建设税、教育费附加等。该账户的贷方核算按规定应交纳的各种税费;借方核算实际交纳的各种税费。若期末余额在贷方,表示企业尚未交纳的税费;若期末余额在借方,则表示企业多交或尚未抵扣的税费。

该账户可按应交的税费项目设置明细账户进行明细核算,其中"应交税费——应交增值税"是核算企业应交和实交增值税结算情况的账户。企业在采购环节支付给供货方的增值税记入该账户借方"进项税额"栏;在销售环节向购货单位收取的增值税记入该账户贷方"销项税额"栏。期末,"销项税额"减去"进项税额"后,如为贷方余额即为本期应交纳的增值税额,如为借方余额,即为留待下期抵扣的税额。该账户结构如图3-14所示。

借方　　应交税费	贷方
实际交纳的各种税费	按规定应交纳的各种税费
期末余额:多交或尚未抵扣的税费	期末余额:尚未交纳的税费

图3-14 "应交税费"账户结构

(二) 材料采购业务的会计处理

材料采购业务的会计处理,主要涉及收料和付款两个方面。收料由材料仓库办理收料手续,会计部门根据材料仓库转来的收料单和供应单位开出的发票、账单等办理付款并登记入账。

制造业企业为采购材料所发生的支出构成材料的实际采购成本,一般由买价、相关税费、运输费、装卸费、保险费以及其他可归属于材料采购成本的采购费用构成。

① 买价,也称采购价格,是指企业购入材料时,供应单位开具的购货发票上标明的价格,不包括增值税专用发票上注明的可以抵扣的增值税额。

② 相关税费,指的是企业从境外购入材料应交纳的关税或企业购买、自制、委托加工时应交纳的消费税、资源税以及其他费用等。

③ 其他可直接归属于材料采购成本的费用，即采购成本中除上述各项以外的可直接归属于材料采购成本的费用，如在采购过程中发生的仓储费、包装费、大宗材料的市内运杂费、运输途中的合理损耗、入库前的整理挑选费等。

材料的买价，一般属于直接费用，应直接计入相应材料的采购成本。相关的采购费用，凡是能直接分清受益对象的，应直接计入相应原材料的采购成本；凡是不能直接分清受益对象，但费用金额较大的，应选择按所采购材料的重量、买价或体积等标准进行分配，再计入相应材料的采购成本。

供应部门或材料仓库所发生的经常性费用、采购人员的差旅费、采购机构经费及市内小额运杂费等，一般不易分清具体的受益对象，且费用金额小，对材料采购成本影响不大，可作为期间费用，直接计入当期损益。

采购过程中所支付的增值税应按《税法》的规定区别对待。凡是按规定不得抵扣的税金，则应计入材料采购成本。

现举例如下。

【例 3-12】 2018 年 6 月 3 日，明光公司从兴业公司采购甲材料 1 000 千克，单价 100 元，增值税税率 16%，货款、税款均未付。

这项经济业务涉及“在途物资”“应交税费”“应付账款”三个账户。一方面，已购进材料，取得其所有权，应按材料的采购成本登记资产的增加，记入“在途物资”账户的借方，按购进材料价外支付的增值税登记负债的减少，记入“应交税费——应交增值税”账户的借方；另一方面，款项尚未支付，使企业负债增加，记入“应付账款”账户的贷方。其会计分录如下：

借：在途物资——甲材料　　100 000

　　应交税费——应交增值税(进项税额)(100 000×16%)　　16 000

　贷：应付账款(100 000+100 000×16%)　　116 000

【例 3-13】 2012 年 6 月 8 日，明光公司从永利公司购入甲、乙两种材料，货款、运费、增值税均以银行存款支付。购入两种材料的运杂费为 2 400 元，其中甲材料负担 1 800 元，乙材料负担 600 元，增值税进项税款 264 元；购买货物具体内容如表 3-2 所示。货物增值税进项税 19 200 元，材料尚未验收入库。

表 3-2　购入材料清单

材料名称	数量(千克)	单价(元/千克)	金额(元)
甲材料	750	100	75 000
乙材料	450	100	45 000
合计			120 000

该项经济业务的发生，一方面，使材料采购成本增加 122 400 元，应记入“在途物资”账户的借方，同时因购买材料所支付的增值税进项税额 19 464 元，应记入“应交税费——应交增值税(进项税额)”账户的借方；另一方面，使银行存款减少 141 644 元，记入“银行存款”账户的贷方。其会计分录如下：

借：在途物资——甲材料　　76 800

　　　　　　——乙材料　　45 600

应交税费——应交增值税(进项税额)　19 464

贷:银行存款　141 864

【例 3-14】 2018 年 6 月 12 日,根据合同规定,以银行存款 32 000 元预付庆丰公司购买乙材料款。

该项经济业务的发生,一方面,使预付账款增加 32 000 元,应记入“预付账款”账户的借方;另一方面,使银行存款减少 32 000 元,应记入“银行存款”账户的贷方。其会计分录如下:

借:预付账款　32 000

贷:银行存款　32 000

【例 3-15】 2018 年 6 月 18 日,公司从庆丰公司购买的 150 千克乙材料已到,每千克 200 元,增值税进项税额 4 800 元,尚未验收入库,余款未付。

该项经济业务的发生,一方面,使材料采购成本增加 30 000 元,应记入“在途物资”账户的借方,因购买材料所支付的增值税进项税额 4 800 元,应记入“应交税费——应交增值税(进项税额)”账户的借方;另一方面,购买乙材料的款项原已预付给供应单位,应记入“预付账款”账户的贷方。此时,“预付账款”账户可理解为债权债务双重性质的账户。其会计分录如下:

借:在途物资——乙材料　30 000

应交税费——应交增值税(进项税额)　4 800

贷:预付账款　34 800

【例 3-16】 2018 年 6 月 22 日,公司从永利公司购买乙材料 700 千克,每千克 190 元,增值税进项税额 22 610 元,货款采用商业承兑汇票结算,材料尚未办理入库手续。

该项经济业务的发生,一方面,使材料采购成本增加 133 000 元,应记入“在途物资”账户的借方,因购买材料所支付的增值税进项税额 21 280 元,应记入“应交税费——应交增值税(进项税额)”账户的借方;另一方面,开出商业承兑汇票使得企业负债增加 154 280 元,应记入“应付票据”账户的贷方。其会计分录如下:

借:在途物资——乙材料　133 000

应交税费——应交增值税(进项税额)　21 280

贷:应付票据　154 280

【例 3-17】 2018 年 6 月 26 日,公司结清了兴业公司的货款 116 000 元和庆丰公司的余款 2 800 元,款项通过银行支付。

该项经济业务的发生,一方面,使银行存款减少,记入“银行存款”账户的贷方;另一方面,使企业的债务减少,分别记入“应付账款”账户借方和“预付账款”账户的借方。其会计分录如下:

借:应付账款　116 000

预付账款　2 800

贷:银行存款　118 800

【例 3-18】 上述材料全部验收入库,计算并结转材料的实际成本。

已验收入库材料的实际总成本＝100 000＋76 800＋45 600＋30 000＋133 000

＝385 400(元)

这项经济业务的发生，一方面，使库存材料增加 385 400 元，应记入“原材料”账户的借方；另一方面，结转材料采购成本 385 400 元，应记入“在途物资”账户的贷方。其会计分录如下：

借：原材料——甲材料　　176 800
　　　　　——乙材料　　208 600
　贷：在途物资——甲材料　　176 800
　　　　　　　——乙材料　　208 600

三、材料按计划成本计价的核算

（一）材料采购业务的账户设置

材料按照实际成本计价，能够比较全面、完整地反映材料资金的实际占用情况。但是，在企业材料种类较多、收发较频繁的情况下，由于每次购料的时间、地点不同，购买同种材料的实际成本可能不同，因此，采用实际成本计价会加大计算发出材料成本的工作量和复杂程度。为解决这个问题，一些大中型企业对材料按计划成本计价。材料按计划成本计价是指材料的收发均以计划成本计价，同时设置“材料成本差异”账户核算材料实际成本与计划成本之间的差额，期末对计划成本进行调整，以确定库存材料的实际成本和发出材料应负担的差额，进而确定发出材料的实际成本。主要有以下材料按计划成本计价设置的账户。

1.“材料采购”账户

“材料采购”账户是资产类账户，用来核算企业采用计划成本进行材料日常核算而购入材料的采购成本。借方核算企业支付的材料价款和运杂费等应计入材料采购成本中的金额；贷方核算已验收入库材料的采购成本；期末余额在借方，表示企业在途材料的采购成本。

该账户可按供应单位和材料品种设置明细账户，进行明细核算。该账户结构如图 3-15 所示。

借方　　　　材料采购	贷方
应计入材料采购成本中的金额	已验收入库材料的采购成本
期末余额：在途材料的采购成本	

图 3-15　“材料采购”账户结构

2.“原材料”账户

在计划成本下，“原材料”账户用来核算企业库存的各种材料的计划成本。借方核算已验收入库材料的计划成本；贷方核算发出材料的计划成本；期末余额在借方，表示库存材料的计划成本。

该账户可按材料的类别、品种和规格等设置明细账户，进行明细核算。其账户结构如图 3-16 所示。

借方	原材料 贷方
已验收入库材料的计划成本	发出材料的计划成本
期末余额:库存材料的计划成本	

图 3-16 “原材料”账户结构

3.“材料成本差异”账户

“材料成本差异”账户是资产类账户,用来核算企业采用计划成本进行日常核算时材料计划成本与实际成本的差额。借方核算入库材料实际成本大于计划成本的差异;贷方核算入库材料实际成本小于计划成本的差异。结转发出材料应负担的材料成本差异,在该账户的贷方核算。若结转的是实际成本大于计划成本的超支差异,用蓝字;若结转的是实际成本小于计划成本的节约差异,用红字。若期末余额在借方,表示企业库存材料的实际成本大于计划成本的差异;若期末余额在贷方,则表示企业库存材料的实际成本小于计划成本的差异。“材料成本差异”账户结构如图 3-17 所示。

借方	材料成本差异 贷方
入库材料实际成本大于计划成本的差异	(1) 入库材料实际成本小于计划成本的差异 (2) 结转发出材料负担的差异,结转超支额用蓝字,结转节约额用红字
期末余额:库存材料实际成本大于计划成本的差异	期末余额:库存材料实际成本小于计划成本的差异

图 3-17 “材料成本差异”账户结构

材料按计划成本计价,除上述三个账户外,其他的账户与材料按实际成本计价,涉及的账户基本相同。

(二) 材料采购业务的会计处理

① 甲企业从 W 公司购进 A 材料 120 吨,每吨 500 元,货款 60 000 元,增值税进项税额 9 600 元;运杂费 1 200 元,增值税进项税额 192 元,材料尚未入库,款项尚未支付。

借:材料采购——A 材料　　61 200

　应交税费——应交增值税(进项税额)　　9 792

　贷:应付账款　　70 992

② A 材料验收入库,计划成本为 63 360 元。

借:原材料——A 材料　　63 360

　贷:材料采购——A 材料　　63 360

调整差异:

借:材料采购——A 材料　　2 160

　贷:材料成本差异　　2 160

若 A 材料的计划成本为 60 000 元,则进行如下账务处理:

借:原材料——A 材料　　60 000

　贷:材料采购——A 材料　　60 000

调整差异：

借：材料成本差异　　　　　　1 200

　贷：材料采购——A 材料　　　　　1 200

③ 甲企业本月生产领用 A 材料 100 吨，按计划成本计算为 52 800 元。

借：生产成本　　　　　　52 800

　贷：原材料——A 材料　　　　　52 800

由于实际成本小于计划成本，表明有节约。因此，要正确计算产品负担的实际成本，可以通过材料成本差异率来计算。

本月材料成本差异率：

$$\frac{\text{月初材料成本差异额}+\text{本月购入材料差异额}}{\text{月初材料计划成本}+\text{本月入库材料计划成本}}\times 100\%$$

依上例，本月材料成本差异率 $=\frac{2\ 160}{63\ 360}\times 100\%=3.409\%$；

发出材料应调整的差异额 $=52\ 800\times 3.409\%=1\ 800$（元）。

借：生产成本　　　　　　1 800

　贷：材料成本差异　　　　　1 800

如果实际成本大于计划成本，表明有超支差额，金额用蓝字登记。

例如，生产领用 B 材料计划成本 50 000 元，应负担材料成本差异为超支额 1 000 元，则会计分录如下：

领用 B 材料时：

借：生产成本　　　　50 000

　贷：原材料——B 材料　　　50 000

调整差异：

借：生产成本　　　1 000

　贷：材料成本差异　　　1 000

第四节　产品生产业务的核算

一、产品生产业务及流程

制造业企业从材料投入生产起，到产品完工入库止的全部过程称为生产过程，它是企业再生产过程的中心环节。在产品生产过程中，劳动者利用劳动资料对劳动对象进行加工使之成为社会产品，所以生产过程既是物化劳动（劳动资料和劳动对象）和活劳动的消耗过程，又是产品的形成过程，或者说是生产耗费过程和产品形成过程的统一。在产品生产过程中，资金的形态由储备资金转变成为生产资金。产品生产业务的核算包括以下两方面的内容。

(一) 生产的耗费

生产过程中发生的各种耗费可以归纳为劳动对象的耗费、活劳动的耗费、劳动资料的耗费以及其他耗费。企业在一定时期内发生的,用货币表现的生产耗费称为生产费用。与此相应,生产费用亦可归纳为材料费用、工资费用、折旧费用和其他费用。

(1) 材料费用

作为构成产品实体或有助于产品形成的劳动对象,包括各种原料及主要材料、辅助材料、外购半成品等,在生产过程中改变其实物形态,其价值随之全部转移到新产品中去。企业应在生产领用材料时,按其实际成本将其确认为材料费用。

(2) 工资费用

活劳动是生产的一个要素,通过活劳动的耗费使劳动对象得以改变其使用价值,并创造出新的价值。其中,劳动者为自己创造的那部分价值以工资的形式支付给劳动者,用于个人消费,并构成产品的成本。企业应按实际支付给劳动者的金额,在计入产品成本时,将其确认为工资费用。

(3) 折旧费用

作为劳动资料的固定资产在生产过程中可以长期使用,并保持其原有的实物形态不变,其价值则随着生产使用而损耗,并将逐渐地、部分地转移(即折旧)到新产品的价值中去。企业应按一定的方法计量其损耗的价值,并按期确认折旧费用。

(4) 其他费用

在生产过程中,除了上述耗费外,还有许多其他的耗费,如办公费、业务费、保险费、修理费、水电费、劳保费等。企业必须按其实际发生额归集确认为当期费用。

企业上述发生的生产费用按其经济用途或与产品成本的关系,又可分为生产成本和期间费用两大类。

1. 生产成本

生产成本是指企业为生产产品或提供劳务而发生的、计入产品成本的费用。生产成本按照其计入产品成本的方式又可分为直接费用和间接费用。

(1) 直接费用

直接费用是指企业在生产产品和提供劳务过程中所发生的直接材料费用、直接人工费用和其他直接费用。

直接材料费用是指企业在生产产品和提供劳务过程中所消耗的,直接用于产品生产,构成产品实体的原料及主要材料、外购半成品及有助于产品形成的辅助材料和其他材料费用。

直接人工费用是指企业在生产产品和提供劳务过程中,直接参加生产的工人工资以及按生产工人工资总额和规定比例计提的职工福利费、养老保险、失业保险、医疗保险、生育保险、工伤保险、住房公积金、工会经费和职工教育经费等。

其他直接费用是指企业发生的除直接材料费用和直接人工费用以外的,与生产产品或提供劳务有直接关系的费用。

(2) 间接费用

间接费用是指应由产品生产成本负担的,不能直接计入各产品成本的有关费用。间接费用主要是指企业各生产单位(分厂、生产车间)为组织和管理生产而发生的各项间接费用,包括生产单位发生的管理人员工资及福利费、折旧费、修理费、水电费、机物料消耗费用、劳动保护费以及其他费用。

间接费用应当按照一定程序和方法进行归集和分配,计入相关产品的生产成本。

2. 期间费用

期间费用是指企业在生产经营过程中发生的,不计入产品成本而直接计入当期损益的各种费用。它与产品的生产没有联系,不能计入产品成本。但它的发生与一定时期实现的收入相关,必须计入当期损益。期间费用主要包括管理费用、财务费用和销售费用。

(1) 管理费用

管理费用是指企业为组织和管理企业生产经营所发生的费用,包括企业的董事会费、公司经费、工会经费、咨询费、诉讼费、各种财产税、保险费、业务招待费、技术转让费、无形资产摊销费等。

(2) 财务费用

财务费用是指企业为筹集生产经营所需资金等而发生的费用,包括企业生产经营期间发生的利息支出(收入)、汇兑损益以及相关的手续费等。

(3) 销售费用

销售费用是指企业在销售商品过程中发生的各项费用,包括销售过程中发生的销售费用(如运输费、装卸费、包装费、保险费、展览费和广告费等)和专设销售机构的各项经费(如职工工资及福利费、差旅费、办公费、折旧费、修理费、其他经费等)。

生产耗费的核算实际上是生产过程中生产费用的发生、归集和分配的核算。

(二) 产品的形成

企业的生产过程不仅是生产的耗费过程,也是产品的形成过程。在这个过程中,劳动者利用劳动资料对劳动对象进行加工,改变了原劳动对象的形态,转化为满足社会需要的产品。同时,为生产产品而发生的各种耗费,也就转化为产品的制造成本,并构成产品的价值。在会计上,产品形成的核算实际上就是产品成本的计算和结转。

依据我国产品制造企业应采用制造成本法核算成本的要求,直接费用和间接费用构成产品的生产成本。构成产品成本的具体项目,也叫成本项目。期间费用不构成产品的生产成本,发生时应直接计入当期损益,如图 3-18 所示。

- 费用
  - 生产费用 } 构成产品生产成本
    - 直接费用
      - 直接材料
      - 直接人工
    - 间接费用→制造费用
  - 期间费用 } 直接计入当期损益
    - 销售费用
    - 管理费用
    - 财务费用

图 3-18 产品制造企业费用构成

二、产品生产业务的账户设置

为正确核算企业生产过程中发生的各种费用、计算产品的生产成本,应设置和运用一系列账户。

(一)"生产成本"账户

"生产成本"账户是成本类账户,用来核算企业进行工业性生产发生的各项生产成本,包括生产各种产品(产成品、自制半成品等)、自制材料、自制工具、自制设备等。该账户的借方核算生产产品所发生的生产费用,包括材料、燃料、工资、福利费、制造费用等;贷方核算生产完工并已验收入库的产成品、自制半成品等的成本;期末余额在借方,表示企业尚未加工完成的在产品成本。

该账户可按"基本生产成本"和"辅助生产成本"设置明细账户,进行明细核算;同时还可在"基本生产成本"账户下,按成本核算对象设置三级明细账户,并按规定的成本项目设置专栏。该账户结构如图 3-19 所示。

借方　　　　生产成本	贷方
生产产品所发生的生产费用	生产完工并已验收入库的产成品、自制半成品等的成本
期末余额:企业尚未加工完成的在产品成本	

图 3-19　"生产成本"账户结构

(二)"制造费用"账户

"制造费用"账户是成本类账户,用来核算企业生产车间(部门)为生产产品和提供劳务而发生的各项间接费用,包括职工薪酬、折旧费、修理费、办公费、水电费、物料消耗、季节性的停工损失等。该账户的借方核算生产车间实际发生的各种制造费用;贷方核算分配计入有关成本核算对象的制造费用;期末应无余额。该账户可按不同的生产车间、部门和费用项目设置明细账户,进行明细核算。该账户结构如图 3-20 所示。

借方　　　　制造费用	贷方
生产车间实际发生的各种制造费用	分配计入有关成本核算对象的制造费用

图 3-20　"制造费用"账户结构

(三)"应付职工薪酬"账户

"应付职工薪酬"账户是负债类账户,用来核算企业根据有关规定应付给职工的各种薪酬。该账户的贷方核算企业已分配计入有关成本、费用项目的应付职工薪酬总额;借方核算实际为职工支付的薪酬及代扣款项;期末余额在贷方,表示企业应付未付的职工薪酬。

该账户可按"工资""职工福利""社会保险费""住房公积金""工会经费""职工教育经费"等设置明细账户,进行明细核算。该账户结构如图 3-21 所示。

借方	应付职工薪酬　贷方
实际为职工支付的薪酬及代扣款项	企业已分配计入有关成本、费用项目的应付职工薪酬总额
	期末余额：企业应付未付的职工薪酬

图 3-21　“应付职工薪酬”账户结构

（四）“累计折旧”账户

“累计折旧”账户是资产类账户，用来核算企业固定资产的累计折旧。该账户的贷方核算企业按期计提的固定资产折旧；借方核算处置固定资产同时结转的累计折旧；期末余额在贷方，表示企业固定资产的累计折旧额。

该账户可按固定资产的类别或项目进行明细核算。该账户结构如图 3-22 所示。

借方	累计折旧　贷方
处置固定资产同时结转的累计折旧	企业按期计提的固定资产折旧
	期末余额：企业固定资产的累计折旧额

图 3-22　“累计折旧”账户结构

设置和应用“累计折旧”账户，是为了适应固定资产的特点和管理的需要。固定资产在长期使用过程中原有的实物形态基本不变，尽管会因为使用而发生价值损耗，但在报废清理前总有一部分价值相对存在于资产的实物形态上。为方便考核固定资产的原始价值及使用期间的净值，必须设置“累计折旧”账户核算固定资产的磨损值，作为固定资产原始价值的抵减，因此，用“固定资产”账户借方余额的原始价值减去“累计折旧”账户贷方余额的累计折旧，就是固定资产净值。

（五）“库存商品”账户

“库存商品”账户是资产类账户，用来核算企业库存的各种商品的实际成本或计划成本，包括库存产成品、外购商品、存放在门市部准备出售的商品、发出展览的商品以及寄存在外的商品等。

库存商品采用实际成本核算时，该账户的借方核算验收入库商品的实际成本；贷方核算发出商品的实际成本；期末余额在借方，表示库存商品的实际成本。该账户可按商品的种类、品种和规格设置明细账户，进行明细核算。该账户结构如图 3-23 所示。

借方	库存商品　贷方
验收入库商品的实际成本	发出商品的实际成本
期末余额：库存商品的实际成本	

图 3-23　“库存商品”账户结构

三、产品生产业务的举例

(一) 材料费用的归集与分配

产品制造业企业通过供应过程采购的各种原材料，经过验收入库之后，就形成了生产产品的物资储备，生产产品及其他方面领用时，就形成了材料费。完整意义上的材料费包括消耗的原材料、主要材料和辅助材料的费用等。在确定材料费用时，应根据领料凭证区分车间、部门和不同用途后，按照确定的结果将发出材料的成本分别记入“生产成本”“制造费用”“管理费用”等账户和产品生产成本明细账。对于直接用于某种产品生产的材料费，应直接计入该产品生产成本明细账中的直接材料费项目；对于由几种产品共同耗用、应由这些产品共同负担的材料费，应选择适当的标准在各种产品之间进行分配之后，计入各有关成本计算对象；对于为创造生产条件等需要而间接消耗的各种材料费，应先在“制造费用”账户中进行归集，然后再同其他间接费用一起分配计入有关产品成本中。总而言之，材料是构成产品实体的一个重要组成部分，对材料费的归集与分配的核算是生产过程核算中的一项重要内容。

产品制造业企业采购到的材料，经验收入库，形成生产的物资储备。生产部门领用时，填制领料单，向仓库办理领料手续，领取所需材料。仓库发出材料后，要将领料凭证传递到会计部门。会计部门将领料单汇总，编制“发出材料汇总表”，据以将本月发生的材料费用按其用途分配计入生产费用和其他有关费用。

【例 3-19】 2018 年 6 月 30 日，仓库根据当月领料凭证，汇总编制本月材料耗用汇总表，如表 3-3 所示。

表 3-3　领料凭证汇总

用途	甲材料			乙材料			合计金额（元）
	数量（千克）	单价（元/千克）	金额（元）	数量（千克）	单价（元/千克）	金额（元）	
制造产品耗用							
A 产品	1 280	100	128 000				128 000
B 产品				400	205	82 000	82 000
生产车间一般耗用				4	205	820	820
合计	1 280	100	128 000	404	410	82 820	210 820

根据领料凭证汇总表可知，本月原材料发出合计 210 820 元，一方面，使企业库存材料减少，记入“原材料”账户的贷方；另一方面，使生产费用增加 210 820 元，其中直接用于生产 A 产品的 128 000 元、用于生产 B 产品的 82 000 元，应直接记入“生产成本——A 产品”“生产成本——B 产品”账户的借方，生产车间一般耗用 820 元，应记入“制造费用”账户的借方。其会计分录如下：

借：生产成本——A 产品　　128 000
　　生产成本——B 产品　　82 000
　　制造费用　　820
　贷：原材料　　210 820

(二) 人工费用的归集与分配

职工为企业劳动，理应从企业获得一定的报酬，也就是企业应向职工支付一定的薪酬。所谓职工薪酬，是指企业为获得职工提供的服务而给予各种形式的报酬以及其他相关支出。职工薪酬包括职工工资、奖金、津贴和补贴，职工福利费，医疗保险费、养老保险费、失业保险费、工伤保险费和生育保险费等社会保险费，住房公积金，工会经费和职工教育经费，非货币性福利，因解除与职工的劳动关系给予的补偿，其他与获得职工提供的服务相关的支出。由上可知，职工薪酬作为企业的一项支出，在实际发生时根据职工提供服务的受益对象不同，分别形成企业的费用成本或应计入有关资产的成本。应由生产产品、提供劳务负担的职工薪酬，计入产品成本或劳务成本；应由在建工程、无形资产负担的职工薪酬，计入建造固定资产或无形资产成本；其他的职工薪酬计入当期损益。

总而言之，职工薪酬的具体范围包括在职和离职后提供给职工的所有货币性和非货币性薪酬，能够量化给职工本人和提供给职工集体享有的福利，提供给职工本人、配偶、子女或其他赡养人的福利，以商业保险形式提供给职工的保险待遇等。这里主要介绍职工薪酬中的工资和福利费的核算内容。

在对企业职工的薪酬进行核算时，应根据工资结算汇总表或按月编制的"职工薪酬分配表"的内容登记有关的总分类账户和明细分类账户，进行相关的账务处理。如果企业采用的计件工资制，生产工人的计件工资和福利费属于直接费用，应直接计入有关产品的成本。生产工人以外的其他生产管理人员的工资和福利费则属于间接费用，应记入"制造费用"等账户。如果企业采用计时工资制，在只生产一种产品的情况下，生产工人的工资及福利费也是直接费用，可直接计入产品成本；如果生产多种产品，则需采用一定的分配标准（实际生产工时或定额生产工时）将生产工人的工资和福利费分配计入产品成本。

【例 3-20】 2018 年 6 月 10 日，明光公司开出转账支票支付企业职工的工资 97 200 元。

这项经济业务涉及"银行存款""应付职工薪酬"两个账户。一方面，使银行存款减少，应记入"银行存款"账户的贷方；另一方面，支付职工工资，使应付给职工的工资薪酬减少，应记入"应付职工薪酬"账户的借方。其会计分录如下：

借：应付职工薪酬——工资　　97 200
　贷：银行存款　　97 200

【例 3-21】 2018 年 6 月 30 日，明光公司对发生的职工薪酬按用途分配，如表 3-4 所示。

表 3-4　职工薪酬分配

用途	金额(元)
生产工人工资：	
A 产品	29 600
B 产品	26 200
生产车间管理人员工资	17 600
行政管理人员工资	25 200
合计	98 600

这项经济业务的发生，使生产费用增加 73 400 元，其中，生产工人的工资是直接费用，应分别记入“生产成本——A 产品”“生产成本——B 产品”账户的借方，生产车间管理人员工资是间接费用，应记入“制造费用”账户的借方；行政管理人员工资不构成产品成本，应增加期间费用 25 200 元，记入“管理费用”账户的借方；同时，应付企业职工薪酬增加，应记入“应付职工薪酬”账户的贷方。其会计分录如下：

借：生产成本——A 产品　　29 600
　　　　　　——B 产品　　26 200
　　制造费用　　17 600
　　管理费用　　25 200
　　贷：应付职工薪酬——工资　　98 600

【例 3-22】 企业分配社会保险费 14 790 元，其中，A 产品 4 440 元，B 产品 3 930 元，生产车间管理人员 2 640 元，行政管理人员 3 780 元。

这项经济业务的发生，使生产费用增加 11 010 元，其中生产工人的社会保险费是直接费用，应分别记入“生产成本——A 产品”“生产成本——B 产品”账户的借方，生产车间管理人员的 2 640 元，属间接费用，应记入“制造费用”账户的借方；行政管理人员的 3 780 元，属期间费用，应记入“管理费用”账户的借方；同时，分配的社会保险费 14 790 元，是企业的债务，应记入“应付职工薪酬——社会保险费”账户的贷方。其会计分录如下：

借：生产成本——A 产品　　4 440
　　　　　　——B 产品　　3 930
　　制造费用　　2 640
　　管理费用　　3 780
　　贷：应付职工薪酬——社会保险费　　14 790

(三) 制造费用的归集与分配

制造费用是产品制造业企业为了生产产品和提供劳务而发生的各种间接费用，其主要内容是企业的生产部门(包括基本生产车间和辅助生产车间)为组织和管理生产活动以及为生产活动服务而发生的费用，如车间管理人员的工资及福利费，车间生产使用的照明费、取暖费、运输费、劳动保护费等。在生产多种产品的企业里，制造费用在发生时一般无法直接判定其应归属的成本核算对象，因而不能直接计入所生产的产品成本中，必须将上述各种费用按照发生的不同空间范围在“制造费用”账户中予以归集、汇总，然后选用一定的标准(如生产工人工资、生产工时等)，在各种产品之间进行合理的分配，以便于准确地确定各种产品应负担的制造费用额。在制造费用的归集过程中，要按照权责发生制核算基础的要求，正确地处理跨期间的各种费用，使其分摊于应归属的会计期间。

制造费用包括的具体内容又可以分为以下三部分。

第一部分是间接用于产品生产的费用，如机物料消耗费用，车间生产用固定资产的折旧费、修理费、保险费，车间生产用的照明费、劳动保护费等。

第二部分是直接用于产品生产，但管理上不要求或者不便于单独核算，因而没有单独设置成本项目进行核算的某些费用，如生产工具的摊销费、设计制图费、试验费以及生产工艺用的动力费等。

第三部分是车间用于组织和管理生产的费用，如车间管理人员的工资及福利费，车间管理的固定资产折旧费、修理费，车间管理用具的摊销费，车间管理的水电费、办公费、差旅费等。

【例 3-23】 2018 年 6 月 1 日，明光公司生产车间租用设备一台，租期 3 个月，预付租金 12 000 元，款项以转账支票付讫。

这项经济业务的发生，使企业的预付款增加，应记入“预付账款”账户的借方；同时，使银行存款减少，记入“银行存款”账户的贷方。其会计分录如下：

借：预付账款　　　　12 000

　贷：银行存款　　　　　12 000

【例 3-24】 2018 年 6 月 18 日，明光公司以银行存款支付生产车间办公费 1 480 元，水电费 2000 元。

这项经济业务的发生，使制造部门的费用增加 3 480 元，应记入“制造费用”账户的借方；同时，使银行存款减少 3 480 元，应记入“银行存款”账户的贷方。其会计分录如下：

借：制造费用　　　　3 480

　贷：银行存款　　　　　3 480

【例 3-25】 2018 年 6 月 18 日，明光公司以银行存款预付半年设备保险费 24 000 元。

这项经济业务涉及“制造费用”“银行存款”两个账户。《企业会计准则》(2018 版)规定，与固定资产有关的后续支出，符合规定的固定资产确认条件的，应当计入固定资产成本；不符合固定资产确认条件的，应当在发生时计入当期损益。其会计分录如下：

借：制造费用　　　　24 000

　贷：银行存款　　　　　24 000

【例 3-26】 2018 年 6 月 19 日，公司车间管理人员孔光预借差旅费 5 000 元，以现金支票付讫。

这项经济业务涉及“银行存款”“其他应收款”两个账户。一方面，以现金支票方式支付借支款，使存款减少，应记入“银行存款”账户的贷方；另一方面，借支差旅费，按权责发生制非本期费用，而是企业的一项应收暂付债权，应记入“其他应收款”账户的借方。其会计分录如下：

借：其他应收款——孔光　　5 000

　贷：银行存款　　　　5 000

【例 3-27】 2018 年 6 月 20 日，明光公司生产车间购买办公用品 1 500 元，款未付。

这项经济业务的发生，使生产车间办公费增加 1 500 元，记入“制造费用”账户的借方；同时，企业负债增加 1 500 元，记入“应付账款”账户的贷方。其会计分录如下：

借：制造费用　　1 500

　贷：应付账款　　1 500

【例 3-28】 2018 年 6 月 26 日，孔光出差回到公司报销差旅 4 800 元，交回现金 200 元。

这项经济业务涉及“其他应收款”“制造费用”“库存现金”三个账户。一方面，报销差旅费和收到现金，使费用和资产增加，应记入“制造费用”“库存现金”账户的借方；另一方面，需结转企业的应收暂付款项，应记入“其他应收款”账户的贷方。其会计分录如下：

借：制造费用　　　　4 800

　　库存现金　　　　200

　贷：其他应收款——孔光　　5 000

【例 3-29】 2018 年 6 月 30 日，公司计算应由本月负担的设备租金。

这项经济业务的发生，使生产车间当期的设备租金费用增加 4 000(12 000÷3)元，记入“制造费用”账户的借方；同时，使预付账款减少 4 000 元，记入“预付账款”账户的贷方。其会计分录如下：

借：制造费用　　4 000

　贷：预付账款　　4 000

【例 3-30】 2018 年 6 月 30 日，公司月末计提固定资产折旧 12 600 元，其中生产车间 8 400 元，行政管理部门 4 200 元。

固定资产在使用过程中逐渐损耗而转移到产品中的那部分价值称为固定资产折旧。固定资产折旧记入有关成本、费用项目，称为折旧费。计提固定资产折旧，通常是根据期初使用中的固定资产原价和规定的折旧率按月计算提取。

这项经济业务的发生，使生产车间的折旧费增加 8 400 元，记入“制造费用”账户的借方，行政管理部门折旧费增加 4 200 元，记入“管理费用”账户的借方；使固定资产损耗价值增加 12 600 元，记入“累计折旧”账户的贷方。其会计分录如下：

借：制造费用　　8 400

　　管理费用　　4 200

　贷：累计折旧　　12 600

【例 3-31】 2018 年 6 月 30 日，公司本月发生的制造费用总额 67 240 元，其中 A 产品应负担的制造费用 35 668 元，B 产品应负担的制造费用 31 572 元。

这项经济业务的发生，使生产费用增加 67 240 元，记入“生产成本——A 产品”“生产成本——B 产品”账户的借方；同时，使制造费用减少，记入“制造费用”账户的贷方。

制造费用属于间接费用，需要采用一定的标准在各种产品之间进行合理的分配。可供选择的分配标准有按生产工时、生产工人工资、产品产量、耗用原材料的数量或成本、机器设备运转台时等。在会计处理上，应从“制造费用”账户的贷方转入“生产成本”账户的借方。本例要求按生产工人工资的比例作为分配标准进行分配。

对于这项经济业务，首先归集本月发生的制造费用总额，然后按照例 3-21 中生产工人工资的比例进行分配。计算公式如下：

$$制造费用分配率=\frac{制造费用总额}{生产工人工资(或生产工时)}$$

$$某产品应分配的制造费用=某产品生产工人工资(或生产工时等)\times 制造费用分配率$$

$$制造费用分配率=\frac{67\ 240}{29\ 600+26\ 200}=1.205$$

$$A产品应分配的制造费用=29\ 600\times 1.205=35\ 668(元)$$

$$B产品应分配的制造费用=67\ 240-35\ 668=31\ 572(元)$$

这项经济业务编制的会计分录如下：

借：生产成本——A 产品　　35 668

　　　　　　——B 产品　　31 572

　贷：制造费用　　　　　　　　67 240

（四）完工产品生产成本的计算与结转

在将制造费用分配由各种产品成本负担之后，“生产成本”账户的借方归集了各种产品所发生的直接材料、直接工资、其他直接支出和制造费用的全部内容。在此基础上，就可以进行产品成本的计算了。成本计算是会计核算的主要内容之一。进行产品生产成本的计算就是将企业生产过程中为制造产品所发生的各种费用按照所生产产品的品种、类别等进行归集和分配，以便计算各种产品的总成本和单位成本。计算产品生产成本既为入库产品提供了计价的依据，又是确定各会计期间盈亏的需要。

企业应设置产品的生产成本明细账，用来归集应计入各种产品的生产费用。如果月末某种产品全部完工，该种产品生产成本明细账所归集的费用总额，就是该种完工产品的总成本，用完工产品总成本除以该种产品的完工总产量即可计算出该种产品的单位成本。如果月末某种产品全部未完工，该种产品生产成本明细账所归集的费用总额就是该种产品在产品的总成本。如果月末某种产品一部分完工，一部分未完工，这时归集在产品成本明细账中的费用总额还要采取适当的分配方法在完工产品和在产品之间进行分配，然后才能计算出完工产品的总成本和单位成本。生产费用如何在完工产品和在产品之间进行分配，是成本计算中的一个既重要又复杂的问题。

【例 3-32】　2018 年 6 月 30 日，结转本月完工入库 A、B 产品的制造成本。A 产品 810 件，每件成本 261.368 元，计 211 708 元；B 产品 560 件，每件成本 279.825 元，计 156 702 元。

这项经济业务涉及“生产成本”“库存商品”两个账户。一方面，产品验收入库，使库存商品增加，应按入库产品的实际成本记入“库存商品”账户的借方；另一方面，生产过程结束，须计算结转其生产成本记入“生产成本”账户的贷方。其会计分录如下：

借：库存商品——A 产品　　211 708

　　　　　　——B 产品　　156 702

贷：生产成本——A 产品　　211 708
　　　　　　——B 产品　　156 702

下面以上述产品生产业务核算的实例说明产品生产成本的计算。根据例 3-19 至例 3-31 各笔经济业务，产品的生产成本计算如下。

① 假定期初在产品资料如表 3-5 所示。

表 3-5　期初在产品资料

单位：元

产品名称	直接材料	直接人工	制造费用	合计
A	8 300	3 400	2 300	14 000
B	8 400	3 000	1 600	13 000
合计	16 700	6 400	3 900	27 000

② 本月发生的各项生产费用如表 3-6 所示。

表 3-6　生产费用

单位：元

产品名称	直接材料	直接人工	制造费用	合计
A	128 000	34 040	35 668	197 708
B	82 000	30 130	31 572	143 702
合计	210 000	64 170	67 240	341 410

③ 期末相关资料。A 产品 810 件，B 产品 560 件，均已全部完工。

根据上述资料，A、B 产品生产成本的计算方法如下：

a. 根据期初在产品资料，分别登记在 A、B 产品“生产成本明细账”中的相应成本项目内，如表 3-7、3-8 所示。

表 3-7　生产成本明细账

产品名称：A 产品

年		凭证号	摘要	借方			
月	日			直接材料	直接人工	制造费用	合计
略	略	略	期初在产品成本	8 300	3 400	2 300	14 000
			材料费用	128 000			128 000
			生产人工		34 040		34 040
			分配制造费用			35 668	35 668
			本期发生额	128 000	34 040	35 668	197 708
			生产费用合计	136 300	37 440	37 968	211 708
			完工产品成本	136 300	37 440	37 968	211 708

表 3-8 生产成本明细账

产品名称:B产品

年		凭证号	摘要	借方			
月	日			直接材料	直接人工	制造费用	合计
略	略	略	期初在产品成本	8 400	3 000	1 600	13 000
			材料费用	82 000			82 000
			生产人工		30 130		30 130
			分配制造费用			31 572	31 572
			本期发生额	82 000	30 130	31 572	143 702
			生产费用合计	90 400	33 130	33 172	156 702
			完工产品成本	90 400	33 130	33 172	156 702

b. 根据本月发生的直接生产费用,将其中的直接材料、直接人工分别登记在A、B两种产品生产成本明细账的相应成本项目内。

c. 根据本月归集的制造费用,采用一定的分配方法,分配计入A、B两种产品的成本。具体过程见例3-31。

d. 根据A、B产品生产成本明细账中的各成本项目记录和在产品资料,即可计算A、B两种产品总成本和单位成本,编制完工产品成本计算表,如表3-9所示。

表 3-9 完工产品成本计算

成本项目	A产品		B产品	
	总成本(810件)	单位成本(元/件)	总成本(560件)	单位成本(元/件)
直接材料	136 300	168.272	90 400	161.428
直接人工	37 440	46.222	33 130	59.161
制造费用	37 968	46.874	33 172	59.236
合计	211 708	261.368	156 702	279.825

第五节 销售与收款业务的核算

一、销售过程的业务及流程

销售过程是企业经营过程的最后阶段,也是资金周转最重要的过程,如果企业生产出来的产品不能销售出去,产品价值就不能实现,企业再生产过程将难以为继。在销售过程中,企业一方面要将产品按购买方的要求交付对方,另一方面要从购买方收取货款,实现产品的价值和形成销售收入。销售收入是企业按产品的销售数量和销售价格计算的销售货款。

企业为取得一定数量的销售收入，必须付出相应数量的产品。企业为销售产品还要消耗一些包装费、运输费、广告费等。这些耗费与产品营销有关，构成销售费用。销售费用要由本期的销售收入补偿。此外，企业取得销售收入以后，还必须按照《税法》的规定计算并交纳营业税金。销售过程的主要经济业务是发出产品并支付包装、运输、广告等费用，结算销售货款，计算销售税金。因此，企业销售过程业务的核算包括以下两方面的内容。

（一）收入的实现及货款的结算

在销售过程中，制造业企业通过交换，将实现对外销售产品或提供生产性劳务等主营业务，企业应按照购销双方约定价格向购买单位办理价款结算，并确认为主营业务收入。同时，除主营业务外，还可能发生材料销售、代购代销、包装物出售、固定资产出租以及提供非生产性劳务等其他业务，应按照实际发生的金额向对方单位办理价款结算，并确认为其他业务收入。

在确认收入时，会计上应解决收入确认的条件和确认金额问题。销售商品的收入只有同时符合以下四项条件时才能加以确认：一是企业已将商品所有权上的主要风险和报酬转移给购货方；二是企业既没有保留通常与所有权相联系的继续管理权，也没有对已售出的商品实施控制；三是与交易相关的经济利益能够流入企业；四是相关的收入和成本能够可靠地计量。收入确认时，应按照企业与购货方签订的合同或协议金额或双方接受的金额计量。

收入的实现，必然会形成经济利益的流入，并带来资产的增加或负债的减少。因此，进行会计核算时，收入账户的对应账户不是资产账户就是负债账户。但在权责发生制下，收入实现了，并不意味着一定马上收回货款。由于结算上的原因，货款的结算可能会出现以下三种情况：一是销售时直接收取货款；二是销售时未收到货款，待以后再收取；三是先收取货款，后提供产品。

（二）与收入相配比的成本费用的发生与结转

在销售过程中，企业为取得一定的销售收入，要付出相应的产品或劳务，为制造这些产品或提供这些劳务必然会发生各种耗费，而为销售这些产品或劳务还必然会有各种耗费的发生。不论是生产耗费，还是销售耗费，都应由销售收入弥补。为了确定耗费的补偿尺度，在确认收入实现的同时，必须确认与实现收入配比的成本费用。

二、销售过程核算中设置的主要账户

销售业务核算的内容决定了应设置两类账户：一类账户核算企业收入的实现及价款的结算业务，一类账户核算与收入相关的成本费用的发生与结转。

1．反映收入实现及价款结算的账户

为了总括地核算和监督企业主营业务收入和其他业务收入的实现以及价款结算情

况，应设置“主营业务收入”“其他业务收入”“应收账款”“坏账准备”“应收票据”以及“预收账款”等账户。这些账户的性质和基本结构如下。

①“主营业务收入”账户属于损益类账户，用以核算企业在销售商品、提供劳务及让渡资产使用权等日常活动中所产生的收入。该账户的贷方登记主营业务收入的实现数额；借方登记销售退回、销售折让冲减本期销售收入数额和期末结转到“本年利润”账户的主营业务收入数额；结转后该账户期末无余额。

该账户应按主营业务的种类设置明细账，进行明细核算。该账户结构如图 3-24 所示。

借方　　主营业务收入　　贷方

(1) 销售退回、销售折让冲减的本期销售收入数额 (2) 期末结转到“本年利润”账户的主营业务收入数额	主营业务收入的实现数额

图 3-24 “主营业务收入”账户结构

②“其他业务收入”账户属于损益类账户，用以核算企业除主营业务收入以外的其他销售或其他业务的收入。该账户的贷方登记其他业务收入的实现数额；借方登记期末结转到“本年利润”账户的其他业务收入额；结转后该账户无余额。

该账户应按其他业务的种类设置明细账，进行明细核算。该账户结构如图 3-25 所示。

借方　　其他业务收入　　贷方

期末结转到“本年利润”账户的其他业务收入额	其他业务收入的实现数额

图 3-25 “其他业务收入”账户结构

③“应收账款”账户属于资产类账户，用以核算企业因销售商品、产品、提供劳务等，应向购货单位或接受劳务单位收取的款项。不单独设置“预收账款”账户的企业，预收的账款也在该账户核算。该账户借方登记发生的应收款项；贷方登记收回的应收款项、转作商业汇票结算的应收款项和已结转坏账损失的款项；期末余额若在借方，反映企业尚未收回的应收账款，期末余额若在贷方，反映为企业预收的账款。

该账户应按不同的购货单位或接受劳务的单位设置明细账，进行明细核算。该账户结构如图 3-26 所示。

借方　　应收账款　　贷方

发生的应收账款	(1) 收回的应收账款 (2) 转作商业汇票结算的应收款项 (3) 已结转坏账损失的款项
期末余额：尚未收回的应收账款	期末余额：企业预收的账款

图 3-26 “应收账款”账户结构

④“坏账准备”账户属于资产类账户，是“应收账款”和“其他应收款”账户的抵减账户，用以核算企业提取的坏账准备。该账户贷方登记提取的坏账准备以及重新冲回已转销的坏账；借方登记实际发生的坏账损失以及按规定应转销的坏账准备；期末余额在贷方，表示已经提取但尚未冲销的坏账准备。该账户不设置明细账。该账户结构如图 3-27 所示。

借方　坏账准备	贷方
(1) 实际发生的坏账损失 (2) 按规定应转销的坏账准备	(1) 提取的坏账准备 (2) 重新冲回已转销的坏账
	期末余额：已经提取但尚未冲销的坏账准备

图 3-27　“坏账准备”账户结构

⑤“应收票据”账户属于资产类账户，用以核算企业因销售商品、产品、提供劳务等而收到的商业汇票，包括银行承兑汇票和商业承兑汇票。该账户的借方核算企业销售商品、提供劳务等而收到的商业汇票的票面金额以及带息票据计提的利息；贷方核算商业汇票到期收回的票面金额和持未到期票据向银行贴现的票面金额；期末余额在借方，表示企业持有的商业汇票的票面金额和应计利息。

该账户可按开出、承兑商业汇票的单位设置明细账，进行明细核算，并可设置“应收票据备查簿”，逐笔登记商业汇票的种类、号数和出票日期、票面金额、交易合同号、付款人、承兑人、背书人的姓名或单位名称、到期日、背书转让日、贴现日、贴现率和贴现净额、收款日期和收回金额、退票情况等信息。商业汇票到期结清票款或退票后，在备查簿中应予注销。该账户结构如图 3-28 所示。

借方　应收票据	贷方
(1) 企业销售商品、提供劳务等而收到的商业汇票的票面金额 (2) 带息票据计提的利息	(1) 商业汇票到期收回的票面金额 (2) 持未到期票据向银行贴现的票面金额
期末余额：企业持有的商业汇票的票面金额和应计利息	

图 3-28　“应收票据”账户结构

⑥“预收账款”账户属于负债类账户，用以核算企业按合同规定向购货单位预收的款项。该账户贷方登记向购货单位预收的货款和收到购货单位补付的货款；借方登记销售实现的收入和应交增值税销项税额以及退回多付的款项；期末余额若在贷方，反映企业向购货单位预收的款项；期末余额若在借方，反映企业应由购货单位补付的款项。预收账款情况不多的，可以将预收的款项直接记入“应收账款”账户，不设置本账户。

该账户可按购货单位设置明细账，进行明细核算。“预收账款”账户结构如图 3-29 所示。

借方 预收账款	贷方
(1) 销售实现的收入和应交增值税销项税额 (2) 退回多付的款项	(1) 向购货单位预收的货款 (2) 收到购货单位补付的货款
期末余额：企业应由购货单位补付的款项	期末余额：反映企业向购货单位预收的款项

图 3-29 “预收账款”账户结构

2. 反映与收入配比的账户

为了总括地核算和监督企业与收入相配比的销售成本、销售费用、销售税金等的发生与结转情况，应设置“主营业务成本”“营业税金及附加”“其他业务成本”“销售费用”等账户。这些账户的性质和基本结构如下。

(1) “主营业务成本”账户

“主营业务成本”账户属于损益类账户，用以核算企业因销售商品、提供劳务或让渡资产使用权等日常活动而发生的实际成本。该账户借方登记已经销售商品、提供劳务等主营业务的实际成本；贷方核算当月发生的已结转销售成本的销售退回及期末转入“本年利润”账户的主营业务成本；结转后期末应无余额。

该账户应按主营业务的种类设置明细账，进行明细核算。“主营业务成本”账户结构如图 3-30 所示。

借方 主营业务成本	贷方
已经销售商品、提供劳务等主营业务的实际成本	(1) 当月发生的已结转销售成本的销售退回 (2) 期末转入“本年利润”账户的主营业务成本

图 3-30 “主营业务成本”账户结构

(2) “营业税金及附加”账户

“营业税金及附加”账户属于损益类账户，用以核算企业日常活动应负担的税金及附加，包括消费税、城市维护建设税、资源税和教育费附加等。该账户借方登记按规定计算出应由主营业务负担的税金及附加；贷方登记收到的先征后返的消费税等税金及月末转入“本年利润”账户的营业税金及附加；结转后期末应无余额。“营业税金及附加”账户结构如图 3-31 所示。

借方 营业税金及附加	贷方
按规定计算出应由主营业务负担的税金及附加	(1) 收到的先征后返的消费税等税金 (2) 月末转入“本年利润”账户的营业税金及附加

图 3-31 “营业税金及附加”账户结构

(3) “其他业务成本”账户

“其他业务成本”账户属于损益类账户，用以核算企业除主营业务成本以外的其他销售或其他业务所发生的其他业务成本。借方登记发生的其他业务成本；贷方登记期末转入“本年利润”账户的其他业务成本；结转后期末应无余额。

该账户可按其他业务成本种类设置明细账，进行明细核算。该账户结构如图 3-32 所示。

借方　　　其他业务成本	贷方
发生的其他业务成本	期末转入“本年利润”账户的其他业务成本

图 3-32　“其他业务成本”账户结构

(4)“销售费用”账户

“销售费用”账户属于损益类账户，用以核算企业销售商品过程中发生的费用，包括运输费、装卸费、包装费、保险费、展览费和广告费以及为销售本企业商品而专设的销售机构的职工工资及福利费、类似工资性质的费用、业务费等经营费用。该账户借方登记发生的销售费用；贷方登记期末转入“本年利润”账户的销售费用；结转后期末应无余额。

该账户应按费用项目设置明细账，进行明细核算。该账户结构如图 3-33 所示。

借方　　　销售费用	贷方
发生的销售费用	期末转入“本年利润”账户的销售费用

图 3-33　“销售费用”账户结构

三、销售与收款业务核算举例

(一) 主营业务收入的核算举例

主营业务收入的会计处理，主要涉及销售收入的实现和销售货款的收取，现举例如下。

【例 3-33】　2018 年 6 月 2 日，明光公司销售 A 产品 200 件，每件售价 420 元，增值税销项税额 13 440 元，货税款存入银行。

该项经济业务的发生，使企业实现收入 84 000 元，应记入“主营业务收入”账户的贷方；应交增值税增加 13 440 元，记入“应交税费——应交增值税(销项税额)”账户的贷方；同时，货税款存入银行使得银行存款增加 97 440 元，应记入“银行存款”账户的借方。其会计分录如下：

借：银行存款　　　　97 440

　贷：主营业务收入　　　　84 000

　　　应交税费——应交增值税(销项税额)　　　　13 440

【例 3-34】　2018 年 6 月 4 日，明光公司销售 B 产品 90 件，每件售价 450 元，增值税销项税额 6 480 元，货税款尚未收到。

该项经济业务的发生，使企业实现收入 40 500 元，应记入“主营业务收入”账户的贷方；应交增值税增加 6 480 元，记入“应交税费——应交增值税(销项税额)”账户的贷方；同时，货税款

尚未收到使企业的债权增加 46 980 元,应记入“应收账款”账户的借方。其会计分录如下:

借:应收账款　　46 980

　贷:主营业务收入　　40 500

　　应交税费——应交增值税(销项税额)　　6 480

【例 3-35】 2018 年 6 月 6 日,明光公司预收光大公司购买 A 产品货款 48 720 元。

该项经济业务的发生,使企业银行存款增加 48 720 元,应记入“银行存款”账户的借方;同时,企业负债增加 48 720 元,记入“预收账款”账户的贷方。其会计分录如下:

借:银行存款　　48 720

　贷:预收账款　　48 720

【例 3-36】 2018 年 6 月 6 日,明光公司收到应收东明公司销货款 83 600 元,应收光大公司销货款 70 000 元。款项已存入银行。

该项经济业务的发生,使企业银行存款增加 153 600 元,应记入“银行存款”账户的借方;同时,企业债权减少 153 600 元,记入“应收账款”账户的贷方。其会计分录如下:

借:银行存款　　153 600

　贷:应收账款　　153 600

【例 3-37】 2018 年 6 月 24 日,明光公司销售 A 产品 600 件,每件售价 420 元,增值税销项税额 40 320 元,收到购货单位开出的商业汇票一张,金额为 292 320 元。

该项经济业务的发生,使企业实现收入 252 000 元,应记入“主营业务收入”账户的贷方;应交增值税增加 40 320 元,记入“应交税费——应交增值税(销项税额)”账户的贷方;同时,企业收到商业汇票使企业的债权增加 292 320 元,应记入“应收票据”账户的借方。其会计分录如下:

借:应收票据　　292 320

　贷:主营业务收入　　252 000

　　应交税费——应交增值税(销项税额)　　40 320

【例 3-38】 2018 年 6 月 25 日,明光公司收到原销售 B 产品的货税款 46 980 元。

该项经济业务的发生,使企业银行存款增加 46 980 元,应记入“银行存款”账户的借方;同时,企业债权减少 46 980 元,记入“应收账款”账户的贷方。其会计分录如下:

借:银行存款　　46 980

　贷:应收账款　　46 980

【例 3-39】 2018 年 6 月 26 日,根据合同规定,向光大公司发出 A 产品 100 件,每件售价 420 元,增值税销项税额 6 720 元。

该项经济业务的发生,使企业实现收入 42 000 元,应记入“主营业务收入”账户的贷方;应交增值税增加 6 720 元,记入“应交税费——应交增值税(销项税额)”账户的贷方;同时,企业的预收账款减少 48 720 元,应记入“预收账款”账户的借方。其会计分录如下:

借:预收账款　　48 720

　贷:主营业务收入　　42 000

　　应交税费——应交增值税(销项税额)　　6 720

【例 3-40】 2018 年 6 月 28 日,明光公司向东明公司销售 B 产品 530 件,每件售价

450 元，增值税销项税额 38 160 元，货税款尚未收到。

该项经济业务的发生，使企业实现收入 238 500 元，应记入“主营业务收入”账户的贷方；应交增值税增加 38 160 元，记入“应交税费——应交增值税（销项税额）”账户的贷方；同时，货税款尚未收到使企业的债权增加 276 660 元，应记入“应收账款”账户的借方。其会计分录如下：

借：应收账款　　276 660
　贷：主营业务收入　　238 500
　　应交税费——应交增值税（销项税额）　　38 160

（二）其他业务收支核算举例

采购材料、生产和销售产品是产品制造企业的主营业务活动，除此以外，企业可能还会发生一些其他经营活动，取得其他业务收入和发生其他业务成本。其他业务收支的核算，涉及其他业务收入和其他业务成本的确认。

【例 3-41】 2018 年 6 月 16 日，明光公司出售甲材料，价款 5 400 元，增值税销项税额 864 元，款项存入银行。

该项经济业务的发生，使企业存款增加 6 264 元，记入“银行存款”账户的借方；同时，销售材料使企业其他业务收入增加，记入“其他业务收入”账户的贷方，应交增值税增加 864 元，记入“应交税费——应交增值税（销项税额）”账户的贷方。其会计分录如下：

借：银行存款　　6 264
　贷：其他业务收入　　5 400
　　应交税费——应交增值税（销项税额）　　864

【例 3-42】 结转上项已售材料成本 5 100 元。

该项经济业务的发生，使企业库存材料减少 5 100 元，记入“原材料”账户的贷方；同时，企业的其他业务成本增加，记入“其他业务成本”账户的借方。其会计分录如下：

借：其他业务成本　　5 100
　贷：原材料　　5 100

（三）主营业务成本及费用的核算举例

主营业务成本及费用的会计处理，主要涉及销售费用的确认、营业税金及附加的计算与交纳、销售成本的确定与结转以及损益的确定等。

【例 3-43】 2018 年 6 月 12 日，明光公司用银行存款支付销售产品的广告费 13 000 元，增值税进项税额 2 080 元。

该项经济业务的发生，使银行存款减少 15 080 元，应记入“银行存款”账户的贷方；同时，广告费增加 13 000 元，记入“销售费用”账户的借方，因接受劳务所支付的应交增值税进项税额 2 080 元，应计入“应交税费——应交增值税（进项税额）账户的借方。其会计分录如下：

借：销售费用　　13 000
　　应交税费——应交增值税（进项税额）　　2 080
　贷：银行存款　　15 080

【例 3-44】 公司若本月应交增值税为 40 000 元，计算应交城市维护建设税及教育费附加。

应交城市维护建设税＝40 000×7%＝2 800(元)

应交教育费附加＝40 000×3%＝1 200(元)

该项经济业务的发生，使企业主营业务应负担的税金及附加增加 4 000 元，应记入“营业税金及附加”账户的借方；同时，城市维护建设税增加 2 800 元，教育费附加增加 1 200 元，分别记入“应交税费——应交城市维护建设税”和“应交税费——应交教育费附加”账户的贷方。其会计分录如下：

借：营业税金及附加　　4 000
　贷：应交税费——应交城市维护建设税　　2 800
　　　　　　——应交教育费附加　　1 200

【例 3-45】 月末计算并结转已售 A、B 产品成本。本期销售 A 产品 900 件，销售 B 产品 620 件，商品的销售成本按加权平均法计算。

$$A\text{产品的加权平均成本}=\frac{52\ 000+211\ 708}{200+801}=261.10$$

$$B\text{产品的加权平均成本}=\frac{28\ 000+156\ 702}{100+560}=279.85$$

A 产品销售成本＝900×261.10＝234 990(元)

B 产品销售成本＝620×279.85＝173 507(元)

该项经济业务的发生，使得已售产品成本增加 408 497 元，记入“主营业务成本”账户的借方；同时，库存商品减少，记入“库存商品”账户的贷方。其会计分录如下：

借：主营业务成本　　408 497
　贷：库存商品——A 产品　　234 990
　　　　　　——B 产品　　173 507

第六节　财务成果的形成与分配业务核算

一、财务成果的形成与分配业务及流程

财务成果是指企业在一定会计期间从事经济活动所取得的经营成果，也就是企业所实现的利润或亏损。它是企业一定会计期间的收入与费用相抵后的余额。财务成果的表现形式有利润和亏损两种。当收入大于费用时，其差额表现为利润；反之，当收入小于费用时，其差额为亏损。财务成果是企业经营活动效率与经济效益的综合体现，是衡量企业经营成果和经济效益的综合尺度，因而，财务成果指标是一个非常重要的指标。

财务成果是企业在生产经营过程中所形成的，会计上依据“收入－费用＝利润”的会

计等式来计算本期的利润。同时,利润形成后,还需要对一定会计期间的净利润在企业与投资者之间进行分配。利润分配直接关系到企业与投资者之间的物质利益关系,关系到各方投资者的权益能否得到保障,具有很强的政策性。因此,财务成果的核算应包括以下两方面的内容。

(一) 利润的形成

企业的利润,就其形成来看,既有通过生产经营活动获得的,也有通过投资活动获得的,还包括那些与生产经营活动无直接关系的事项所引起的盈亏。用计算公式表示如下:

利润总额=营业利润+营业外收入-营业外支出

营业收入=主营业务收入+其他业务收入

营业成本=主营业务成本+其他业务成本

期间费用=销售费用+财务费用+管理费用

净利润=利润总额-所得税费用

① 其他业务收入是指产品销售以外的其他销售或其他业务收入,如材料销售、技术转让、固定资产出租、包装物出租、运输等非工业性劳务收入。其他业务成本是指其他经营活动所发生的支出,包括销售材料的成本、出租固定资产的折旧额、出租无形资产的摊销额、出租包装物的成本或摊销额等。

② 投资收益是指企业对外投资所取得的投资收益,减去发生的投资损失后的净额。投资收益包括企业对外投资的债券利息、股利、利润、投资到期收回或转让所取得的价款与投资账面价值之间的差额等。

③ 营业外收入和营业外支出是指企业发生的与其生产经营活动无直接关系的各项收入和各项支出。其中,营业外收入包括处置固定资产净收益、出售无形资产的净收益、非货币性交易收益、罚款净收入等;营业外支出包括固定资产盘亏、处置固定资产净损失、处置无形资产净损失、债务重组损失、计提的无形资产减值准备、计提固定资产减值准备、罚款支出、捐赠支出、非常损失等。营业外收入和营业外支出不存在必然联系,因而不存在配比关系,应当分别核算,并在利润表中分列项目反映。

④ 所得税费用是指企业应计入当期损益的所得税费用。它是企业按照《税法》规定依据应纳税所得额计算并向国家缴纳的税款,是企业利润总额的减项。由于会计利润的计算方法和《税法》上应纳税所得额的计算方法不一致,应纳税所得额要在会计利润的基础上按《税法》规定的口径调整计算。在我国所得税会计核算上,应采用资产负债表债务法核算所得税费用。

(二) 利润分配

企业净利润实现后,应当按规定进行分配。根据我国有关法规的规定,一般企业和股份制公司当年实现的净利润,首先是弥补以前年度尚未弥补的亏损,然后按下列顺序进行分配。

① 提取法定盈余公积金,按照本年实现净利润的10%的比例提取。企业提取的法定盈余公积金累计额达到其注册资本的50%以上时,可不再提取。企业提取的法定盈余公积金主要用于弥补亏损和转增资本。

② 应付优先股股利，即企业按照利润分配方案分配给优先股股东的现金股利，优先股股利是按照约定的股利率计算支付的。

③ 提取任意盈余公积金，一般按照股东大会决议提取。

④ 应付普通股股利，即企业按照利润分配方案分配给普通股股东的现金股利，一般按各股东所持有的股份比例进行分配。如果是非股份制企业则为分配给投资者的利润。

⑤ 转作资本(或股本)的普通股股利，是指企业按照利润分配方案以分派股票股利的形式转作资本(或股本)，即以利润转增的资本。

经过上述分配后，即为企业的未分配利润(或未弥补亏损)，年末未分配利润可按下式计算：

$$\text{本年年末未分配利润}=\text{可供投资人分配的利润}-\text{优先股股利}-\text{提取的法定盈余公积金}-\text{提取的任意盈余公积金}-\text{普通股股利}$$

二、账户设置

根据财务成果形成及分配业务核算的内容，应设置两类账户：一类账户反映利润的形成，另一类账户反映利润的分配。

1. 反映利润形成的账户

为了总括地核算和监督企业利润的形成情况，除了前述的收入和费用类账户外，还应设置“投资收益”“管理费用”“财务费用”“营业外收入”“营业外支出”“所得税费用”“本年利润”等账户。这些账户的性质和基本结构如下。

(1)“投资收益”账户

“投资收益”账户属于损益类账户，用以核算企业对外投资取得的收益或发生的损失。该账户的贷方登记对外投资所得到的收益；借方登记对外投资所发生的损失；期末将本期的投资净收益或投资净损失结转到“本年利润”账户，结转后账户无余额。该账户应按投资收益的种类分设明细账，进行明细核算。“投资收益”账户结构如图 3-34 所示。

借方　　投资收益　　贷方

(1) 对外投资所发生的损失 (2) 期末结转到“本年利润”账户的投资净收益	(1) 对外投资所得到的收益 (2) 期末结转到“本年利润”账户的投资净损失

图 3-34 “投资收益”账户结构

(2)“营业外收入”账户

“营业外收入”账户属于损益类账户，用以核算企业发生的与其生产经营无直接关系的各项收入。该账户的贷方登记发生的营业外收入数；借方登记期末结转到“本年利润”账户的营业外收入数；结转后期末无余额。该账户应按营业外收入项目设置明细账，进行明细核算。“营业外收入”账户结构如图 3-35 所示。

借方　　营业外收入　　贷方

期末结转到“本年利润”账户的营业外收入数	发生的各种营业外收入数

图 3-35 “营业外收入”账户结构

(3)"管理费用"账户

"管理费用"账户是损益类账户,用来核算企业为组织和管理生产经营所发生的管理费用,包括企业在筹建期间内发生的开办费、董事会和行政管理部门职工工资及福利费、办公费、差旅费、物料消耗、工会经费等由行政管理部门发生的或者由企业统一负担的费用。该账户的借方核算企业发生的各种管理费用;贷方核算转入"本年利润"账户的管理费用;期末结转后该账户无余额。该账户可按费用项目设置明细账,进行明细核算。该账户结构如图 3-36 所示。

借方　　管理费用	贷方
企业发生的各种管理费用	转入"本年利润"账户的管理费用

图 3-36　"管理费用"账户结构

(4)"财务费用"账户

"财务费用"账户是损益类账户,用来核算企业为筹集生产经营所需资金等而发生的筹资费用,包括利息支出(减去利息收入)、汇兑损益以及相关的手续费、企业发生的现金折扣或收到的现金折扣等。该账户的借方核算企业发生的各种财务费用;贷方核算企业月末发生的应冲减财务费用的利息收入、汇兑损益、现金折扣和转入"本年利润"账户的财务费用;期末结转后该账户无余额。该账户可按费用项目设置明细账,进行明细核算。"财务费用"账户结构如图 3-37 所示。

借方　　财务费用	贷方
企业发生的各种财务费用	(1) 企业月末发生的应冲减财务费用的利息收入、汇兑损益、现金折扣 (2) 转入"本年利润"账户的财务费用

图 3-37　"财务费用"账户结构

(5)"营业外支出"账户

"营业外支出"账户属于损益类账户,用以核算企业发生的与其生产经营无直接关系的各项支出。该账户的借方登记发生的营业外支出数;贷方登记期末结转到"本年利润"账户的营业外支出数;结转后期末无余额。该账户应按营业外支出项目设置明细账,进行明细核算。"营业外支出"账户结构如图 3-38 所示。

借方　　营业外支出	贷方
发生的营业外支出数	期末结转到"本年利润"账户的营业外支出

图 3-38　"营业外支出"账户结构

(6)"所得税费用"账户

"所得税费用"账户属于损益类账户,用以核算企业按规定从本期损益中减去的所得税费用。该账户的借方登记发生的所得税费用数额;贷方登记期末结转到"本年利润"账户的所得税费用数额;结转后期末无余额。该账户可按"当期所得税费用""递延所得税费用”进行明细核算。“所得税费用”账户结构如图 3-39 所示。

借方 所得税费用	贷方
发生的所得税费用数额	期末结转到“本年利润”账户的所得税费用数额

图 3-39 “所得税费用”账户结构

(7)“本年利润”账户

“本年利润”账户属于所有者权益类账户,用以核算企业在本年度实现的净利润(或发生的净亏损)。该账户的贷方登记转入的“主营业务收入”“其他业务收入”“补贴收入”“投资收益(贷)”“公允价值变动损益(贷)”“营业外收入”账户的期末余额;借方登记转入的“主营业务成本”“营业税金及附加”“其他业务成本”“销售费用”“管理费用”“财务费用”“投资收益(借)”“公允价值变动损益(借)”“营业外支出”“所得税费用”账户的期末余额;年度终了,应将本年实现的净利润(或发生的净亏损)从该账户全部转入“利润分配”账户,结转后该账户无余额。“本年利润”账户结构如图 3-40 所示。

借方 本年利润	贷方
费用类账户转入数 (1) 主营业务成本 (2) 营业税金及附加 (3) 其他业务成本 (4) 销售费用 (5) 管理费用 (6) 财务费用 (7) 投资收益(借) (8) 公允价值变动损益(借) (9) 营业外支出 (10) 所得税费用	收入类账户转入数 (1) 主营业务收入 (2) 其他业务收入 (3) 补贴收入 (4) 投资收益(贷) (5) 公允价值变动损益(贷) (6) 营业外收入

图 3-40 “本年利润”账户结构

2. 反映利润分配的账户

为了总括地核算和监督企业净利润的分配情况,应设置“利润分配”“盈余公积”“应付股利”账户。这些账户的性质和基本结构如下。

(1)“利润分配”账户

“利润分配”账户属于所有者权益类账户,用以核算企业利润分配(或亏损弥补)及历年分配(或弥补)后的积存余额。该账户的借方登记利润分配数或年末从“本年利润”账户转入本年亏损总额;贷方登记年末从“本年利润”账户转入的净利润;年末若为贷方余额,表示历年积存的未分配利润,若为借方余额,表示历年积存未弥补亏损。该账户还应按利润分配的内容设置提取盈余公积、应付利润、转作股本的股利、未分配利润、盈余公积补亏等明细分类账户进行明细核算。“利润分配”账户结构如图 3-41 所示。

借方	利润分配 贷方
(1) 利润分配数 (2) 年末从"本年利润"账户转入本年亏损总额	(1) 盈余公积补亏 (2) 年末从"本年利润"账户转入的净利润
期末余额:历年积存未弥补亏损	期末余额:历年积存的未分配利润

图 3-41 "利润分配"账户结构

(2)"盈余公积"账户

"盈余公积"账户属于所有者权益类账户,用以核算企业从净利润中提取的盈余公积金和公益金。该账户的贷方登记提取的盈余公积;借方登记盈余公积的补亏数额或转增资本数额;期末余额在贷方,反映企业提取的盈余公积结余额。该账户应当分别设置"法定盈余公积""任意盈余公积"等项目进行明细核算。"盈余公积"账户结构如图 3-42 所示。

借方	盈余公积 贷方
(1) 盈余公积的补亏数额 (2) 盈余公积的转增资本数额	提取的盈余公积
	期末余额:企业提取的盈余公积结余额

图 3-42 "盈余公积"账户结构

(3)"应付股利"账户

"应付股利"账户属于负债类账户,用以核算企业经董事会或股东大会,或类似权力机构决议确定分配的现金股利或利润。该账户的贷方核算企业根据已审议批准的利润分配方案应支付给投资者的现金股利或利润;借方登记已支付给投资者的现金股利或利润;期末余额在贷方,反映企业尚未支付的现金股利或利润。该账户可按投资者设置明细账,进行明细核算。"应付股利"账户结构如图 3-43 所示。

借方	应付股利 贷方
应支付给投资者的现金股利或利润	已支付给投资者的现金股利或利润
	期末余额:企业尚未支付的现金股利或利润

图 3-43 "应付股利"账户结构

三、利润形成与利润分配核算举例

利润形成与利润分配核算,主要涉及期间费用、营业外收支的核算以及各种收入、费用账户的结转、利润的分配等。

【例 3-46】 2018 年 6 月 24 日,明光公司用银行存款支付业务招待费 15 000 元。

该项经济业务的发生,使企业管理费用增加 15 000 元,记入"管理费用"账户的借方;同时,银行存款减少 15 000 元,记入"银行存款"账户的贷方。其会计分录如下:

借:管理费用　　15 000

　贷:银行存款　　　15 000

【例 3-47】 2018 年 6 月 28 日，明光公司以银行存款 4 300 元支付税款的滞纳金和罚款。

这项经济业务涉及“银行存款”“营业外支出”两个账户。一方面，支付的滞纳金和罚款不属于正常的经营业务，应作营业外支出处理，记入“营业外支出”账户的借方；另一方面，款项的支付使存款减少，应记入“银行存款”账户的贷方。其会计分录如下：

借：营业外支出　　4 300
　贷：银行存款　　　4 300

【例 3-48】 2018 年 6 月 28 日，明光公司用银行存款支付公益性捐赠 5 000 元。

该项经济业务的发生，使企业营业外支出增加 5 000 元，记入“营业外支出”账户的借方；同时，企业的银行存款减少 5 000 元，记入“银行存款”账户的贷方。其会计分录如下：

借：营业外支出　　5 000
　贷：银行存款　　　5 000

【例 3-49】 2018 年 6 月 29 日，明光公司接受捐赠 20 000 元，款项存入银行。

该项经济业务的发生，使企业银行存款增加 20 000 元，记入“银行存款”账户的借方；同时，“营业外收入”增加 20 000 元，记入“营业外收入”账户的贷方。其会计分录如下：

借：银行存款　　20 000
　贷：营业外收入　　20 000

【例 3-50】 2018 年 6 月 30 日，明光公司将本月各收入类账户余额转入“本年利润”账户。

该项经济业务的发生，使企业本年利润增加 682 400 元，记入“本年利润”账户的贷方；同时，记入“主营业务收入”“其他业务收入”“营业外收入”账户的借方。其会计分录如下：

借：主营业务收入　　657 000
　　其他业务收入　　　5 400
　　营业外收入　　　20 000
　贷：本年利润　　　　682 400

【例 3-51】 2018 年 6 月 30 日，明光公司将本月各费用类账户余额转入“本年利润”账户。

该项经济业务的发生，使企业本年利润减少 494 077 元，记入“本年利润”账户的借方；同时，记入“主营业务成本”“营业税金及附加”“其他业务成本”“销售费用”“管理费用”“财务费用”“营业外支出”账户的贷方。其会计分录如下：

借：本年利润　　494 077
　贷：主营业务成本　　408 497
　　　营业税金及附加　　4 000
　　　其他业务成本　　　5 100
　　　销售费用　　　　13 000
　　　管理费用　　　　48 180
　　　财务费用　　　　　6 000
　　　营业外支出　　　　9 300

【例 3-52】 若本月公司应纳税所得额为 188 323 元，按 25% 计算应交所得税 47 080.75 元。

根据《税法》规定：

应纳所得税额＝应纳税所得额×适用税率

该项经济业务的发生，使企业的所得税费用增加 47 080.75 元，应分别记入“所得税费用”账户的借方和“应交税费——应交所得税”账户的贷方。其会计分录如下：

借：所得税费用　　47 080.75

　贷：应交税费——应交所得税　　47 080.75

【例 3-53】 期末结转所得税费用。

该项经济业务的发生，使企业的本年利润减少 47 080.75 元，应分别记入“本年利润”账户的借方和“所得税费用”账户的贷方。其会计分录如下：

借：本年利润　　47 080.75

　贷：所得税费用　　47 080.75

【例 3-54】 明光公司按净利润的 10%提取法定盈余公积 14 124.23 元。

该项经济业务的发生，使利润分配增加 14 124.23 元，利润分配的增加等于所有者权益的减少，应记入“利润分配”账户的借方；同时，盈余公积增加 14 124.23 元，记入“盈余公积”账户的贷方。其会计分录如下：

借：利润分配——提取法定盈余公积　　14 124.23

　贷：盈余公积——法定盈余公积　　14 124.23

【例 3-55】 明光公司按净利润的 5%提取任意盈余公积 7 062.11 元。

该项经济业务的发生，使利润分配增加 7 062.11 元，应记入“利润分配”账户的借方；同时，盈余公积增加 7 062.11 元，记入“盈余公积”账户的贷方。其会计分录如下：

借：利润分配——提取任意盈余公积　　7 062.11

　贷：盈余公积——任意盈余公积　　7 062.11

【例 3-56】 明光公司按已批准的分配方案，向投资者分配现金股利 100 000 元。

该项经济业务的发生，使利润分配增加 100 000 元，应记入“利润分配”账户的借方；同时，应分配的现金股利在未实际支付之前使企业负债增加 100 000 元，记入“应付股利”账户的贷方。其会计分录如下：

借：利润分配——应付现金股利　　100 000

　贷：应付股利　　100 000

【例 3-57】 期末，公司将本月实现的净利润 141 242.25 元转入“利润分配”账户。

该项经济业务是将企业全年实现的净利润 141 242.25 元从“本年利润”账户转入“利润分配——未分配利润”账户的贷方。其会计分录如下：

借：本年利润　　141 242.25

　贷：利润分配——未分配利润　　141 242.25

【例 3-58】 期末，公司将“利润分配”账户所属各明细账户转入“利润分配——未分配利润”账户的借方。

该项经济业务是将“利润分配”账户所属各明细账户（未分配利润除外）转入“利润分

配——未分配利润”账户的借方。年终结转后“利润分配”账户除了“利润分配——未分配利润”账户外,其他明细账户均无余额。其会计分录如下:

借:利润分配——未分配利润　　121 186.34
　贷:利润分配——提取法定盈余公积　　14 124.23
　　利润分配——提取任意盈余公积　　7 062.11
　　利润分配——应付现金股利　　100 000

根据例 3-1 至例 3-58,将所有会计分录分类过入相关 T 型账户中,最后计算各账户期末余额如下:

库存现金

借方		贷方	
期初余额	22 000		
(28)	200		
本期发生额:	200		
期末余额:	22 200		

原材料

借方		贷方	
期初余额	142 000	(19)	210 820
(18)	176 800	(42)	5 100
(18)	208 600		
本期发生额:	385 400	本期发生额:	215 920
期末余额:	311 480		

预付账款

借方		贷方	
期初余额	7 000	(15)	35 100
(14)	32 000	(29)	4 000
(17)	3 100		
(23)	12 000		
本期发生额:	47 100	本期发生额:	39 100
期末余额:	15 000		

应收账款

借方		贷方	
期初余额	153 600	(36)	153 600
(34)	47 385	(38)	473 85
(40)	279 045		
本期发生额:	326 430	本期发生额:	200 985
期末余额:	279 045		

短期借款

借方		贷方	
		期初余额	150 000
		(5)	1 200 000
		本期发生额:	1 200 000
		期末余额:	1 350 000

应付股利

借方		贷方	
		(56)	100 000
		本期发生额:	100 000
		期末余额:	100 000

生产成本

借方		贷方	
期初余额	27 000	(32)	211 708
(19)	128 000	(32)	156 702
(19)	82 000		
(21)	29 600		
(21)	26 200		
(22)	4 440		
(22)	3 930		
(31)	35 668		
(31)	31 572		
本期发生额:	341 410	本期发生额:	368 410
期末余额:	0		

制造费用

借方		贷方	
(19)	820	(31)	67 240
(21)	17 600		
(22)	2 640		
(24)	3 480		
(25)	24 000		
(27)	1 500		
(28)	4 800		
(29)	4 000		
(30)	8 400		
本期发生额:	67 240	本期发生额:	67 240

长期借款

	(6)　9 000 000
	本期发生额：9 000 000
	期末余额：　9 000 000

应付债券

	(8)　　1 000 000
	本期发生额：1 000 000
	期末余额：　1 000 000

其他应收款

期初余额　　6 000	(28)　　5 000
(26)　　　　5 000	
本期发生额：5 000	本期发生额：5 000
期末余额：　6 000	

应付账款

(17)　　116 000	期初余额　128 000
	(12)　　　116 000
	(27)　　　　1 500
本期发生额:116 000	本期发生额：117 500
	期末余额：　129 500

预收账款

(39)　　48 720	(35)　　48 720
本期发生额:48 720	本期发生额:48 720
	期末余额：　　0

无形资产

(2)　　300 000	
本期发生额：300 000	
期末余额：　300 000	

应付利息

	期初余额　1 400
	(7)　　　6 000
	本期发生额：6 000
	期末余额：　7 400

财务费用

(7)　　6 000	(51)　　6 000
本期发生额：6 000	本期发生额：6 000

应收票据

(37)　　292 320	
本期发生额：292 320	
期末余额：　292 320	

销售费用

(43)　　13 000	(51)　　13 000
本期发生额：13 000	本期发生额：13 000

应付职工薪酬

(20)　　97 200	期初余额　97 200
	(10)　　　7 200
	(21)　　　98 600
	(22)　　　14 790
本期发生额：97 200	本期发生额:120 590
	期末余额：　120 590

管理费用

(21)　　25 200	(51)　　48 180
(22)　　3 780	
(30)　　4 200	
(46)　　15 000	
本期发生额：48 180	本期发生额：48 180

坏账准备

	期初余额　　4 500

所得税费用

(52)　　47 080.75	(53)　　47 080.75
本期发生额：47 080.75	本期发生额：47 080.75

应交税费

(9)	12 700	期初余额	33 000
(10)	8 000	(33)	13 440
(12)	16 000	(34)	6 480
(13)	19 460	(37)	40 320
(15)	4 800	(39)	6 720
(16)	21 280	(40)	38 160
(43)	2 080	(41)	864
		(44)	4 000
		(52)	47 080.75
本期发生额:	84 424	本期发生额:	157 064.75
		期末余额:	105 640.75

其他应付款

		期初余额	4 500

应付票据

		(16)	154 280
		本期发生额:	154 280
		期末余额:	154 280

固定资产

期初余额	1 789 000		
(2)	400 000		
(4)	1 080 000		
(9)	82 000		
(11)	58 400		
本期发生额:	1 620 400		
期末余额:	3 409 400		

库存商品

期初余额	80 000	(45)	408 497
(32)	211 708		
(32)	156 702		
本期发生额:	368 410		
期末余额:	39 913		

银行存款

期初余额	317 000	(9)	94 800
(1)	200 000	(10)	59 200
(3)	580 000	(13)	141 864
(5)	1 200 000	(14)	32 000
(6)	9 000 000	(17)	118 800
(8)	1 000 000	(20)	97 200
(33)	97 440	(23)	12 000
(35)	48 720	(24)	3 480
(36)	153 600	(25)	24 000
(38)	46 980	(26)	5 000
(41)	6 264	(43)	15 080
(49)	20 000	(46)	15 000
		(47)	4 300
		(48)	5 000
本期发生额:	12 353 004	本期发生额:	627 724
期末余额:	12 042 280		

在建工程

(10)	58 400	(11)	58 400
本期发生额:	58 400	本期发生额:	58 400

累计折旧

		期初余额	290 000
		(30)	12 600
		本期发生额:	12 600
		期末余额:	302 600

在途物资

(12)	100 000	(18)	176 800
(13)	76 800	(18)	208 600
(13)	45 600		
(15)	30 000		
(16)	133 000		
本期发生额:	385 400	本期发生额:	385 400

实收资本

	期初余额 1 670 000
	(1)　200 000
	(2)　700 000
	(3)　500 000
	(4)　1 000 000
	本期发生额:2 400 000
	期末余额: 4 070 000

主营业务收入

(50)　657 000	(33)　84 000
	(34)　40 500
	(37)　252 000
	(39)　42 000
	(40)　238 500
本期发生额:657 000	本期发生额:657 000

资本公积

	期初余额　24 000
	(3)　80 000
	(4)　80 000
	本期发生额:160 000
	期末余额: 184 000

盈余公积

	期初余额 56 000
	(54)　14 124.23
	(55)　7 062.11
本期发生额:21 186.34	期末余额:77 186.34

主营业务成本

(45)　408 497	(51)　408 497
本期发生额:408 497	本期发生额:408 497

营业税金及附加

(44)　4 000	(51)　4 000
本期发生额:4 000	本期发生额:4 000

其他业务收入

(50)　5 400	(41)　5 400
本期发生额:5 400	本期发生额:5 400

其他业务成本

(42)　5 100	(51)　5 100
本期发生额:5 100	本期发生额:5 100

营业外收入

(49)　20 000	(49)　20 000
本期发生额:20 000	本期发生额:20 000

营业外支出

(47)　4 300	(51)　9 300
(48)　5 000	
本期发生额:9 300	本期发生额:9 300

利润分配

(54)　14 124.23	期初余额　85 000
(55)　7 062.11	(57)　141 242.25
(56)　100 000	(58)　121 186.34
(58)　121 186.34	
本期发生额:242 372.68	本期发生额:262 428.59
	期末余额: 105 055.91

本年利润

(51)　494 077	(50)　682 400
(53)　47 080.75	
(57)　141 242.25	
本期发生额:682 400	本期发生额:682 400

为使各个账户计算结果正确无误，除保证每一笔会计分录都遵循“有借必有贷，借贷必相等”的记账规则外，还可以通过余额试算平衡，检查账户余额的正确性。表 3-10 是依据上述 T 型账户的期初余额、本期发生额和期末余额编制的试算平衡表。

表 3-10　明光公司余额试算平衡表

单位：元

账户名称	期初余额		本期发生额		期末余额	
	借方	贷方	借方	贷方	借方	贷方
库存现金	22 000		200		22 200	
银行存款	317 000		12 353 004	627 724	12 042 280	
应收票据			292 320		292 320	
应收账款	153 600		323 640	200 580	276 660	
坏账准备		4 500				4 500
其他应收款	6 000		5 000	5 000	6 000	
预付账款	7 000		46 800	38 800	15 000	
在途物资			385 400	385 400		
原材料	142 000		385 400	215 920	311 480	
生产成本	27 000		341 410	368 410		
制造费用			67 240	67 240		
库存商品	80 000		368 410	408 497	39 913	
固定资产	1 789 000		1 620 400		3 409 400	
累计折旧		290 000		12 600		302 600
在建工程			58 400	58 400		
无形资产			300 000		300 000	
短期借款		150 000		120 0000		1 350 000
应付票据				154 280		154 280
应付账款		128 000	116 000	117 500		129 500
其他应付款		4 500				4 500
预收账款			48 720	48 720		
应付职工薪酬		97 200	97 200	120 590		120 590
应交税费		33 000	84 424	157 064.75		105 640.75
应付利息		1 400		6 000		7 400
应付股利				100 000		100 000
长期借款				9 000 000		9 000 000

续　表

账户名称	期初余额		本期发生额		期末余额	
	借方	贷方	借方	贷方	借方	贷方
应付债券				1 000 000		1 000 000
实收资本		1 670 000		2 400 000		4 070 000
资本公积		24 000		160 000		184 000
盈余公积		56 000		21 186.34		77 186.34
利润分配		85 000	242 372.68	262 428.59		105 055.91
主营业务收入			657 000	657 000		
其他业务收入			5 400	5 400		
营业外收入			20 000	20 000		
主营业务成本			408 497	408 497		
其他业务成本			5 100	5 100		
销售费用			13 000	13 000		
财务费用			6 000	6 000		
管理费用			48 180	48 180		
营业外支出			9 300	9 300		
营业税金及附加			4 000	4 000		
所得税费用			47 080.75	47 080.75		
本年利润			682 400	682 400		
合计	2 543 600	2 543 600	19 042 298.43	19 042 298.43	16 715 253	16 715 253

小　　结

本章主要介绍了制造企业生产经营的过程，并通过生产经营过程中的经济业务进一步熟悉账户的设置方法和借贷记账法的运用。制造企业的主要经济业务包括：① 资金筹集与固定资产购置业务；② 材料采购与付款业务；③ 产品生产业务；④ 销售与收款业务；⑤ 财务成果的形成与分配业务。

资金筹集与固定资产购置业务主要是投资者投入资金业务、企业向债权人借入资金业务以及固定资产的购建业务。核算中涉及的核心账户有“实收资本”“资本公积”“短期借款”“长期借款”“固定资产”“在建工程”以及其他资产账户。

材料采购与付款业务主要是材料采购业务与付款业务的核算。核算中使用的主要账户有“材料采购”“原材料”以及相应货款结算账户，如“应付账款”“应付票据”“预收账款”

等账户。

产品生产业务主要是生产费用的发生、归集、分配与产品成本的计算。具体有材料的发出、工资的分配与支付、间接费用的发生与支付以及完工产品成本的结转入库。核算中涉及的账户有“生产成本”“制造费用”“应付职工薪酬”“累计折旧”“库存商品”等。

销售与收款业务是核算企业产品销售收入、支付销售费用及税金,结转销售产品的实际成本以及与购货单位所发生的货款结算等业务。涉及的主要账户有“主营业务收入”“主营业务成本”“营业税金及附加”“销售费用”以及“应收账款”“应收票据”“预付账款”等。

企业应于会计期末结算其经营成果并进行分配。“本年利润”账户反映了企业利润的形成过程。企业实现的利润应按国家有关规定进行分配,如提取盈余公积金、分配利润等。涉及账户除销售过程使用的损益类账户外,还有“利润分配”“盈余公积”“应付股利”“营业外收入”“营业外支出”以及“所得税费用”等账户。

复习思考题

1. 简述产品制造企业生产经营过程的主要内容。

2. 筹集资金业务核算的主要内容是什么?需要设置哪些主要账户?各账户的核算内容及结构如何?

3. 材料采购业务核算的主要内容是什么?需要设置哪些主要账户?各账户的核算内容及结构如何?

4. 产品生产业务核算的主要内容是什么?需要设置哪些主要账户?各账户的核算内容及结构如何?

5. 产品销售业务核算的主要内容是什么?需要设置哪些主要账户?各账户的核算内容及结构如何?

6. 财务成果核算的主要内容是什么?需要设置哪些主要账户?各账户的核算内容及结构如何?

实务练习题

习题一

[目的]　练习采购业务的总分类核算。

[资料]　明光公司 2018 年 8 月份发生下列经济业务:

1. 从红星公司购入 A 材料 1 500 千克,共计买价 25 000 元,增值税 4 000 元。货款未付,材料尚未验收入库。

2. 从银行提取现金 800 元。

3. 采购员于光暂借差旅费 1 000 元,以现金付讫。

4. 从光大公司购入 B 材料 2 000 千克,货款 50 000 元,增值税 8 000 元。以银行存款付讫,材料未达。

5. 上项 A、B 两种材料验收入库，结转其采购成本。

6. 从信达公司购入 C 材料 500 千克，货款 25 000 元，增值税 4 000 元。以银行存款支付，材料当即验收入库。

7. 以银行存款偿还前欠红星公司货款 29 000 元。

8. 采购员于光出差回来报销差旅费（预借 1 000 元），实际报销差旅费 1 200 元，以现金补付差额。

[要求] 根据上述经济业务编制会计分录。

习题二

[目的] 练习材料采购成本的计算。

[资料]

1. W 公司 2018 年 9 月从外地宏大公司购入材料，如表 3-11 所示。

表 3-11　W 公司购入材料清单

2018 年 9 月

品种	数量（千克）	单价（元/千克）	买价（元）	增值税（元）
甲材料	2 000	30	60 000	9 600
乙材料	2 000	10	20 000	3 200
合计			80 000	12 800

2. 为购买上述材料，共支付运杂费 5 000 元，支付增值税 550 元。运杂费如表 3-12 所示。

表 3-12　W 公司购入材料运杂费清单

2018 年 9 月　　　　单位：元

水陆运输费	4 000
装卸、搬运费	1 000
合计	5 000

[要求]

填写材料采购成本计算表，如表 3-13 所示。运杂费按材料重量比例分配。

表 3-13　材料采购成本计算

2018 年 9 月

支出项目	甲材料（2 000 千克）		乙材料（2 000 千克）	
	总成本（元）	单位成本（元/千克）	总成本（元）	单位成本（元/千克）
买价				
水陆运输费				
装卸、搬运费				
材料采购成本				

习题三

［目的］ 练习生产业务的总分类核算。

［资料］ 明光公司 2018 年 8 月份发生了下列经济业务：

1. 发放本月职工工资 38 000 元，通过银行代发。

2. 从华夏公司购入 W 材料 2 000 千克，买价 80 000 元，增值税 12 800 元，对方公司代垫运输费 2 000 元，增值税 220 元，款项尚未支付。

3. 上项 W 材料验收入库，结转采购成本。

4. 生产甲产品领用 A 材料 800 千克，每千克 50 元；生产乙产品领用 W 材料 1 200 千克，每千克 40 元。

5. 计提本月公司应负担的短期借款利息 1 800 元。

6. 分配本月应付职工工资，其用途和金额如表 3-14 所示。

表 3-14 职工工资用途和金额

2018 年 8 月　　　　　　　　单位：元

制造甲产品工人工资	14 000
制造乙产品工人工资	10 000
车间管理人员工资	6 000
厂部管理人员工资	8 000
合计	38 000

7. 向银行借入短期借款 60 000 元，存入银行。

8. 按规定计提本月固定资产折旧 12 000 元，其中生产车间 8 000 元，企业管理部门 4 000 元。

9. 签发转账支票支付购买办公用品款 3 250 元。

10. 以银行存款归还华夏公司货款 95 020 元。

11. 将本月发生的制造费用以生产工时为标准分配计入生产成本（甲产品生产工时 200 小时，乙产品生产工时 300 小时）。

12. 甲产品 80 件和乙产品 200 件全部完工验收入库，计算甲产品和乙产品的生产成本。

［要求］ 根据上述经济业务编制有关会计分录。

习题四

［目的］ 练习销售阶段的总分类核算。

［资料］ 利华公司 2018 年 6 月份发生下列经济业务：

1. 向金利公司出售甲产品 200 件，货款 100 000 元及增值税 16 000 元，款项尚未收到。

2. 以银行存款 5 300 元支付本月产品广告费 5 000 元及增值税 300 元。

3. 收到金利公司货款 116 000 元，存入银行。

4. 向北电公司出售乙产品 400 件，当即收到货款 30 000 元及增值税 4 800 元，存入银行。

5. 以银行存款支付销售产品发生的包装、运杂费 2 400 元及增值税 264 元。

6. 结转本月出售产品的生产成本。其中，甲产品 60 000 元，乙产品 18 000 元。

7. 以银行存款交纳本月增值税 8 000 元。

8. 计算营业税金及附加 800 元，其中城建税 560 元，教育费附加 240 元。

9. 以银行存款支付本月业务招待费 4 200 元及增值税 252 元。

10. 收到山大公司付来罚款 1 200 元，作为营业外收入，存入银行。

11. 计提本月财务费用 2 000 元。

12. 将本月“主营业务成本”“销售费用”“营业税金及附加”“管理费用”“财务费用”等转入“本年利润”账户。

13. 将本月“主营业务收入”“营业外收入”等转入“本年利润”账户。

14. 按规定计算结转所得税费用 9 750 元。

[要求]　根据上述经济业务编制有关会计分录。

习题五

[目的]　练习制造业企业主要经营过程的核算。

[资料]

(一) 明光公司 2018 年 8 月 31 日，总分类账户的余额如表 3-15 所示。

表 3-15　明光公司总分类账户余额

2018 年 8 月 31 日　　单位:元

借方科目余额		贷方科目余额	
库存现金	900	短期借款	60 000
银行存款	88 000	应付利息	200
原材料	187 300	实收资本	1 130 000
预付账款	800	盈余公积	72 800
固定资产	1 495 000	本年利润	370 000
库存商品	84 000	累计折旧	223 000
合计	1 856 000	合计	1 856 000

(二) 该公司 2018 年 9 月份发生下列经济业务：

1. 2 日，从大光公司采购 A 材料 5 000 千克，每千克 18 元；B 材料 6 000 千克，每千克 25 元。以银行存款支付货款 240 000 元，增值税 380 400 元，货未到。

2. 6 日，上项向大光公司采购的 A、B 材料已到达本公司并验收入库，按其实际采购成本转账。

3. 10 日，从星光公司购入 B 材料 2 000 千克，每千克 25 元，货款 50 000 元及增值税 8 000 元尚未支付，该材料已验收入库，按其实际采购成本入账。

4. 14 日，以银行存款归还星光公司货款 58 000 元。

5. 17 日，发放职工工资 39 000 元，通过银行代发。

6. 18 日，以银行存款预付半年财产保险费 12 000 元。

7. 20 日，向 W 公司出售甲产品 300 件，每件售价 600 元，增值税 28 800 元，货款及税款存入银行。

8. 26 日，向 K 公司出售乙产品 160 件，每件售价 1 000 元，增值税 25 600 元，收到一张银行承兑汇票，金额为 185 600 元。

9. 27 日，以银行存款支付甲产品广告费 6 000 元及增值税 360 元。

10. 30 日，本月职工工资 39 000 元，其用途如下：

甲产品生产工人工资	14 000 元
乙产品生产工人工资	8 000 元
车间管理人员工资	8 000 元
厂部管理人员工资	9 000 元

11. 30 日，本月应提固定资产折旧如下：

生产车间固定资产折旧	6 000 元
企业管理部门固定资产折旧	4 000 元

12. 30 日，计提本月应负担的短期借款利息 1 000 元。

13. 30 日，计算本月应负担的财产保险费 2 000 元，其中，制造费用负担 1 000 元，管理费用负担 1 000 元。

14. 30 日，汇总本月材料发出情况如下（A 材料 80 000 元，B 材料 120 000 元）：

A 产品生产领用	102 000 元
B 产品生产领用	88 000 元
车间一般耗用	8 000 元
企业管理部门耗用	2 000 元
合计	200 000 元

15. 30 日，按本月甲、乙产品的生产工时比例分配结转制造费用 23 000 元，甲、乙产品本月生产工时数分别为 3 000 小时和 2 000 小时。

16. 30 日，投产的甲产品 400 件，已完工 360 件并验收入库，结转完工产品的生产成本 108 000 元；投产的乙产品 200 件，已完工 180 件并验收入库，结转完工产品的生产成本 102 600 元。

17. 30 日，结转已售甲产品的生产成本 90 000 元，结转已售乙产品的生产成本 91 200 元。

18. 30 日，以银行存款交纳增值税 8 500 元。

19. 计算营业税金及附加 850 元，其中城建税 595 元，教育费附加 255 元。

20. 将本月“主营业务收入”“主营业务成本”“营业税金及附加”“管理费用”与“财务费用”等转入“本年利润”账户。

21. 30 日，按规定计算结转所得税费用 29 987.5 元。

[要求]

1. 根据资料(一)，开设有关总分类账户，登记期初余额。

2. 根据资料(二)，编制有关会计分录，并据以登记总账。

3. 结出各总分类账户的本期发生额及期末余额，并编制试算平衡表。

案例分析

案例一：

王坤大学毕业后应聘到一家新成立的私营企业任会计。她认为自己是会计专业毕业的，书本上的知识自己都掌握了，只为这个企业建一套正规的账是没有问题的，因此她信心十足。下面是这个新企业第一个月所发生的部分经济业务，王坤为每笔经济业务做了如下会计分录。

(1) 收到客户订购商品的订单购买本公司商品 38 000 元。所购商品将于下月发出，本月做会计分录如下：

借：应收账款　　38 000
　贷：主营业务收入　　38 000

(2) 企业司机运货途中违章驾驶支付交通违章罚款 200 元。

借：主营业务收入　　200
　贷：库存现金　　200

(3) 经董事会决定同意新股东以 1 200 000 元投资入股，拥有公司 1 000 000 元的股份。

借：银行存款　　1 200 000
　贷：实收资本　　1 200 000

(4) 采购员张某出差报销差旅费 2 750 元，剩余款项 550 元退回。

借：库存现金　　550
　　管理费用　　2 750
　贷：银行存款　　3 300

案例要求

请你指出王坤所做的会计分录是否正确，如果错误请给予更正。

案例二：

王先生从张先生手中购买了一家小型运输公司。合同规定，王先生用现金支付部分购买款项，并将公司以后 3 年每年净收入的 30% 用来偿还剩下的欠款。公司第一年的净收入大大低于张先生的预期，他非常沮丧。王先生和张先生所签订的合同并没有对"净收入"下一个严格的定义。他们两个人对会计知识都了解不多，在合同中仅仅提到应该以"公正和合理"的方式来计算净收入。

对于计算净收入，王先生应用了如下规则：只要公司支出了现金或开出了支票就确认为当年的费用。为此，王先生对以下收入和费用进行了处理：

(1) 从客户手中收到现金或支票时才确认收入。大多数顾客都用现金或支票支付，但是少部分顾客被允许在30天内付清。期末，有20 000元的修理收入没收到款项。

(2) 王先生将自己的年薪定为20万元，张先生认为这比较合理。但是，王先生同时还支付给他的家人每人3万元年薪，共计9万元。他的家人不是公司的员工，但如果需要，有时会到公司帮忙。

(3) 年初，公司新购买了一辆运输卡车，王先生购买它的时候花了20万元，第一年的利润表中包括了这项20万元的费用。汽车预计使用寿命为8年。

(4) 购买用于修理运输设备的工具支出16 000元直接计入了费用，该工具可使用5年。

(5) 所得税费用包括了公司应交纳的所得税和王先生家人的个人所得税，其中王先生家人的个人所得税8 000元。

案例要求

1. 对上述计算收入和费用做法的公正性和合理性进行讨论并说明理由。
2. 如果你是张先生，在计算该公司的净利润时，你会考虑哪些因素?

第四章　会计凭证

【学习目的与要求】

了解会计凭证的作用，理解并掌握会计凭证的含义、分类，理解并掌握原始凭证与记账凭证的含义、分类、基本内容、填制要求、填制方法及审核内容，掌握会计凭证传递的含义，了解会计凭证传递与保管的要求。

【教学重点与难点】

教学的重点是：会计凭证的含义、分类，原始凭证与记账凭证的含义、分类、基本内容、填制方法、填制要求及审核内容。教学的难点是：原始凭证与记账凭证的分类与填制，会计凭证传递与保管的要求。

第一节　会计凭证概述

一、会计凭证的含义及作用

会计凭证是具有一定格式，用以记录经济业务、明确经济责任的书面证明，是登记账簿的依据。

会计核算工作主要是由“凭证—账簿—报表”三个环节组成的。其中，填制和审核会计凭证是进行会计核算工作的起点和基础，它对于保证会计核算任务的完成具有重要作用。

（一）可以反映每一项经济业务的发生或完成情况

经济业务，又称会计事项，是能够引起会计要素增减变化，进而可以确认和计量的经济活动。它由交易和事项两类经济活动组成，其中，交易是指企业与有关主体之间的价值交换行为，事项是指企业内部有关部门之间或企业与外部主体之间发生的价值转移行为。

企业在日常经营过程中，会发生各种各样的经济业务，由于每一项经济业务的发生都会引起会计要素的增减变化，所以对发生的每一项经济业务，都必须按照规定的程序和要求及时、真实地填制会计凭证，写明业务发生或完成的情况。因此，通过会计凭证的填制，可以了解每一项经济业务的发生或完成情况，并能为进行会计分析和审计提供原始资料和证据。

(二) 可以对经济业务进行日常监督

由于一切经济业务，如有关财产的收发、货币资金的收支、各种债权债务的结算，都必须取得或填制会计凭证，所以通过会计凭证的填制和审核，可以检查每笔经济业务是否真实、正确、合法、合理、合规；是否符合有关的法规、准则、制度、计划或预算等，有无弄虚作假、违法、违纪等行为，从而可以发挥会计的监督和保护作用。

(三) 可以强化内部经济管理，明确岗位责任

会计凭证反映了经济业务的内容、单位名称、发生的时间以及有关人员的签名或盖章等，这样就有利于明确各经办单位及有关人员所承担的经济责任，增强他们的责任感，促使他们严格地按照有关的法规、制度及计划办事，在其职权范围内各司其职。如果以后发现问题，就可以根据会计凭证逐一追究责任。通过会计凭证的审核，还可以及时发现经济管理上的不足之处和各项管理制度上的漏洞。因此，会计凭证的填制和审核，有利于加强内部经济管理，明确岗位责任。

(四) 可以作为登记会计账簿的依据

为了使账簿能够真实地反映单位的经济活动情况和财务状况，提高所记录会计信息的可靠性，会计账簿中的所有记录都必须有可靠的依据。经济业务发生后，需要填制或取得会计凭证。会计凭证经过审核，就成了经济业务已经发生或完成的凭据，可以作为登记账簿的依据。

二、会计凭证的种类

由于企业发生的经济业务是多种多样的，因而需要不同格式、内容、性质及用途的会计凭证为之服务。按照填制的程序和用途不同，会计凭证可以分为原始凭证和记账凭证两大类。

(一) 原始凭证

原始凭证，是在经济业务发生或完成时，由业务经办人员取得或填制，用以记录经济业务已经发生或完成情况并明确有关经济责任的一种书面证明，是填制记账凭证或登记账簿的原始依据，是重要的会计核算资料。

原始凭证是进行会计核算的原始资料和重要依据，每项经济业务发生后，都应由经办部门或人员取得或填制能够证明该项经济业务已经发生或已经完成的书面单据，以明确责任。原始凭证是经济业务进入会计信息系统的初始数据资料，其主要作用在于准确、完整、及时地反映经济业务的本来面貌，并据以检查经济业务的真实性、合理性、合法性。但应注意的是，并非所有的书面文件都是原始凭证。一般而言，在会计核算过程中，凡是能够证明某项经济业务已经发生或记录完成情况的书面单据都可以作为原始凭证，如有关的收料单、发料单、收据、发票、银行结算凭证等；凡是不能证明经济业务已经发生或记录完成情况的书面文件就不是原始凭证，如材料请购单、生产计划、购销合同、银行对账单等。

经济业务的内容千差万别，而原始凭证是用来记录经济业务内容的，所以原始凭证的类型是多种多样的。根据不同标准，可对原始凭证作如下分类。

1. 原始凭证按其取得来源不同分类

(1) 外来原始凭证

外来原始凭证是业务经办人员同外部单位或个人发生经济往来时，从外部单位或个人取得的原始凭证，如供货单位开具的发票、银行收款通知、职工出差期间从交通部门取得的各种票据等。

(2) 自制原始凭证

自制原始凭证是在经济业务发生或完成时由本单位内部具体经办业务的人员自行填制的原始凭证，如收料单、领料单、工资结算单、收款收据、差旅费报销单、销货发票、成本计算单、银行支票等。

2. 原始凭证按其填制手续和方法不同分类

(1) 一次性原始凭证

一次性原始凭证是只记载一项经济业务或同时记载若干项同类性质经济业务，在其发生时填制手续是一次性填写完成的一种原始凭证。外来凭证通常都是一次性原始凭证，如收款单位从付款单位取得的支票、付款单位从收款单位取得的收据等；自制原始凭证中大部分也是一次性原始凭证，如本单位开具的销售发票、收料单、领料单等。

(2) 累计原始凭证

累计原始凭证是在一定期间内多次记载同类业务内容、填制手续随经济业务的发生分次完成的一种原始凭证，如限额领料单、费用限额卡等。累计原始凭证适用于一些经常重复发生的经济业务，能够有效减少凭证数量，简化填制手续，同时也可以随时计算累计发生数，以便同计划或定额数量进行比较，反映经济计划的执行情况，有利于加强管理。

(3) 汇总原始凭证，又称原始凭证汇总表

汇总原始凭证是根据若干记录同类经济业务的多张原始凭证定期加以汇总重新编制而成的一种原始凭证。为了简化记账凭证的填制工作，可以将一定时期内若干张同类经济业务的原始凭证汇总成一份凭证，如工资汇总表、发料汇总表、差旅费报销单等。

汇总原始凭证只能对具有同类内容的原始凭证进行汇总，不能汇总两类或两类以上的经济业务。

(4) 记账编制凭证

记账编制凭证是根据账簿记录和核算经济业务的需要，对账簿记录内容加以整理而编制的一种原始凭证，如“制造费用分配表”“产品成本计算表”等。需要注意的是，编制此类原始凭证需要的数据资料直接来自于相关账户，而不是实际发生的业务。

(二) 记账凭证

记账凭证，是由会计人员根据审核无误的原始凭证填制的，用以记载经济业务简明内容、确定会计分录，并作为登记账簿直接依据的会计凭证。

在日常经营管理中发生的业务比较繁杂，反映这些经济业务的原始凭证也千差万别，式样众多。由于原始凭证所记录的内容并不直接体现会计要素的走向，不能完全满足会计核算的需要，难以直接据以登记账簿。为此，必须在对原始凭证审核无误的基础上，进

行归类、整理，然后填制记账凭证。在记账凭证中，要依据有关原始凭证所记载的内容确定会计分录，亦即确定记载该项经济业务的账户、方向和金额。这样，根据记账凭证再进行账簿登记。

原始凭证和记账凭证之间存在着密切的联系：原始凭证是记账凭证的基础，记账凭证是根据原始凭证编制的；原始凭证附在记账凭证后而作为记账凭证的附件，记账凭证是对原始凭证内容的概括和说明；记账凭证与原始凭证的本质区别就在于原始凭证对经济业务是否发生或完成起证明作用，而记账凭证仅是为了进一步进行会计核算而编制的会计分录凭证，填制记账凭证有利于防止和减少差错的发生，保证账簿记录的正确性。

1. 记账凭证按照适用的经济业务不同分类

(1) 专用记账凭证

专用记账凭证是专门用于反映某一特定种类经济业务的记账凭证。按经济业务的发生是否与库存现金和银行存款的收付有关，可以分为收款凭证、付款凭证和转账凭证。

① 收款凭证。专门用于登记库存现金和银行存款收入业务的凭证。收款凭证根据有关库存现金和银行存款收入业务的原始凭证填制，是登记库存现金日记账、银行存款日记账以及有关明细账和总账等账簿的依据，也是出纳人员收讫款项的依据。

② 付款凭证。专门用于登记库存现金和银行存款支付业务的凭证。付款凭证根据有关库存现金和银行存款支付业务的原始凭证填制，是登记库存现金日记账、银行存款日记账以及有关明细账和总账等账簿的依据，也是出纳人员付讫款项的依据。

值得注意的是，对于库存现金和银行存款之间相互划转的业务，一般只编制付款凭证，不编制收款凭证，以避免重复记账。

③ 转账凭证。专门用于登记库存现金和银行存款收付业务以外转账业务的凭证。转账凭证根据有关转账业务的原始凭证填制，是登记有关明细账和总账等账簿的依据。

在实际工作中，为了避免差错、提高工作效率，各种专用记账凭证可以采用不同的颜色印刷。例如，收款凭证用红色，付款凭证用蓝色，转账凭证用绿色。

(2) 通用记账凭证

通用记账凭证是用来反映所有经济业务的记账凭证，其格式与转账凭证格式大体相同。业务比较单一、业务量也较少的小型单位，宜使用这类记账凭证。

2. 记账凭证按填制方法不同分类

(1) 单式记账凭证

单式记账凭证是将一项经济业务所涉及的各个会计科目分别填制一张记账凭证。由于一张凭证只填列一个会计科目，这样每笔业务至少要填制两张单式记账凭证，需要用编号将它们联系起来，以便查对。使用单式记账凭证便于汇总每个科目的发生额和进行分工记账，但填制工作量大，张数太多，不宜保管，且在一张凭证上反映不出经济业务的全貌，不便于查账，因此，使用的单位较少。

(2) 复式记账凭证

复式记账凭证是将一项经济业务所涉及的有关会计科目都集中在一起填制的凭证，如前述的专用记账凭证和通用记账凭证。复式记账凭证能够集中反映账户之间的对应关系，便于了解有关经济业务的全貌，还可以减少凭证的数量，但不便于汇总每一个会计科目的发生额和进行分工记账。

3. 记账凭证按是否汇总分类

(1) 汇总记账凭证

汇总记账凭证是将许多同类记账凭证定期加以汇总后重新填制的记账凭证。例如，将收款凭证、付款凭证或转账凭证按一定的时间间隔分别汇总，编制汇总收款凭证、汇总付款凭证或汇总转账凭证。编制汇总记账凭证，可以简化总分类账的登记手续。按照汇总的方法和范围，汇总记账凭证还可以分为分类汇总和全部汇总两类。分类汇总记账凭证主要是对收款凭证、付款凭证和转账凭证分别进行汇总形成的汇总收款凭证、汇总付款凭证和汇总转账凭证；全部汇总记账凭证是根据平时编制的全部记账凭证按照相同会计科目归类汇总其借贷方发生额而编制的，一般称为科目汇总表或记账凭证汇总表。

(2) 非汇总记账凭证

非汇总记账凭证是根据原始凭证填制的，只反映某项经济业务会计分录的记账凭证。前面介绍的收款凭证、付款凭证、转账凭证、通用记账凭证、单式记账凭证都是非汇总记账凭证。

第二节　原始凭证的填制与审核

一、原始凭证的填制

(一) 原始凭证必须包含的内容

原始凭证种类繁多，来源广泛，形式各异，但为了能够客观反映经济业务的发生或完成情况，表明经济业务的性质，明确有关单位和人员的经济责任，各种原始凭证必须包含以下基本内容：

① 凭证的名称；

② 填制凭证的日期；

③ 填制凭证单位的名称；

④ 填制单位、经办人员的签名或盖章；

⑤ 接受凭证单位的名称；

⑥ 经济业务的内容；

⑦ 经济业务的计量单位、数量、单价和金额；

⑧ 凭证编号和联次；

⑨ 凭证附件及其他。

此外，在实际工作中，根据经济管理和特殊业务的需要，除上述基本内容外，可以增加一些补充的内容，如在原始凭证上注明与该笔经济业务有关的生产计划、领料限额及经济合同号码等。

(二) 原始凭证填制的基本要求

原始凭证是进行会计核算的重要原始资料和依据，为了保证原始凭证能够真实、完整、及时地反映各项经济业务，确保会计信息的质量，必须按要求填制原始凭证。原始凭证的具体格式、内容不同，产生的渠道也不一样，所以填制或取得的具体要求也有一定的区别，但从总体上来看，按照《中华人民共和国会计法》和《会计基础工作规范》的规定，填制原始凭证必须符合以下基本要求。

1. 遵纪守法

经济业务的内容必须符合国家有关政策、法令、规章、制度的要求，凡不符合以上要求的不得列入原始凭证。

2. 真实可靠

如实填列经济业务的内容，不弄虚作假，不涂改、挖补。

3. 内容完整

应该填的项目要逐项填写，不能遗漏，尤其需要注意的是年、月、日要按照填制原始凭证的实际日期填写；名称要写全，不能简化；品名或用途要填写清楚，有关人员的签章必须齐全。

4. 填制及时

当一项经济业务发生或完成时，都要立即填制原始凭证，做到不积压、不误时、不事后补制。

5. 书写清楚、正确、规范

字迹端正，易于辨认，做到数字大小写书写符合会计上的技术要求，文字工整、不潦草、不乱、不串格、不串行、不模糊。

6. 顺序使用

收付款项或收发实物的凭证要分类、按顺序编号，在填制时按照编号的顺序使用，跳号的凭证应加盖“作废”戳记，不得撕毁。

(三) 原始凭证填制的附加要求

原始凭证的填制，除了应符合上述基本要求外，还应符合以下具体要求。

① 从外单位取得的原始凭证，必须有填制单位的公章；从个人取得的原始凭证，必须有填制人员的签名或盖章。自制原始凭证必须有经办部门负责人或其指定人员的签名或者盖章。对外开出的原始凭证，必须加盖本单位的公章。所谓公章，是指具有法律效力和规定用途，能够证明单位身份和性质的印鉴，如业务公章、财务专用章、发票专用章、收款专用章或结算专用章等。

② 凡是有大写和小写金额的原始凭证，大写和小写的金额必须相符。

③ 购买实物的原始凭证，必须有验收证明。实物购入后，要按照规定办理验收手续，这有利于明确经济责任，保证账实相符，防止盲目采购，避免物资短缺和流失。实物验收工作应由有关人员负责办理，会计人员通过有关原始凭证进行监督检查。需要入库的实物，必须填写入库验收单，由仓库保管人员按照采购计划或供应合同验证后，在入库验收

单上如实填写实收数额，并签名或盖章。不需要入库的实物，由经办人员在凭证上签名或盖章以后，必须交由实物保管人员或使用人员进行验收，并由实物保管人员或使用人员在凭证上签名或盖章。经过购买人以外的第三者查证核实以后，会计人员才能据以报销付款并做进一步的会计处理。

④ 一式几联的原始凭证，必须注明各联的用途，并且只能以一联用作报销凭证；一式几联的发票和收据等原始凭证，必须用双面复写纸套写，或本身具备复写功能，并连续编号，作废时应加盖“作废”戳记，连同存根一起保存。

⑤ 发生销货退回及退还货款时，必须填制退货发票，附有退货验收证明和对方单位的收款收据，不得以退货发票代替收据。如果情况特殊，可先用银行的有关凭证，如汇款回单等，作为临时收据，待收到收款单位的收款证明以后，再将其附在原付款凭证之后，作为正式原始凭证。在实际工作中，有的单位发生销货退回时，对收到的退货没有验收证明，造成退货流失；办理退款时，仅以所开出的红字发票的副本作为本单位退款的原始凭证，既不经过对方单位盖章收讫，也不附对方单位的收款收据。这种做法漏洞很大，容易发生舞弊行为，应该予以纠正。

⑥ 职工公出借款的收据，必须附在记账凭证之后。职工公出借款时，应由本人按照规定填制借款单，由所在单位领导人或其指定的人员审核，并签名盖章，然后办理借款。借款收据是此项借款业务的原始凭证，是办理有关会计手续、进行相应会计核算的依据。在收回借款时，应当另开收据或者退还借款收据的副本，不得退还原借款收据。借款和收回借款虽然有联系，但又有区别，在会计上需要分别进行处理，如果将原借款收据退还给了借款人，就会损害会计资料的完整性，使其中一项业务的会计处理失去依据。

⑦ 经上级有关部门批准的经济业务，应当将批准文件作为原始凭证附件。如果批准文件需要单独归档的，应当在凭证上注明批准机关名称、日期和文件字号。

⑧ 发现原始凭证有错误的，应当由开出单位重开或者更正，并在更正处加盖开出单位的公章。

⑨ 阿拉伯数字应当一个一个地写，不得连笔写，特别在要连着写几个“0”时，一定要单个地写，不能将几个“0”连在一起一笔写完。数字的排列要整齐，数字之间的空隙应均匀，不宜过大。

根据习惯，阿拉伯数字在书写时应有一定的斜度。倾斜度的大小应以笔顺书写方便、好看易认为准，不宜过大，也不宜过小，一般可掌握在 60 度左右，即数码的中心斜线与底线为 60 度的夹角。此外，阿拉伯数字的书写还应有高度标准，一般要求数字的高度占凭证的横格高度的 1/2 为宜。书写时还要注意紧靠横格底线，使上方能留出一定空位，以便需要进行更正时可以再次书写。

为了防止涂改，对有竖划的数字的写法应有明细区别。如，“6”的竖划应偏左，“4”“7”“9”的竖划应偏右，“1”应写在中间。此外，“6”的竖划应上提为一般数字的 1/4，“7”“9”的竖划可以下拉出格至一般数字的 1/4。

⑩ 阿拉伯金额数字前面应当书写货币币种符号或者货币名称简写和币种符号。币种符号与阿拉伯金额数字之间不得留有空白。凡阿拉伯数字前写有币种符号的，数字后面不再写货币单位；所有以元为单位(其他货币种类为货币基本单位)的阿拉伯数字，除表

示单价等情况外，一律写到角分；无角分的，角位和分位可写“00”或者符号“一”；有角无分的，分位应当写“0”，不得用符号“一”代替。

⑪ 大写数字要严格按规定书写，如零、壹、贰、叁、肆、伍、陆、柒、捌、玖、拾、佰、仟、万、亿，一律用正楷或者行书体书写，不得用〇、一、二、三、四、五、六、七、八、九、十等简化字代替，不得任意自造简化字。大写金额数字到元或者角为止的，在“元”或者“角”字之后应当写“整”字或者“正”字。如人民币 47 893 元，大写金额数字应为“人民币肆万柒仟捌佰玖拾叁元整”，或为“人民币肆万柒仟捌佰玖拾叁元正”。

大写金额数字前未印有货币名称的，应当加填货币名称，货币名称与金额数字之间不得留有空白。如在发票等需填写大写金额数字的原始凭证上，如果有关货币名称事先未能印好，在填写大写金额数字时，应加填有关货币名称，然后在其后紧接着填写大写金额数字。

阿拉伯数字中间有“0”时，汉字大写金额要写“零”字；阿拉伯金额数字中间连续有几个“0”时，汉字大写金额中可以只写一个“零”字；阿拉伯金额数字元位是“0”，或者数字中间连续有几个“0”，元位也是“0”，但角位不是“0”时，汉字大写金额可以只写一个“零”字，也可以不写“零”字。例如：人民币 307 265，应写成“人民币叁拾万零柒仟贰佰陆拾伍元整”；人民币 5 000 132，应写成“人民币伍佰万零壹佰叁拾贰元整”；人民币 94 000.70，应写成“人民币玖万肆仟元零柒角整”，也可以写成“人民币玖万肆仟元柒角整”。

二、原始凭证的审核

原始凭证在取得或填制的过程中，由于种种原因，难免会出现错误或疏漏。为了正确反映经济业务的发生或完成情况，保证会计资料的真实、准确、完整，并符合会计准则的规定，发挥会计工作的监督作用，必须对原始凭证进行审核。除了由经办业务的部门进行审核以外，还应有会计主管人员或其指定的人员进行审核。只有经过审核无误的原始凭证，才能据以填制记账凭证，登记账簿。

《中华人民共和国会计法》第十四条规定：会计机构、会计人员必须按照国家统一的会计制度的规定对原始凭证进行审核，对不真实、不合法的原始凭证有权不予接受，并向单位负责人报告；对记载不准确、不完整的原始凭证予以退回，并要求按照国家统一的会计制度的规定更正、补充。这条规定为会计人员审核原始凭证提供了法律依据。也就是说，原始凭证的审核，应主要从原始凭证的真实性、合法性、准确性和完整性四个方面进行。

（一）真实性审核

原始凭证的真实性是指原始凭证所记载的经济业务是否与实际发生的经济业务情况相符合。其中，包括与经济业务有关的当事单位和当事人是否真实，经济业务发生的时间、地点和填制凭证的日期是否准确，经济业务的内容及数量方面是否与实际情况相符，凭证有无刮擦、挖补、涂改和伪造等情况。

（二）合法性审核

每个单位的经济活动，都必须按照国家有关的法规、制度和本单位的计划、合同以及审批程序进行。因此,应该审核原始凭证所反映的经济业务是否符合国家的有关方针、政策、法规、纪律,是否违反财务、会计制度,审批手续是否完备,是否符合本单位计划、合同规定。如发现违反财经纪律和制度的情况,会计人员有权拒绝付款、报销或执行;对于弄虚作假、营私舞弊、伪造涂改凭证等违法乱纪行为,应立即扣留凭证,及时向领导汇报,以便进行严肃处理。

(三) 准确性审核

准确性审核主要是指审核原始凭证的日期是否填写清楚,实物数量、单价及金额是否正确,小计、合计及数字大写和小写有无错误。

(四) 完整性审核

原始凭证应该按照前述要求填制。对于内容填列不全、手续不完备的凭证,应退回经办人员进行更正后,才能据以办理有关业务,填制记账凭证。

原始凭证的审核,是一项很细致、很严肃的工作,负责审核的会计人员要做好这项工作,必须提高自身的政策水平和业务水平,必须熟悉国家有关的法律、法规、制度和本单位的计划及有关合同内容,了解本单位的经营情况。在审核时,应该坚持原则,秉公办事。一般来说,单位会计机构、会计人员对经过审核的原始凭证要区别下列情况进行处理。

① 对符合要求的原始凭证,应及时据以填制记账凭证,并作为记账凭证的附件。

② 对不真实、不合法的原始凭证有权不予接受,并向单位负责人报告。

③ 对记载不准确、不完整的原始凭证予以退回,并要求按照规定进行更正、补充。

④ 对经涂改的原始凭证不予接受。

⑤ 对于有错误的原始凭证,若非金额错误,可由出具单位进行更正并在更正处加盖出具单位公章,也可退回,由出具单位重开。

⑥ 对金额有错误的原始凭证,应退回原出具单位重开,不得在原始凭证上更正。

三、几种常用原始凭证填制举例

(一) 收料单的填制

收料单是一次性的自制原始凭证,于外购的材料物资验收入库时填制,一般一式三联:一联验收人员留底,一联交仓库保管人员据以登记明细账,一联连同发货票交财会部门办理结算。格式如表 4-1 所示。

表 4-1

收　料　单

供应单位：　20××年 2 月 5 日　收料单编号：018

材料类别：型钢　收料仓库：2 号

<table>
<tr><th rowspan="3">编号</th><th rowspan="3">名称</th><th rowspan="3">规格</th><th rowspan="3">单位</th><th colspan="2">数量</th><th colspan="5">实际成本</th><th colspan="2">计划成本</th></tr>
<tr><th rowspan="2">应收</th><th rowspan="2">实收</th><th colspan="2">买价</th><th rowspan="2">杂费</th><th rowspan="2">其他</th><th rowspan="2">合计</th><th rowspan="2">单位成本</th><th rowspan="2">金额</th></tr>
<tr><th>单价</th><th>金额</th></tr>
<tr><td>0296</td><td>圆钢</td><td>10 mm</td><td>千克</td><td>700</td><td>700</td><td>3</td><td>2 100</td><td>350</td><td></td><td>2 450</td><td></td><td></td></tr>
<tr><td></td><td></td><td></td><td></td><td></td><td></td><td></td><td></td><td></td><td></td><td></td><td></td><td></td></tr>
<tr><td colspan="6">合　计</td><td></td><td>2 100</td><td>350</td><td></td><td>2 450</td><td></td><td></td></tr>
</table>

采购员　检验员　记账员　保管员

(二) 领料单的填制

领料单是领用材料时由经办人员填制的凭证。为了便于分类汇总，领料单要"一料一单"地填制，即一种原材料填写一张单据。领用原材料需经领料车间负责人批准后，方可填制领料单；车间负责人、领料人、仓库管理员和发料人均需在领料单中签章，无签章或签章不全的均属无效，不能作为记账的依据。格式如表 4-2 所示。

表 4-2

领　料　单

领料单位：第二车间　20××年 2 月 9 日　领料单编号：032

用途：生产甲产品　仓库：　2 号

材料类别	材料编号	材料名称	规格	计量单位	数量		单价	金额
					请领	实领		
型钢	0296	圆钢	10 mm	千克	500	500	3.5	1 750
合计					500	500	3.5	1 750

发料　领料　领料单位负责人　记账

(三) 限额领料单的填制

限额领料单是一种一次开设、多次使用，领用限额已定的自制累计凭证。在有效期(最长 1 个月)内，只要领用数量不超过限额就可以连续领用。

每月开始以前，应由供应部门根据生产计划、材料消耗定额等有关资料，按照产品和材料分别填制限额领料单。在限额领料单中，要填明领料单位、材料用途、发料仓库、材料名称以及根据本月产品计划产量和材料消耗定额计算确定的全月领料限额等项目。限额领料单一般一式两联，经生产计划部门和供应部门负责人审核签章后，一联送交仓库据以发料，登记材料明细账；一联送交领料单位据以领料。格式如表 4-3 所示。

表 4-3

限额领料单

领料部门:第三车间　　20××年 2 月　　发料仓库:2 号

用途:生产乙产品　　编号:　013

材料类别	材料编号	材料名称及规格	计量单位	领料限额	实际领用	单价	金额	备注
型钢	0296	圆钢 10 mm	千克	300	290	3.5	1 015	
日期	请领	实发	发料人	领料人	限额结余	退库		
						数量	退库单	
2.5	100	100			200			
2.17	80	80			120			
2.26	110	110			10			
合计	290	290			10			

供应部门负责人　　生产部门负责人　　仓库负责人

(四) 普通发票的填制

填制普通发票首先要写清购货单位名称全称,不能过于简略(如仅填写××公司,不写明是××市公司还是××县公司),然后根据凭证的格式和内容逐项填列齐全。发票要如实填写,不能按购货人的要求填写。经办人的签章和单位的公章都要盖全。格式如表 4-4 所示。

表 4-4

××省国家税务局通用手工发票发票联

发票代码:

发票号码

付款单位:　　20××年 7 月 9 日

项　目　内　容	金　额								备注
	十	万	千	百	十	元	角	分	
电脑耗材			1	5	0	0	0	0	
合计人民币(大写) 壹仟伍佰元整		¥	1	5	0	0	0	0	

第二联　发票联

收款单位名称:　　开票人:

收款单位税号:

(五) 增值税专用发票的填制

增值税专用发票是一般纳税人于销售货物时开具的销货发票,既有一式三联的,也有一式四联的。对于一式三联的增值税专用发票来说,第一联是记账联(销货方用来记账),

第二联是抵扣联（购货方用来扣税），第三联是发票联（购货方用来记账）。对于一式四联增值税专用发票来说，销货单位和购货单位各两联。其中，第一联是存根联（销货方留存备查），第二联是发票联（购货单位作付款的记账凭证），第三联是税款抵扣联（购货方作扣税凭证），第四联是记账联（销货方作销售的记账凭证）。购货单位向一般纳税人购货，应取得增值税专用发票，因为只有专用增值税发票税款抵扣联列明的进项税才能在购货单位作为“进项税额”入账。格式如表 4-5 所示。

表 4-5

××省增值税专用发票发票联

No 02995609

开票日期：20××年 5 月 6 日

购货单位	名称： 纳税人识别号： 地址、电话： 开户行及账号：			密码区			
货物或应税劳务名称	规格型号	单位	数量	单价	金额	税率	税额
圆钢	15 mm	吨	2.5	4 000	10 000.00	17%	1 700.00
合　计					¥10 000.00		¥1 700.00
价税合计（大写）	壹万壹仟柒佰元整					（小写）¥11 700.00	
销货单位	名　称： 纳税人识别号： 地 址、电 话： 开户行及账号：			备注			

第二联 发票联购货方记账凭

收款人：　　复核：　　开票人：　　销货单位：（章）

（六）发料凭证汇总表的填制

制造企业在生产过程中领发材料比较频繁，业务量大，同类凭证也较多。为了简化核算后续，需要填制发料凭证汇总表。编制时间根据业务量的大小确定，可 5 天、10 天、15 天或 1 个月汇总编制一次。汇总时，要根据实际成本计价（或计划成本计价）的领发料凭证、领料部门以及材料用途分类进行。格式如表 4-6 所示。

表 4-6

发料凭证汇总表

20××年 8 月 31 日

领料单位	领料用途	材料名称							
		A 材料				B 材料			
		单位	数量	单价	金额	单位	数量	单价	金额
一车间	甲产品	千克	100	2	200	克	40	50	2 000
二车间	乙产品	千克	220	2	440	克	30	50	1 500
行政部门	一般耗用	千克	30	2	60	克			
合计			350		700				3 500

会计主管：　　　　稽核：　　　　制单：

(七) 制造费用分配表的编制

制造企业生产过程中发生的间接费用，平时通过“制造费用”账户的借方进行归集，期末时，需要编制制造费用分配表，对发生的制造费用予以分配。格式如表 4-7 所示。

表 4-7

制造费用分配表

20××年 10 月 31 日　　　　单位：元

产品名称	分配标准(生产工人工资)	分配率	分配金额
A 产品	50 000	0.8	40 000
B 产品	60 000	0.8	48 000
合计	110 000		88 000

会计主管：　　　　稽核：　　　　制单：

第三节　记账凭证的填制与审核

记账凭证是登记账簿的依据。正确地填制和审核记账凭证，对在账簿中真实、正确地反映企业单位的经济活动和财务状况，有着重要意义。

一、记账凭证的填制

(一) 记账凭证的基本内容

记账凭证是由会计人员根据与经济业务相关的原始凭证填写，需要确立经济业务的会计分录，并且是登记账簿的直接依据。所以，不管企业采用的是哪种记账凭证，为了概括反映经济业务的基本情况，满足登记账簿的需要，记账凭证都必须包含下列基本内容：

① 记账凭证的名称。

② 填制凭证的日期和编号。

③ 经济业务的摘要。

④ 应记会计科目（包括一级科目和明细科目）、方向及金额。

⑤ 记账符号。

⑥ 所附原始凭证的张数。

⑦ 填制人员、稽核人员、记账人员和会计主管人员（收款凭证、付款凭证还应增加出纳人员）的签名或印章。

（二）记账凭证填制的基本要求

记账凭证的正确性，直接关系到账簿记录的真实性和正确性，关系到会计核算的质量，所以记账凭证的填制应符合以下基本要求。

1. 审核无误

审核无误，即在原始凭证审核无误的基础上填制记账凭证。这是内部牵制制度的一个重要环节。

2. 内容完整

内容完整，即记账凭证应该包括的内容都要具备。应该注意的是：以自制的原始凭证或者原始凭证汇总表代替记账凭证使用的，也必须具备记账凭证所应有的内容；记账凭证的日期一般为编制记账凭证当天的日期，在月末时，按权责发生制原则计算收益、分配费用、结转成本利润等调整分录和结账分录的记账凭证，虽然需要到下月才能编制，仍应填写当月月末的日期，以便在当月的账内进行登记。

3. 分类正确

分类正确，即根据经济业务的内容，正确区分不同类型的原始凭证，准确应用会计科目。在此基础上，记账凭证可以根据每一张原始凭证填制，或者根据若干张同类原始凭证汇总编制，也可以根据原始凭证汇总表填制，但不得将不同内容和类别的原始凭证汇总填制在一张记账凭证上。

4. 连续编号

记账凭证应当连续编号，这有利于分清会计事项处理的先后顺序，便于记账凭证与会计账簿之间的核对，确保记账凭证的完整。

（三）记账凭证填制的具体要求

① 除调账、结账和更正错误的记账凭证可以不附原始凭证外，其他记账凭证必须附有原始凭证，并注明所附原始凭证的张数。所附原始凭证张数的计算，一般以原始凭证的自然张数为准。与记账凭证中的经济业务记录有关的每一张证据，都应当作为原始凭证的附件。如果记账凭证中附有原始凭证汇总表，则应该把所附的原始凭证和原始凭证汇总表的张数一起计入附件的张数之内。但报销差旅费等的零散票券，可以粘贴在一张纸上，作为一张原始凭证。一张原始凭证如涉及几张记账凭证的，可以将该原始凭证附在一张主要的记账凭证后面，在其他记账凭证上注明该主要记账凭证的编号或者附上该原始

凭证的复印件。

② 一张原始凭证所列的支出需要由两个以上的单位共同负担时，应当由保存该原始凭证的单位开给其他应负担单位原始凭证分割单。原始凭证分割单必须具备原始凭证的基本内容，包括凭证名称，填制凭证的日期，填制凭证单位的名称或填制人的姓名，经办人员的签名或盖章，接受凭证单位的名称，经济业务内容、数量、单价、金额和费用的分担情况等。

③ 记账凭证应在一个月内连续编号以便查核，防止凭证散失。在使用通用记账凭证时，一般按经济业务发生的顺序编号。在使用专用记账凭证时，应采用"分类连续编号"的方法，即按照凭证类别顺序编号，此时，既可以按收款业务、付款业务和转账业务三类分别编号，也可以按库存现金收入、库存现金支出、银行存款收入、银行存款支出和转账五类进行编号。各单位应当根据本单位业务繁简程度、人员多寡和分工情况来选择便于记账、查账、内部稽核、简单严密的编号方法。无论采用哪一种编号方法，都应该按月顺序编号，即每月都从 1 号编起，顺序编制月末。一笔经济业务需要填制 2 张或者 2 张以上记账凭证的，可以采用"分数编号法"，如 10 号会计事项需要填制 3 张记账凭证，就可以编成 10 又 1/3、10 又 2/3、10 又 3/3。每月末最后一张记账凭证的编号旁应加注"全"字。

④ 填制记账凭证时如果发生错误，应当重新填制。已经登记入账的记账凭证在当年内发现错误的，需要根据错误的内容，采用红字冲销法或补充登记法进行更正(具体更正过程见"第五章错账的更正方法")。发现以前年度的记账凭证有错误时，应当用蓝字填制一张更正的记账凭证。

⑤ 实行会计电算化的单位，其机制记账凭证应当符合对记账凭证的一般要求，并应认真审核，做到会计科目使用正确，数字准确无误。打印出来的机制记账凭证上，要加盖制单人员、审核人员、记账人员和会计主管人员的印章或者由其签字，以明确责任。

⑥ 记账凭证填制完经济业务事项后，如有空行，应当在金额自最后一笔金额数字下的空行处至合计数上的空行处画线注销。

⑦ 必须用会计相关准则统一规定的会计科目，正确编制会计分录并保持借贷平衡。必须根据国家统一会计相关准则的规定和经济业务的内容，正确使用会计科目和编制会计分录，记账凭证借、贷方的金额必须相等，合计数必须计算正确。

⑧ 记账凭证的摘要栏是对经济业务的简要说明，又是登记账户的重要依据，所以要求摘要应与原始凭证内容一致，能正确反映经济业务的主要内容，表述简明扼要，不可漏填或者错填。应能使阅读的人通过摘要就能了解该项经济业务的性质、特征，判断出会计分录的正确与否，一般不必再去翻阅原始凭证或询问有关人员。

⑨ 在采用专用记账凭证的情况下，对于只涉及库存现金和银行存款之间收入或付出的经济业务，即从银行提取库存现金或将库存现金存入银行的业务，应以付款为主，只填制付款凭证，不填制收款凭证，以免重复。

⑩ 记账凭证填写完毕，应进行复核和检查，有关人员均要签名或盖章。出纳人员根据收款凭证收款、付款凭证付款时，要在凭证上加盖"收讫"或"付讫"的戳记，以免重收重付，防止差错发生。

二、记账凭证的审核

记账凭证是会计分录的载体，是登记账簿的依据。为了正确地登记账簿，并对经济业务做进一步的监督，除了填制记账凭证的人员应当认真负责外，在据以入账前，还应对记账凭证进行审核。审核的主要内容如下。

（一）审核记账凭证的填制是否有依据

首先，审核是否附有原始凭证，附件张数填列是否正确；其次，审核记账凭证的内容是否与所附原始凭证记录的经济业务内容相符，二者金额合计是否相等。对于没有附列原始凭证的记账凭证，则应审核是否填明了其他有关的依据，这些依据是否属实。

（二）审核应借、应贷的会计科目和金额是否正确

根据经济业务内容和会计相关准则的规定，审核所列会计科目是否准确，借贷金额是否平衡，一级账户金额与所属明细账户金额合计数是否相等。

（三）审核记账凭证的项目是否填列齐全，是否有误

审核有关人员是否签名或盖章；记账凭证的摘要填写是否清楚，是否准确归纳了经济业务的实际内容。

经过审核的记账凭证，如果发现记账凭证填制有错误，应及时查明原因，予以更正。只有经过审核无误的记账凭证，才能作为登记账簿的依据。

三、常用记账凭证填制举例

（一）专用记账凭证的填制

1. 收款凭证的填制

收款凭证根据库存现金或银行存款收款业务的原始凭证填制。凡是涉及增加库存现金或银行存款账户金额的，都必须填制收款凭证。收款凭证左上方的“借方科目（或账户）”，应填写“库存现金”或“银行存款”；右上方应填写凭证编号。“摘要”栏内填写经济业务的内容梗概；“贷方科目（或账户）”栏内填写与库存现金或银行存款科目相对应的总账科目及其所属明细科目；“金额”栏内填写实际收到的库存现金或银行存款数额；“记账符号”栏供记账员在根据收款凭证登记有关账簿以后做记号用，表示该项金额已经记入有关账户，以避免重记或漏记。格式如表 4-8 所示。

表 4-8

收款凭证

借方科目:银行存款　　20××年7月1日　　编号:银收1号

摘　要	贷方科目		金额	记账符号
	总账科目	明细科目		
销售产品	主营业务收入	甲产品	30 000	
	应交税费	应交增值税(销项税额)	5 100	
附单据3张	合　计		35 100	

会计主管:　记账:　稽核:　制单:　出纳:

2. 付款凭证的填制

付款凭证根据库存现金或银行存款付款业务的原始凭证填制。凡是涉及减少库存现金或银行存款账户金额的,须填制付款凭证。付款凭证的填制方法和要求与收款凭证基本相同,不同的只是在付款凭证的左上方应填列"贷方科目(或账户)",因为库存现金或银行存款的减少应记账户的贷方;付款凭证的对应科目为"借方科目(或账户)",需填写与库存现金或银行存款科目相对应的总账科目和明细科目。格式如表4-9所示。

表 4-9

付款凭证

贷方科目:库存现金　　20××年7月1日　　编号:现付1号

摘　要	借方科目		金额	记账符号
	总账科目	明细科目		
预借差旅费	其他应收款	张灵	1 500	
			1 500	
附单据1张	合　计		1 500	

会计主管:　记账:　稽核:　制单:　出纳:

3. 转账凭证的填制

不涉及库存现金和银行存款收付的转账业务,都必须填制转账凭证。转账业务没有固定的账户对应关系,因此在转账凭证中,要按"借方科目(或账户)"和"贷方科目(或账户)"分别填列有关总账科目和明细科目。格式如表4-10所示。

表 4-10

转账凭证

20××年 7 月 1 日　　　　编号:转账 1 号

摘　要	会计科目		金额		记账符号
	总账科目	明细科目	借方金额	贷方金额	
接受投资	固定资产	T 设备	400 000		
	实收资本	Y 公司		400 000	
附单据 1 张	合　计		400 000	400 000	

会计主管：　　记账：　　稽核：　　制单：

(二) 通用记账凭证的填制

通用记账凭证的名称为“记账凭证”或“记账凭单”。它集收款、付款和转账凭证于一身,通用于收款、付款和转账等各种类型的经济业务。其格式及填制方法与转账凭证基本相同。格式如表 4-11 所示。

表 4-11

记账凭证

20××年 7 月 1 日　　　　编号:转账 1 号

摘　要	会计科目		金额		记账符号
	总账科目	明细科目	借方金额	贷方金额	
接受投资	固定资产	T 设备	400 000		
	实收资本	Y 公司		400 000	
附单据 1 张	合　计		400 000	400 000	

会计主管：　　记账：　　稽核：　　制单：　　出纳：

(三) 单式记账凭证的填制

单式记账凭证是对一项经济业务涉及的每个会计科目,分别填制一张记账凭证,每张凭证只填列一个会计科目是其最大的特点。单式记账凭证的基本格式如表 4-12 与表 4-13 所示。

表 4-12

借项记账凭证

对应科目:短期借款　　　　20××年 7 月 15 日　　　　编号:5 又 1/2

摘要	总账科目	明细科目	金额	记账符号
3 个月借款存银行	银行存款		160 000	

会计主管：　　记账：　　稽核：　　制单：　　出纳：

表 4-13

贷项记账凭证

对应科目:银行存款　　20××年 7 月 15 日　　编号:5 又 2/2

摘要	总账科目	明细科目	金额	记账符号
3 个月借款存银行	短期借款		160 000	

会计主管:　　记账:　　稽核:　　制单:　　出纳:

(四) 汇总记账凭证的填制

1. 汇总收款凭证的填制

汇总收款凭证根据库存现金或银行存款的收款凭证,按库存现金或银行存款科目的借方分别设置,并按贷方科目加以归类汇总,定期(5 天或 10 天)填列 1 次,每月编制 1 张。月份终了,计算出汇总收款凭证的合计数后,分别登记库存现金或银行存款总账的借方,以及各个对应账户的贷方。格式如表 4-14 所示。

表 4-14

汇总收款凭证

借方科目:银行存款　　20××年 9 月 30 日　　编号:汇收 1 号

贷方科目	金额				记账符号		记账凭证起讫号
	1～10 日	11～20 日	21～30 日	合计	借方	贷方	
库存现金	3 600	6 600	18 645	28 845			1～10 日,银收 1～20 号;11～20 日,银收 21～50 号;21～30 日,银收 51～71 号
应收账款	15 600	28 640	82 492	126 732			
短期借款	30 680	126 000		156 680			
长期借款	500 000			500 000			
实收资本	40 000			40 000			
主营业务收入	86 480	72 896	98 496	257 872			
合　计	676 360	234 136	199 633	1 110 129			

会计主管:　　记账:　　稽核:　　制单:

2. 汇总付款凭证的填制

汇总付款凭证根据库存现金或银行存款的付款凭证,按库存现金或银行存款科目的贷方分别设置,并按借方科目加以归类汇总,定期(5 天或 10 天)填列 1 次,每月编制 1 张。月份终了,计算出汇总付款凭证的合计数后,分别登记库存现金或银行存款总账的贷方,以及各个对应账户的借方。格式如表 4-15 所示。

表 4-15

汇总付款凭证

贷方科目：库存现金　　20××年 9 月 30 日　　编号：汇付 1 号

借方科目	金额				记账符号		记账凭证起讫号
	1～10 日	11～20 日	21～30 日	合计	借方	贷方	
银行存款	3 600	6 600	8 496	18 696			1～10 日，现付 1～15 号；11～20 日，现付 16～40 号；21～30 日，现付 41～62 号
其他应收款	880	2 420	12 892	16 192			
管理费用	380	4 868	13 694	18 942			
合计	4 860	13 888	35 082	53 830			

会计主管：　　记账：　　稽核：　　制单：

3. 汇总转账凭证的填制

汇总转账凭证根据转账凭证按每个科目的贷方分别设置，并按对应的借方科目归类汇总，定期(5 天或 10 天)填列 1 次，每月编制 1 张。月份终了，计算出汇总转账凭证的合计数后，分别登记各有关总账的贷方或借方。格式如表 4-16 所示。

表 4-16

汇总转账凭证

贷方科目：实收资本　　20××年 9 月 30 日　　编号：汇转 1 号

借方科目	金额				记账符号		记账凭证起讫号
	1～10 日	11～20 日	21～30 日	合计	借方	贷方	
固定资产	8 000			8 000			1～10 日，转账 7 号、10 号；11～20 日，转账 31 号
无形资产		100 000		100 000			
资本公积	10 000			10 000			
合计	18 000	100 000		118 000			

会计主管：　　记账：　　稽核：　　制单：

4. 记账凭证(科目)汇总表的填制

根据记账凭证逐笔登记总账，如果工作量很大，可以先填列记账凭证汇总表，然后根据记账凭证汇总表再来登记总账。填制方法如下：

① 填写记账凭证汇总表的日期、编号和会计科目名称，汇总表的编号一般按年顺序编列，汇总表上会计科目名称的排列应与总账科目的序号保持一致；

② 将需要汇总的记账凭证，按照相同的会计科目名称进行归类；

③ 将相同会计科目的本期借方发生额和贷方发生额分别合计，求出合计金额，并将每一会计科目的合计金额填入汇总表的相关栏目；

④ 结计汇总表的本期借方发生额和本期贷方发生额合计，双方合计数应相等。格式如表 4-17 所示。

表 4-17

记账凭证(科目)汇总表

20××年 10 月 31 日　　　　编号：记汇 9 号

会计科目	借方发生额	贷方发生额	记账符号
库存现金	2 050	5 000	
银行存款	189 000	350 200	
应收账款	115 000	115 000	
其他应收款	700	700	
长期股权投资	254 000		
固定资产	29 000	6 000	
累计折旧	2 000	4 000	
短期借款	120 000	20 000	
应付账款	40 000	40 000	
长期借款		430 000	
实收资本		168 000	
盈余公积	10 000		
主营业务收入		151 150	
管理费用	528 300		
合计	1 290 050	1 290 050	

会计主管：　　记账：　　稽核：　　制单：

第四节　会计凭证的传递与保管

一、会计凭证的传递

会计凭证的传递是指会计凭证从取得或填制起，到归档保管止，在本单位内部各有关部门和人员之间的传递过程。

合理地组织会计凭证的传递，不仅能把本单位各有关部门和个人的活动紧密联系起来，协调各方面的经济关系，搞好分工协作，而且还可以督促经办业务的有关部门和个人及时、正确地完成各项经济业务。这对及时、正确地反映和有效监督各项经济业务，加强对会计凭证的管理，明确岗位经济责任，提高工作效率，以及进一步加强经济管理，都有重要意义。

由于各项经济业务、事项的内容不同，经办各项业务的部门和人员以及办理凭证手续程序和完成程序各个步骤的时间也不一样。明确规定凭证的程序和时间，就是规范各种会计凭证如何传递及何时传递，从而及时地反映和监督经济业务的发生或完成情况，促使经办业务的部门和人员及时、正确地完成经济业务和办理凭证手续，加强经营管理的岗位责任制。会计凭证的传递要能够满足内部控制制度的要求，使传递程序合理有效，同时尽量节约时间，减少传递的工作量。一般来说，组织好会计凭证的传递，应从以下几个方面着手。

1. 确定传递程序

要根据经济业务的特点、经营管理的需要以及企业内部机构的设置和人员分工情况，合理确定各种会计凭证的联数和所流经的必要环节，要注意流程的合理性。既要做到使有关部门和人员能利用凭证了解经济业务的发生和完成情况，确保对凭证按规定手续进行处理和审核，又要避免凭证传递经过不必要的环节，影响传递速度，降低工作效率。

2. 规定传递时间

应根据各个环节办理必要业务手续的需要，确定凭证在各环节上的停留时间。既要防止不必要的延误，又要避免时间定得过紧，影响业务手续的完成。

3. 建立凭证交接的签收制度

为了保证会计凭证的安全、完整，在各个环节中，都应指定专人办理交接手续，做到责任明确、手续完备且简便易行。

会计凭证的传递办法是经营管理的一项规章制度，会计部门应会同有关部门在调查研究的基础上共同协商确定其传递程序和时间，报经本单位领导批准后，有关部门或人员必须遵照执行。

会计凭证的传递程序和传递时间确定后，可分别为若干主要业务绘成流程图或流程表，供有关人员使用，在执行中遇到不协调和不合理的地方，可随时根据实际情况加以修改。

二、会计凭证的保管

会计凭证的保管是指会计凭证登记入账后的整理、装订和归档存查。会计凭证是重要的经济档案和经济史料，特别是在发生贪污等违法乱纪事件时，更是依法查证、处理的重要依据。因此，对于会计凭证必须认真整理、妥善保管，以便随时查阅，不得丢失或任意销毁。

会计凭证保管的要求是：既要保证会计凭证的安全和完整，又要保证能够随时迅速找到有关凭证。因此，会计凭证保管应该做到以下几点。

（一）传递

会计凭证应当及时传递，不得积压。及时是会计凭证传递中的要旨之一。及时传递不仅对及时进行会计核算是必要的，而且对会计凭证获得必要的保管也是十分关键的。传递不及时，会计凭证散失的可能性就会加大。

（二）分类和编号

会计凭证登记完毕后，应当按照分类和编号顺序保管，不得散乱丢失。分类和编号是保管会计凭证的重要方法和手段，也是方便检索的有效措施，否则会计核算很难顺利进行。

（三）装订

记账凭证应当连同所附的原始凭证或者原始凭证汇总表，按照编号顺序折叠整齐，按期装订成册并加具封面，注明单位名称、年度、月份和起讫日期、凭证种类、起讫号码，由装订人在装订线封签处签名或者盖章。

数量过多的原始凭证，可以单独装订保管，在封面上注明记账凭证日期、编号、种类，同时在记账凭证上注明“附件另订”和原始凭证名称及编号。

对于存出保证金收据等重要原始凭证，应当另编目录，单独登记保管，并在有关的记账凭证和原始凭证上相互注明日期和编号。

（四）查阅

成册的会计凭证应让指定的专人保管。年度终了，应移交财会档案室登记归档。需要查阅归档的会计凭证时，必须经会计主管人员同意，方可查阅。

（五）复制

原始凭证不得外借，其他单位如因特殊原因确实需要使用原始凭证时，经本单位会计机构负责人、会计主管人员批准，可以复制。向外单位提供的原始凭证复制件，应当在专设的登记簿上登记，并由提供人员和收取人员共同签名或者盖章。

（六）遗失

从外单位取得的原始凭证如有遗失，应当取得原开出单位盖有公章的证明，并注明原来凭证的号码、金额和内容等，由经办单位会计机构负责人、会计主管人员和单位领导人批准后，才能代作原始凭证。如果确实无法取得证明的，如火车票、轮船票、飞机票等凭证，由当事人写出详细情况，由经办单位会计机构负责人、会计主管人员和单位领导人批准后，代作原始凭证。

（七）保管期限和销毁

各种档案的保管期限，根据其特点分为永久和定期两类。定期保管期限分为 3 年、5 年、10 年、15 年、25 年 5 种。各种会计档案的保管期限从会计年度终了后的第一天算起。对一般会计凭证分别规定期限，如一般原始凭证、记账凭证和汇总凭证的保管期限为 15 年，银行存款余额调节表保管期限为 3 年。对重要会计凭证，如涉及外事、合资经营的业务资料和有关会计凭证按规定长期保存，未到保管期限的会计凭证，任何人不能随意销毁。对保管期满需要销毁的会计凭证，必须由本单位档案机构会同会计机构提出销毁意见,编制销毁清册,列明销毁凭证的名称、卷号、册数、起止年度和档案编号、应保管期限、已保管期限、销毁时间等内容,经本单位负责人审核并在销毁清册上签署意见,由有关部门或单位派人监销,任何人不得自行销毁会计凭证。

小　结

会计凭证是会计工作中记录经济业务、明确经济责任的书面证明,是登记账簿的依据。填制和审核会计凭证,是进行会计核算工作的起点和基础,它对保证会计核算任务的完成、发挥会计在经济管理中的作用有着重要意义。按填制程序和用途不同,会计凭证可以分为原始凭证和记账凭证。原始凭证是指在经济业务发生或完成时,由业务经办人员取得或填制,用以记录经济业务已经发生或完成情况并明确有关经济责任的一种书面证明,是填制记账凭证或登记账簿的原始依据。原始凭证按取得来源不同,可以分为外来原始凭证和自制原始凭证;按填制手续和方法不同,可以分为一次性原始凭证、累计原始凭证、汇总原始凭证和记账编制凭证。不论是哪一类原始凭证,填制时都必须符合遵纪守法、真实可靠、内容完整、填制及时、书写规范等要求。此外,为了正确反映经济业务的发生或完成情况,保证会计资料的真实、准确、完整,发挥会计工作的监督作用,还应当从真实性、合法性、准确性和完整性四个方面对原始凭证进行审核,对审核时发现的问题,及时处理。

记账凭证,是指由会计人员根据审核无误的原始凭证填制的,用以记载经济业务简明内容、确定会计分录,并作为登记账簿直接依据的会计凭证。记账凭证按照适用的经济业务不同,可以分为专用记账凭证和通用记账凭证。其中,专用记账凭证按经济业务的发生是否与库存现金和银行存款的收付有关,又包括收款凭证、付款凭证和转账凭证。记账凭证按填制方法不同,分为单式记账凭证和复式记账凭证。记账凭证按是否汇总,可以分为汇总记账凭证和非汇总记账凭证。记账凭证的正确性直接关系到账簿记录的真实性和正确性,关系到会计核算的质量,所以除了对记账凭证的填制应符合审核无误、内容完整、分类正确、连续编号等要求外,还应对记账凭证进行严格的审核。只有经过审核无误的记账凭证,才能作为登记账簿的依据。

企业应在正确填制各种会计凭证并认真进行审核的基础上,合理组织会计凭证的传递和保管,建立健全传递过程中的衔接手续,以保证单位重要经济档案的安全和完整。

复习思考题

1. 什么是会计凭证？其作用有哪些？

2. 什么是原始凭证？原始凭证的种类有哪些？原始凭证包含哪些基本要素？原始凭证的填制应遵循哪些要求？

3. 什么是记账凭证？记账凭证的种类有哪些？记账凭证包含哪些基本要素？记账

凭证的填写应遵循哪些要求？

4. 什么是会计凭证的传递？如何做好会计凭证的传递工作？

5. 会计凭证的保管主要有哪些具体要求？

实务练习题

习题一

[目的]　练习记账凭证的编制。

[资料]　某企业 2018 年 7 月份发生下列经济业务：

1. 1 日，收到 T 公司归还前欠货款 70 000 元，存入银行。

2. 5 日，向 H 公司购进一批材料，进价 100 000 元，进项增值税 1 600 元，材料已验收入库，价税款已用银行存款支付。

3. 9 日，从银行提取现金 86 000 元。

4. 9 日，以现金形式发放职工工资 86 000 元。

5. 12 日，从银行取得期限为 3 个月的借款 100 000 元，存入银行。

6. 16 日，行政管理人员李某出差回来，报销差旅费 3 000 元，交回现金 500 元。

7. 18 日，通过银行偿还前欠 H 公司的货款 80 000 元。

8. 19 日，销售 A 产品一批，售价 60 000 元，增值税 9 600 元，价税款已收到并存入银行。

9. 25 日，开出现金支票购买一批办公用品，价值 2 800 元，其中生产车间领用 600 元，行政管理部门领用 2 200 元。

10. 29 日，接受投资人的投资 450 000 元，其中机器 1 台，价值 250 000 元，已投入使用，商标权 1 项，价值 150 000 元，其余部分通过银行划转。

11. 31 日，在财产清查中发现库存现金短款 520 元，原因待查。

12. 31 日，公司计算出本期应计提的坏账准备为 13 000 元。

[要求]

根据以上经济业务，确定应编制的记账凭证的种类，并编制记账凭证。假设该企业使用收款凭证、付款凭证、转账凭证。

习题二

[目的]　练习记账凭证的编制。

[资料]　某公司 2018 年 10 月份发生下列经济业务：

1. 1 日，从 M 公司购入甲材料一批，买价 40 000 元，增值税 6 400 元；购入乙材料一批，买价 20 000 元，增值税 3 200 元。材料已验收入库，价税款尚未支付。

2. 3 日，采购员小王出差，借现金 2 000 元。

3. 7 日，车间领用甲材料 7 800 元，其中 1 000 元用于车间一般性消耗，6 800 元用于 A 产品生产。

4. 9 日，A 产品完工入库，成本 27 000 元。

5. 12 日，销售 A 产品一批，售价 150 000 元，增值税 24 000 元，价税款已经收到并存入银行。

6. 13 日，以银行存款支付 1 日购入材料的价税款。

7. 18 日，经企业董事会批准，将资本公积 42 000 元转增资本。

8. 20 日，本公司的一个客户破产，根据清算程序，有应收账款 50 000 元不能收回，确认为坏账。

9. 23 日，企业销售一批乙材料，售价 10 000 元，增值税 1 600 元，价税款已经收到并存入银行。

10. 22 日，以银行存款归还短期借款 8 000 元。

11. 31 日，计提固定资产折旧费 6 800 元，其中行政管理部门 2 000 元，生产车间 4 000 元，销售部门 800 元。

12. 31 日，计提本月应负担的短期借款利息 500 元。

［要求］

根据以上经济业务，编制记账凭证。假设该企业使用通用记账凭证。

案例分析

资料：

宏达公司在内部审计过程中发现了一张有问题的原始凭证。其原始业务为：

供应科采购员周到 2018 年 8 月 5 日去旭日公司采购甲材料，事先预借差旅费现金 5 000 元，借款单据如下：

借　款　单　　　　　　　　№　0098126

借款部门：供应科　　　　2018 年 8 月 5 日　　　　业务授权人：孙光明

人民币（大写）				伍仟元		￥5 000.00	
用途	差旅费			财务部门		借款部门	
付款方式		票据号码		负责人		负责人	孙光明
收款人	周到	开户银行		审核	张思	借款人	周到
		账号		记账	王春	经办人	周到

案例要求

指出上述原始凭证存在的问题，并提出意见。

第五章　会计账簿

【学习目的与要求】

了解会计账簿的意义，理解并掌握会计账簿的含义、分类，了解会计账簿的基本构成，理解并掌握各种账簿的设置与登记方法，了解总分类账与明细分类账之间的关系，理解并掌握平行登记的含义及要点，理解并掌握会计账簿的登记规则及错账的更正方法，理解并掌握对账的含义及内容，理解并掌握结账的含义及步骤，理解并掌握账项调整的含义及内容，了解结账的方法及结账时应注意的问题。

【教学重点与难点】

教学的重点是：会计账簿的含义、分类，各种账簿的设置与登记方法，平行登记的含义及要点，会计账簿的登记规则及错账的更正方法，对账的含义及内容，结账的含义及步骤，账项调整的含义及内容。教学的难点是：各种账簿的设置与登记方法、平行登记的含义及要点、错账的更正方法、账项调整的内容、结账的方法。

第一节　会计账簿概述

会计账簿是指由具有专门格式而又连接在一起的若干账页所组成的，按照会计科目开设账户，依据会计凭证序时地、分类地记录和反映经济业务的簿籍。设置和登记账簿，是会计核算的一种专门方法，也是会计核算的中心环节。

一、会计账簿的意义

任何一个单位发生经济业务后，首先应取得或填制会计凭证，这是会计核算工作的起点和基础。但会计凭证对经济业务的反映是零散的、片面的，每一张会计凭证只能记录一笔经济业务或性质相同的若干笔经济业务，不能把一个单位在某一时期内发生的全部经济业务完整、系统地反映出来。因此，为了全面、系统、连续地反映单位的经济活动和财务收支情况，应该把会计凭证中所记载的大量分散的资料加以分类、整理，这就需要在会计凭证的基础上设置和登记账簿。设置和登记账簿，既能对经济活动进行序时核算，又能进行分类核算；既能提供各项总括的核算资料，又能提供明细核算资料。具体地说，科学地设置和正确地登记账簿，具有以下重要意义：

第一，可以系统、连续、全面地反映单位内每一类经济业务和全部经济业务的发生和完成情况，为单位日常经营管理提供会计信息。

第二，可以为定期编制会计报表提供数据。在形式上，会计账簿只是若干账页的组合；在实质上，会计账簿是会计信息形成的重要环节，是编制会计报表的重要依据。账簿作为编制会计报表的主要依据，它记录的会计资料是否正确、完整，将直接影响会计报表的质量高低。

第三，可以为经济监督提供依据。企业各类经济业务的发生和完成情况都被记录在账簿中，账簿是会计档案的主要资料，也是经济档案的重要组成部分。会计资料储存在账簿中，可以使会计监督部门和审计监督部门等有关经济监督部门通过对账簿记录的检查和监督，了解企业的经济活动是否合法，会计核算是否正确、完整，从而对企业的经济活动及会计管理的水平和质量做出评价和分析。有关反映财产物资的账簿，可以提供各种财产物资的账存数，账存数和实地盘点获取的实存数相核对，可以反映账实是否相符，财产物资保管是否妥善。这样，就可以加强对财产物资的管理，保护财产物资的安全和完整。

每个单位都必须按照国家统一会计制度的规定，结合经济业务的特点和经营管理的需要，设置必要的账簿，认真做好记账工作。账簿的设置和登记，既要满足单位日常经营管理和定期编制会计报表的需要，又要使账簿简明实用，节约记账的人力和物力，避免重复设账和记账。

二、会计账簿的种类

会计核算中应用的会计账簿很多，不同的会计账簿，其用途、形式、内容和登记方法都各不相同。为了更好地了解和使用各种账簿，应对账簿进行必要的分类。

（一）按会计账簿的用途分类

会计账簿按其用途不同，一般可分为序时账簿、分类账簿、联合账簿和备查账簿四类。

1. 序时账簿

序时账簿，简称序时账，又称日记账，是按照经济业务发生的时间顺序逐日逐笔登记的账簿。按其记录的经济业务内容不同，序时账簿又分为专用日记账和通用日记账两类。

① 专用日记账，也称特种日记账，是专门用来登记某一特定种类经济业务的日记账。实际工作中，通常对某些比较重要的经济业务，开设特种日记账，如库存现金日记账和银行存款日记账。

② 通用日记账，也称普通日记账、分录日记账或分录簿，是用来登记全部经济业务的日记账。在这种日记账中，根据全部经济业务发生的顺序，逐日逐项编制会计分录，作为连续登记分类账的依据。实际工作中，通用日记账已很少应用。

2. 分类账簿

分类账簿，简称分类账，是对全部经济业务按照总分类账户和明细分类账户进行分类登记的账簿。按反映经济业务的详细程度不同，分类账簿又可分为总分类账簿和明细分类账簿两类。

① 总分类账簿，简称总账，也称一级账，是按照总分类账户或科目开设账页，对单位全部经济业务进行总括分类登记、用来提供总括核算资料的分类账。

② 明细分类账簿，简称明细账，是按照明细分类账户所属细分类账户或科目开设账页，对单位某一类经济业务进行明细分类登记，用来提供比较详细的核算指标的分类账。明细分类账是对总账的补充和具体化，并受总账的控制和统御。

3. 联合账簿

联合账簿，简称联合账，是将序时账簿与分类账簿结合起来，在一本账簿中既进行序时登记，又进行分类登记的账簿。日记总账即为典型的联合账簿。

4. 备查账簿

备查账簿，简称备查账，也称备查登记簿或辅助账簿，是对总账和明细账中未能记载或记载不全的事项进行补充登记的账簿。备查账与其他账簿之间不存在严密的依存关系，它不根据记账凭证登记，而是更加注重使用文字来记录各项内容，如"租入固定资产登记簿""委托加工物资备查簿""应付票据备查簿"等。各单位可以根据实际需要设置备查账簿。

(二) 按会计账簿的外表形式分类

会计账簿按其外表形式，可以分为订本式账簿、活页式账簿和卡片式账簿。

1. 订本式账簿

订本式账簿，简称订本账，是在账簿启用前编定账页号码，并固定装订成册的账簿。采用订本账，可以避免账页丢失或被抽换，保证账簿记录的安全、完整。但是，采用订本账时，要为每一个账户预留若干空白账页，而预留空白账页的数量又很难正确估计。如果预留空白账页不够，就会影响账户的连续登记；如果预留空白账页有多余，又会造成浪费。此外，订本账在同一时间内只能由一个人登记，不便于分工记账。因此，这种账簿一般适用于比较重要的账簿，如总账、库存现金日记账和银行存款日记账。

2. 活页式账簿

活页式账簿，简称活页账，是在启用前没有编定账页号码，而是将分散的账页装存在账夹内，并可以随时增减账页的账簿。采用活页账，可以根据需要任意增减空白账页，不会造成账页浪费，而且便于分工记账，提高工作效率。但是，这种账簿的账页容易丢失或被抽换，账簿的安全、完整难以保证。因此，这种账簿的账页一经使用就应连续编号，由有关人员在账页中盖章，并应定期装订成册。活页式账簿主要适用于各种明细账。

3. 卡片式账簿

卡片式账簿，简称卡片账，是把具有一定格式的卡片作为账页存放在专设的卡片箱中，账页可以根据需要随时增添的账簿。这种账簿的优缺点与活页账相同，所以，为了保证卡片账的安全、完整，账页一经登记就应编号，并由有关人员盖章。卡片账主要用于登记内容不经常变动的财产明细账，如固定资产明细账、低值易耗品明细账等。

(三) 按会计账簿中账页的格式分类

会计账簿按账页格式不同，可以分为两栏式账簿、三栏式账簿、多栏式账簿和数量金额式账簿。

1. 两栏式账簿

两栏式账簿是由设置借方和贷方两个金额栏的账页组成的账簿。普通日记账是典型的两栏式账簿。

2. 三栏式账簿

三栏式账簿是由设置借方、贷方、余额(或收、付、余)三个金额栏的账页组成的账簿。

3. 多栏式账簿

多栏式账簿是在借方栏下,或者贷方栏下,或者借贷双方栏下,根据明细项目分设若干专栏,以在同一账页上集中反映各有关明细项目金额的账簿。

4. 数量金额式账簿

数量金额式账簿是指由在借、贷、余(或收、付、余)三大栏下再设数量、单价、金额等小栏目的账页所组成的账簿。这类账簿可以全面反映经济业务的数量和金额,主要适用于既要进行金额核算,又要进行数量核算的各种财产物资类账簿。

第二节 会计账簿的设置和登记

为了对经济业务进行连续、系统、全面的核算,每个单位都应当根据本单位经营业务的特点和经营管理的需要,设置一定种类和数量的账簿。账簿的设置主要包括确定账簿的种类和数量、各类账簿中账页的格式以及账簿的登记方法等。

一、会计账簿的基本构成

根据各类账簿所记录的经济业务不同,会计账簿的格式可以是多种多样的,但从构成上看,会计账簿一般包括三大部分,即封面、扉页和账页。

1. 封面

封面主要用来载明会计账簿的名称和记账单位名称。

2. 扉页

扉页主要用来载明账户目录表和经管人员一览表。账户目录表是由记账人员在账簿中开设账页户头后,按顺序将每个账户的名称和页数登记在账户目录上,便于查阅账簿中登记的内容。如果是活页账簿,在账簿启用时无法确定页数,可先将账户名称填写好,待定期装订归档时,再填写页数。

经管人员一览表又称账簿使用登记表,它有以下主要内容:① 单位名称;② 账簿名称;③ 起止页数;④ 使用日期;⑤ 单位领导;⑥ 会计主管;⑦ 经管人员;⑧ 移交人和移交日期;⑨ 接管人和接管日期。这些信息的登记,既是明确有关人员责任的需要,也是提高有关人员的责任感和维护会计记录严肃性的需要。其格式如表 5-1 所示。

表 5-1 经管人员一览表

单位名称				全宗号	
账簿名称				目录号	
账簿页数	自第 页起至第 页止			案宗号	
使用日期	自 年 月 日 至 年 月 日		保管期限		
单位领导人签章			会计主管人员签章		
经管人员职别	姓名	经管或接管日期	签章	移交日期	签章
		年 月 日		年 月 日	
		年 月 日		年 月 日	

3. 账页

账页是账簿构成的主体。根据反映经济业务内容的不同，账页可以有不同格式，如两栏式账页、三栏式账页、多栏式账页及数量金额式账页，但基本内容应包括：① 账户的名称（总账科目、明细科目）；② 日期栏；③ 凭证种类和号数栏；④ 摘要栏；⑤ 金额栏。

二、日记账的设置与登记方法

(一) 普通日记账的设置与登记方法

普通日记账是根据日常发生的经济业务逐日逐笔地进行登记的账簿。它的特点是设有借方和贷方两个金额栏，以便分别记入各项经济业务所确定的账户名称及借方和贷方的金额，这种账簿不结余额，所以它又称两栏式日记账。其格式如表 5-2 所示。

表 5-2 普通日记账

第 页

20××年		摘要	会计科目	借方金额	贷方金额	凭证张数	总账页数
月	日						
8	1	从银行提取现金	库存现金	1 800		1	
			银行存款		1 800		
	5	归还前欠货款	应付账款	30 000		1	
			银行存款		30 000		
	6	赊销商品	应收账款	11 700		2	
			主营业务收入		10 000		
			应交税费		1 700		

采用这种日记账，应按经济业务发生或完成的先后顺序逐日逐笔进行登记，每天还应根据日记账中应借和应贷的账户名称和金额登记总分类账。

(二) 特种日记账的设置与登记方法

为了加强库存现金和银行存款的管理和核算，各单位通常都应当设置库存现金日记账和银行存款日记账两种特种日记账，以便逐日核算和监督库存现金和银行存款的增加、减少和结存情况。其中，库存现金日记账是专门用来记录库存现金收支业务的一种特种日记账，一般采用订本式账簿。银行存款日记账是专门用来记录银行存款收支业务的一种特种日记账，一般也采用订本式账簿。

按账页格式不同，特种日记账可以分为三栏式特种日记账和多栏式特种日记账。

(1) 三栏式特种日记账的设置和登记方法

三栏式库存现金日记账是指在同一账页内设置了收入、支出和结余三个金额栏，且不对相应的对方科目设专栏反映。其格式如表 5-3 所示。

表 5-3　库存现金日记账

第　页

20××年		证号数	摘要	对应账户	收入	支出	结余
月	日						
2	1		期初余额				1 500
	1	现收 1	零星销售收入	主营业务收入	200		1 700
	1	现付 1	购办公用品	管理费用		500	1 200
	1	现付 2	职工周洲预借差旅费	其他应收款		800	400
	1	银付 1	提取现金	银行存款	1 300		1 700
2	1		本日合计		1 500	1 300	1 700

三栏式库存现金日记账的登记方法是：由出纳人员根据审核后的库存现金收、付款凭证，逐日逐笔顺序登记；同时，由其他会计人员根据收、付款凭证，逐笔或汇总登记总分类账；对于从银行提取库存现金的业务，由于只填制银行存款付款凭证，不填制库存现金收款凭证，因而当从银行提取库存现金时，应根据银行存款付款凭证登记库存现金的收入数；每日收付款项逐笔登记完毕后，应分别计算库存现金收入和支出金额的合计数及账面的结余额，并将库存现金日记账的账面余额与库存现金实存数相核对，以保证账实相符。

三栏式银行存款日记账，应按各种存款分别设置，其格式与三栏式库存现金日记账格式基本相同。不同之处在于，银行存款的收付必须依据银行规定的结算凭证办理，由于发生银行存款收付业务的结算方式不同，使用的凭证也就不同，凭证编号也不同，因此，三栏式银行存款日记账增设了"结算凭证"一栏，分别注明结算凭证的种类及编号。其中，"种类"栏登记结算凭证的种类，如现金支票、转账支票等；"编号"栏登记结算凭证的号码，这样做便于和银行对账。其格式如表 5-4 所示。

表 5-4　银行存款日记账

第　页

20××年		证号数	摘要	结算凭证		对应账户	收入	支出	结余
月	日			种类	编号				
4	1		期初余额						15 000
	1	银收 1	销售产品			主营业务收入	20 000		35 000
	1	银收 2	收到前欠货款			应收账款	30 000		65 000
	1	现付 1	将现金存银行			库存现金	800		65 800
	1	银付 1	提取现金			银行存款		1 000	64 800
4	1		本日合计				50 800	1 000	64 800

三栏式银行存款日记账的登记方法是：由出纳人员根据审核后的有关银行存款收款凭证、银行存款付款凭证和库存现金付款凭证中反映银行存款增加的凭证，逐日逐笔顺序登记；每日终了，应分别计算银行存款收入、支出的合计数和本日余额，以便于检查各项收支款项，并便于定期同银行对账单逐笔核对。

（2）多栏式特种日记账的设置与登记方法

为了清楚地表明账户之间的对应关系，了解货币资金的增减变化，库存现金日记账也可以采用多栏式账页，即在“收入”和“支出”栏下，分别按对方科目设立专栏进行反映。这样通过多栏式库存现金日记账“收入”栏中各专栏的金额，可以反映库存现金的收入来源，通过多栏式库存现金日记账“支出”栏中各专栏的金额，可以反映库存现金的用途。其格式如表 5-5 所示。

表 5-5　库存现金日记账

第　页

20××年		证号数	摘要	收入			支出			结余
				贷方科目			借方科目			
月	日			主营业务收入	银行存款	合计	管理费用	其他应收款	合计	
2	1		期初余额							1 500
	1	现收 1	零星销售收入	200		200				1 700
	1	现付 1	购办公用品				500		500	1 200
	1	现付 2	周洲预借差旅费					800	800	400
	1	银付 1	提取现金		1 300	1 300				1 700
2	1		本日合计	200	1 300	1 500	500	800	1 300	1 700

多栏式库存现金日记账的登记方法是：由出纳人员根据审核无误的库存现金收款凭证、库存现金付款凭证及银行存款付款凭证中反映库存现金增加的凭证逐日逐笔顺序登记库存现金收入金额和库存现金支出余额；将其对应科目的金额，登入“贷方科目”栏或

“借方科目”栏；每日收付款项登记完毕，应分别计算收入金额和付出金额的合计数，并结出每日余额。月终结出多栏式库存现金日记账的对应账户栏合计数以及库存现金收入和付出总额，作为登记各有关总账的依据。这种做法可以简化会计核算工作。此外，还应注意，由于提取现金或存入现金要在多栏式银行存款日记账的支出合计栏和收入合计栏两个栏目中反映，因此，根据多栏式库存现金日记账登记总账时，银行存款专栏（借方或贷方）不作为登记银行存款的依据，以避免重复记账。

在实际工作中，采用多栏式库存现金日记账往往会涉及较多的对应科目，需要设置较多的专栏，会使库存现金日记账表格太大，因此，可以将库存现金的收入和支出分别反映在两本账簿中，即“库存现金收入日记账”和“库存现金支出日记账”，并按库存现金收入和支出的对应科目设置专栏进行登记。应注意的是，在采用两本账簿的情况下，由出纳人员根据审核后的收、付款凭证逐日逐笔登记库存现金收入日记账和支出日记账后，每日应将支出日记账当日支出合计数，转记入收入日记账中支出合计栏中，以结算出库存现金当日账面结余额。其格式如表 5-6、5-7 所示。

表 5-6　库存现金收入日记账

第　页

20××年		证号数	摘要	收入				支出合计	结余
				贷方科目					
月	日			主营业务收入	银行存款	……	合计		
2	1		期初余额						1 500
	1	现收 1	零星销售收入	200			200		1 700
	1	银付 1	提取现金		1 300		1 300		3 000
2	1		本日合计	200	1 300		1 500	1 300	1 700

表 5-7　库存现金支出日记账

第　页

20××年		证号数	摘要	支出			
				借方科目			
月	日			管理费用	银行存款	……	合计
2	1	现付 1	购办公用品	500			500
	1	现付 2	周洲预借差旅费		800		800
2	1		本日合计	500	800		1 300

多栏式银行存款日记账是把银行存款收入栏和支出栏分别按照对应科目设置若干专栏，收入栏按贷方科目设置专栏，支出栏按借方科目设置专栏，其格式同多栏式库存现金日记账相似，不再列示。多栏式银行存款日记账也可以采用两本账簿，分别反映银行存款收入和银行存款支出，即多栏式银行存款收入日记账和多栏式银行存款支出日记账。

多栏式银行存款日记账的登记方法与多栏式库存现金日记账的登记方法相似，不再赘述。

三、分类账的设置与登记方法

(一) 总分类账的设置与登记方法

总分类账是按照总分类科目设置的账簿，一般采用订本式账簿。

总分类账的账页格式多采用三栏式。三栏式总账，就是按借方、贷方和余额栏设置总账。其格式如表5-8所示。

表5-8　应收账款总分类账

第　页

20××年		凭证号数	摘要	借方	贷方	借或贷	余额
月	日						
11	1		期初余额			借	21 000
	3	转1	赊销产品	9 000		借	30 000
	8	银收2	收回前欠货款		12 000	借	18 000
	19	转18	赊销产品	20 000		借	38 000
	27	转26	发生坏账损失		5 000	借	33 000
11	30		本月合计	29 000	17 000	借	33 000

三栏式总分类账的登记，既可以直接根据各种记账凭证逐笔登记，也可以根据汇总记账凭证或科目汇总表进行登记，还可以根据多栏式库存现金日记账和多栏式银行存款日记账进行登记。至于其到底依据什么进行登记，主要取决于每个单位所采用的会计核算组织程序。总分类账的具体登记方法将在第七章关于会计核算组织程序中讲述。

(二) 明细分类账的设置与登记方法

明细分类账是按照明细科目设置的账簿，一般采用活页式账簿。每个单位应根据经济业务的特点和经营管理的需要，在总分类账的基础上分别设置若干明细分类账，作为对总分类账的必要补充。明细分类账的账页可以根据账户反映的内容不同分别采用不同格式。基本的格式有三种：三栏式、数量金额式和多栏式。

1. 三栏式

三栏式明细账的账页只设借方、贷方和余额三个金额栏，适用于那些仅须进行金额核算而不须进行数量核算的明细分类账，如“应收账款”“应付账款”“其他应收款”“其他应付款”等明细账。其格式如表5-9所示。

2. 数量金额式

数量金额式明细账的账页是在借方(收入)、贷方(发出)和余额(结余)栏下，再分别设置数量、单价和金额三个小的专栏。这种格式适用于既需要进行金额核算，又需要进行实物数量核算的各种财产物资账户明细核算，如“原材料”“库存商品”等明细账。其格式如表5-10所示。

表 5-9 应付账款明细账

明细科目:××公司 第 页

20××年		凭证号数	摘要	借方	贷方	借或贷	余额
月	日						
7	1		期初余额			贷	80 000
	2	转 1	赊购材料		20 000	贷	100 000
	7	银付 5	偿还前欠货款	60 000		贷	40 000
7	31		本月合计	60 000	20 000	贷	40 000

表 5-10 原材料明细账

材料类别:钢材 存放地点:第×仓库

材料名称:5 mm 圆钢 最高储备:1 000

计量单位:千克 最低储备:500 第 页

20××年		凭证号数	摘要	借方			贷方			借或贷	余额		
月	日			数量	单价	金额	数量	单价	金额		数量	单价	金额
6	1		期初余额							借	600	30	18 000
	5	转 7	验收材料	200	30	6 000				借	800	30	24 000
	16	转 30	车间领料				300	30	9 000	借	500	30	15 000
6	30		本月合计	200	30	6 000	300	30	9 000	借	500	30	15 000

3. 多栏式

多栏式明细账的账页是在借方栏下,或者贷方栏下,或者借贷双方栏下,根据明细项目分设若干专栏,以便在同一账页中集中反映各有关明细项目的金额。这种格式适用于费用、成本、收入和成果类账户的明细核算,如“生产成本”“制造费用”“管理费用”“主营业务收入”“本年利润”等账户的明细分类核算。其格式如表 5-11、5-12 所示。

表 5-11 制造费用明细账

第 页

20××年		凭证号数	摘要	借方					合计
月	日			工资	福利费	折旧费	办公费	……	
4	5	转 17	购办公用品				200		200
	30	转 50	分配工资	25 000					25 000
	30	转 51	提取福利费		3 000				3 000
	30	转 52	提取折旧			4 000			4 000
	30	转 53	分配	25 000	3 000	4 000	200		32 200

□表示红字

表 5-12　主营业务收入明细账

第　页

20××年		凭证号数	摘要	贷方					合计
月	日			甲产品	乙产品	C产品	D产品	……	
4	2	转 3	销售甲产品	50 000					50 000
	8	银收 5	销售乙产品		30 000				30 000
	23	转 30	销售C产品			10 000			10 000
	25	转 45	退回甲产品	[5 000]					[5 000]
	30	转 53	结转	[45 000]	[30 000]	[10 000]			[85 000]

[　　] 表示红字

对于成本、费用类明细分类账，一般不设贷方栏，平时只在借方登记，而收入类明细分类账，一般不设借方栏，平时只在贷方登记，当发生冲减成本费用、冲减收入及月末结转分配业务时，可以用红字进行登记，以示冲减。对于本年利润、利润分配等明细账，一般要按利润构成项目在借方、贷方栏下分设专栏进行登记。

各种明细分类账的登记方法，应根据各个单位业务量的大小和经营管理上的需要，以及记录的经济业务内容而定，可以直接根据原始凭证、记账凭证逐笔登记，也可以根据汇总原始凭证逐日或定期汇总登记。一般来说，固定资产、债权、债务等明细账应当逐笔登记；商品、材料物资明细账，如业务发生不是很多，可以逐笔登记，如业务发生较多，为了简化记账工作，也可以逐日汇总登记；收入、费用等明细账，可以逐笔登记，也可以逐日或定期汇总登记。各种明细账每次登记完毕后，都应结出余额，以便进行核对和加强日常管理。

(三) 总分类账与明细分类账的关系及平行登记

1. 总分类账与明细分类账的关系

总分类账与明细分类账是既有内在联系，又有区别的两类账户。二者之间的内在联系主要表现在以下两个方面。

(1) 所反映的经济业务内容相同

例如，“应收账款”总分类账与其所属的“A 企业”“B 企业”“C 企业”等明细分类账都是用来反映应收账款的发生、收回及期末余额业务的。

(2) 登记账簿的原始依据相同

登记总分类账与登记其所属明细分类账所依据的记账凭证和原始凭证是相同的。

总分类账与明细分类账之间的区别主要表现在以下两方面。

(1) 反映经济内容的详细程度不同

总分类账反映资产、负债、所有者权益等增减变动的总括情况，明细分类账提供某一方面的详细核算资料，有些明细分类账还可以提供实物量指标。

(2) 作用不同

总分类账提供的经济指标是明细分类账资料的综合，对所属明细分类账起着统御和控制作用；明细分类账是对有关总账的补充，起着辅助和补充说明作用。

由于总分类账和明细分类账之间存在密切的联系，所以要采用平行登记的方法。

2. 平行登记

平行登记是指在需要提供详细指标的经济业务发生后，都要以审核无误的会计凭证为依据，一方面，在有关的总分类账户中进行总括登记；另一方面，在总分类账户所属的明细分类账户中进行详细登记。通过总分类账和明细分类账的平行登记，期末进行相互核对，可以及时发现错账，并予以更正，以保证账簿记录的准确性。

采用平行登记的方法，应注意以下几个方面的基本规则：

① 记账的时期相同。对于需要提供详细指标的每一项经济业务，记入有关总分类账户及其所属明细分类账户的时期应该是相同的。这里所说的时期相同，是指同一个会计期间，而并非必须同时，因为明细分类账一般总是根据记账凭证及所附的原始凭证在平时登记，而总分类账因会计核算组织程序不同，可能平时进行登记，也可能定期登记，所以时期相同是指对于总分类账和明细分类账的登记必须在同一个会计期间内完成。

② 记账的方向相同。总分类账和所属明细分类账登记的方向应该相同。这里所指的登记方向，是指所体现的经济活动的变动方向，而并不一定是相同的记账符号。

一般情况下，总分类账及其所属的明细分类账都按借方、贷方和余额设栏登记，这时，总分类账及其所属明细分类账中的记账方向是相同的，一般债权、债务账户即属于此类情形。但是，有些明细账户不按借方、贷方和余额设栏登记，而是运用比较直观、易于理解的收入、发出、结存等增减符号设栏登记。例如，企业的原材料通常都按收入、发出和结存设置数量金额式明细账。另外，还有一些明细分类账如制造费用就按其组成项目设置借方多栏式明细账，在发生需要冲减制造费用的某项金额时，总分类账中记入贷方，而明细分类账中则以红字记入制造费用某项目的借方。此时，就不可能在总分类账和明细分类账中按相同的记账符号进行登记，而只能以相同的变动方向进行登记。

③ 记账的金额相等。记入总分类账户的金额与记入其所属的各明细分类账户的金额之和相等。总分类账户提供总括核算指标，而明细分类账户提供总分类账户所记内容的具体指标，所以，记入总分类账户的金额与记入其所属各明细分类账户的金额之和应该是相等的。公式如下：

总分类账户的本期发生额＝所属明细分类账户本期发生额之和

总分类账户的期末余额＝所属明细账户期末余额之和

在会计核算工作中，我们可以运用上述关系检查账簿记录的正确性。检查时，根据总分类账与明细分类账之间的数量关系，可以编制“总分类账户与明细分类账户发生额及余额对照表”(如表 5-13 所示)，以检查总分类账及其所属明细分类账记录的正确性。

④ 记账的依据相同。登记总分类账及其所属的明细分类账时所依据的会计凭证是相同的。

表 5-13　总分类账户与明细分类账户发生额及余额对照表

账户名称：应收账款　　20××年 7 月　　单位：元

账户名称	月初余额		本期发生额		月末余额	
	借方	贷方	借方	贷方	借方	贷方
甲公司明细账	4 000		6 000	8 000	2 000	
乙公司明细账	7 000		3 000	9 000	1 000	
总分类账	11 000		9 000	17 000	3 000	

四、联合账的设置与登记方法

为了适应将序时记录和总分类记录结合在一起进行登记的需要，企业可以设置联合账。日记总账是典型的联合账，采用多栏式账页，其特点是：在一张账页中，为企业使用的每一个会计科目设置专栏进行反映，即它是将全部账户集中在一张账页中登记的一种总分类账。采用日记总账，不仅可以清晰地反映企业经济业务的全貌，还便于进行全部账户的试算平衡。但这种总账在账户较多时，账页篇幅过大，登记不便。其格式如表 5-14 所示。

表 5-14　日记总账

第　页

20××年		凭证号数	摘要	库存现金		银行存款		应收账款		实收资本		……
月	日			借	贷	借	贷	借	贷	借	贷	
8	1		期初余额									
	31		本期发生额									
	31		期末余额									

五、备查账的设置与登记方法

备查账是为满足单位的经济活动、经济管理的需要提供必要的补充资料的，一般没有固定的格式，各单位可以根据实际管理需要设计相应的项目内容，如“租入固定资产登记簿”等。其格式如表 5-15 所示。

表 5-15　租入固定资产登记簿

第　页

固定资产名称及规格	租约合同编号	租出单位名称	租入日期	租金	使用记录		归还日期	备注
					单位	日期		

第三节　会计账簿的使用规则和错账的更正方法

一、会计账簿的使用规则

会计账簿是形成会计信息的中心环节，为了保证账簿记录的准确、完整，并便于查阅和长期保存，登记账簿应遵循以下基本规则。

（一）准确完整

登记账簿必须以经过审核无误的记账凭证及所附的原始凭证为依据，具体来说，登记会计账簿时，应当将会计凭证日期、编号、业务内容摘要、金额和其他有关资料逐项记入账簿内，做到数字准确、内容完整、字迹工整。账簿记录中的日期，应该填写记账凭证上的日期，以自制的原始凭证，如收料单、领料单等，作为记账依据的，账簿记录中的日期应按有关自制凭证上的日期填列。

（二）注明记账符号

登记完毕后，要在记账凭证上签名或者盖章，并注明所记账簿的页次或画“√”，表示已经记账。记账凭证上设有专门的栏目供注明记账的符号，以避免发生重记或漏记。

（三）书写留空

账簿中书写的文字和数字上面要留有适当空格，不要写满格，一般应占格距的二分之一，这样一旦发生登记错误时，能比较容易地进行更正，同时也方便查账工作。

（四）正常记账使用蓝、黑墨水

为了使账簿记录清晰整洁，耐久保存，登记账簿应使用蓝色墨水或黑色墨水钢笔（签字笔）书写，不得使用圆珠笔（银行的复写账簿除外）或者铅笔书写。在会计上，数字的颜色是重要的语素之一，它同数字和文字一起表达出会计信息。如同数字和文字错误会表达出错误的信息，书写字体的颜色用错了，其导致的概念混乱也不亚于数字和文字错误。

(五) 特殊记账使用红墨水

① 用红字更正法更正错账。

② 在不设借或贷专栏的多栏式账页中，登记减少数。

③ 在三栏式账户的余额栏前，如未印明余额方向的，在余额栏内登记负数余额。

④ 结账画线。

⑤ 根据国家会计准则的规定可以用红字登记的其他会计记录。

例如，在进行“应交税费——应交增值税”明细账户的登记时，在“进项税额”专栏中用红字登记退回所购货物应冲销的进项税额，在“已交税金”专栏中用红字登记退回多交的增值税额，在“销项税额”专栏中用红字登记退回销售货物应冲销的销项税额，在“出口退税”专栏中用红字登记出口货物办理退税后发生退货或者退关而补交已退的税款。

(六) 顺序连续登记

各种账簿应按页次顺序连续登记，不得跳行、隔页。如果发生跳行、隔页，应当将空行、空页用红线对角画线注销或者注明“此行空白”“此页空白”字样，并由记账人员签名或者盖章。

(七) 结出余额

凡需要结出余额的账户，结出余额后，应当在借或贷栏内写明“借”或者“贷”字样。没有余额的账户，应在借或贷栏内写“平”字，并在余额栏内用“0”表示。“0”应当放在“元”位。

(八) 过次承前

每一张账页登记完毕结转下页时，应当结出本页合计数及余额，写在本页最后一行和下页第一行有关栏内，并在摘要栏内注明“过次页”和“承前页”字样；也可以将本页合计数及金额只写在下页第一行有关栏内，并在摘要栏内注明“承前页”字样。

(九) 错账的更正

账簿记录发生错误后，应根据错误的性质和发现时间的不同，按规定的办法进行更正，严禁涂改、刮擦、挖补、用药水更改字迹或撕毁账页等。

(十) 定期打印

实行会计电算化的单位，总账和明细账应当定期打印。发生收款和付款业务的，在输入收款凭证和付款凭证的当天必须打印出库存现金日记账和银行存款日记账，并与库存现金核对无误。

二、错账的更正方法

在日常会计核算中，难免会发生各种差错。在登记账簿之前，如果发现记账凭证有误，不需要使用专门的方法进行更正，只需要将错误的记账凭证撕掉然后重填一张正确的即可。登记账簿之后，如果发现账簿记录有误(即错账)，就需要根据错账的不同类型采用专门的方法进行更正。从记账凭证的填制与账簿登记两个环节进行分析，错账有两种基本类型：一是记账凭证正确但登记账簿时发生错误，二是记账凭证错误引发账簿登记错误。

账簿记录发生错误，不能使用刮擦、挖补、涂改等方法进行更正，而应根据错误的具体情形，采用正确的方法予以更正。按照《会计基础工作规范》的要求，对于发现的当年内发生的错账，一般采用以下三种方法予以更正：画线更正法、红字更正法和补充登记法。

1. 画线更正法

画线更正法适用于更正记账凭证正确但登记账簿时发生的错误，即如果发现账簿记录有文字或数字错误，而记账凭证并没有错误，应采用画线更正法予以更正。

更正时，先在错误的文字或数字上画一条红线，然后用蓝字在画线上方填写正确的文字或数字，并由记账人员在更正处盖章，以明确责任。应当注意的是：在画线时，如果是文字错误，可只划销错误部分；如果是数字错误，则应将全部数字划销，不得只划销错误数字；划销时，应保持原来的错误字迹仍可辨认，以备查考。

【例 5-1】 某企业收回货款 4 500 元存入银行，记账凭证编制正确，但会计人员在过账时，误将总账中银行存款账户借方的金额写成 5 400 元。

对于该错误，首先判断应采用画线更正法进行更正。具体方法是：先将总账中银行存款账户借方的错误数字 5 400 上画一条红线，然后用蓝字在画线上方填写正确的数字 4 500，并由记账人员在更正处盖章，以示负责。

2. 红字更正法

红字更正法又称红字冲销法，适用于以下两种错误的更正：

① 根据记账凭证登记账簿以后，如果发现记账凭证上的会计科目或记账方向有错误，这时无论金额正确与否，都应采用红字更正法。更正的具体方法是：先用红字填写一张与错误记账凭证内容完全相同的记账凭证，并据以用红字登记入账，冲销原有错误的账簿记录；然后再用蓝字填制一张正确的记账凭证，并据以登记入账，这样就把原来的差错更正过来。

【例 5-2】 生产车间领用 3 000 元的材料用于维修，查账时发现记账凭证上编制的会计分录为：

借：生产成本　　300

　　贷：原材料　　300

并已据以登记入账。

生产车间的维修用料应计入的会计科目是"制造费用"，金额为 3 000 元而不是 300 元，这属于记账凭证中的会计科目和金额同时错误，应采用红字更正法进行更正。更正时，用红字（以下用□表示红字）填写一张与错误记账凭证内容完全相同的记账凭证，并据以用红字登记入账，冲销原有错误的账簿记录，其会计分录如下：

借：生产成本　　$\boxed{300}$

　　贷：原材料　　$\boxed{300}$

然后再用蓝字填制一张正确的记账凭证，并据以登记入账，其会计分录如下：

借：制造费用　　3 000

贷：原材料　　　　3 000

② 根据记账凭证登记账簿以后，如果发现记账凭证上的会计科目、记账方向均正确，只是金额发生了所记金额大于应记金额的错误，这时也应采用红字更正法。更正的具体方法是：按照正确数字与错误数字之间的差额用红字填制一张与原错误凭证中科目、借贷方向都相同的记账凭证，并据以登记入账，以冲销多记部分。

【例 5-3】 某企业收到投资者投入的设备一台，价值 5 000 元。查账时发现记账凭证上编制的会计分录为：

借：固定资产　　50 000

　贷：实收资本　　　50 000

并据以登记入账。

此错误仅属于记账凭证上的金额错误，而且错误的金额大于正确的金额，应采用红字更正法进行更正。更正时，用红字填写一张与错误记账凭证会计科目、借贷方向都相同的记账凭证，但其金额为 45 000(50 000－5 000)元并据以用红字登记入账，冲销多记的金额，其会计分录如下：

借：固定资产　　[45 000]

　贷：实收资本　　　[45 000]

3. 补充登记法

记账以后，如果发现记账凭证中的会计科目、记账方向均正确，只是金额发生了所记金额小于应记金额的错误，应采用补充登记法进行更正。更正的具体方法是：用蓝字填写一张与错误记账凭证会计科目、借贷方向都相同的记账凭证，但其金额为少记的金额并据以登记入账，以补充少记的金额。

【例 5-4】 出差人员预借差旅费，付给现金 2 000 元。查账时发现记账凭证上编制的会计分录为：

借：其他应收款　　200

　贷：库存现金　　　200

并据以登记入账。

此错误仅属于记账凭证上的金额错误，而且错误的金额小于正确的金额，应采用补充登记法进行更正。更正时，用蓝字填写一张与错误记账凭证会计科目、借贷方向都相同的记账凭证，但其金额为 1 800(2 000－200)元并据以登记入账，补充少记的金额，其会计分录如下：

借：其他应收款　　1 800

　贷：库存现金　　　1 800

错账的查找是一项非常复杂和细致的工作，查找一笔错账往往需要花费很长时间，有时甚至影响结账，延误决算时间。这就要求在日常工作中，会计人员除了应具有高度的责任感，还应熟练掌握有关财务制度及会计准则，不断提高业务技能，以减少和防止差错的产生，提高核算水平。

第四节 对账与结账

一、对账

对账是对账簿记录进行的核对工作。为了保证账簿记录的真实、完整和准确,各单位应当定期将会计账簿记录的有关数字与库存实物、货币资金、往来单位或个人等进行相互核对,以保证账证相符、账账相符、账实相符,对账工作每年至少进行一次。对账的主要内容包括账证核对、账账核对和账实核对。

(一) 账证核对

账证核对是指将账簿记录与有关的会计凭证进行核对。账簿记录与记账凭证核对,主要是检查账簿记录是否按照记账凭证确定的时间、凭证字号、账户、方向和金额进行登记,以确定记账工作是否正确;账簿记录与原始凭证核对,主要是对账簿记录的经济业务的真实性、合法性进行检查。

(二) 账账核对

账账核对是对各种账簿之间有关的数字进行相互核对。这一方面的核对主要包括以下几点。

1. 总分类账户之间的核对

主要核对全部总分类账户借方期末余额合计数与贷方期末余额合计数是否相等,借方本期发生额合计数与贷方本期发生额合计数是否相等。实务中,一般通过编制"总分类账户发生额及余额试算平衡表"进行核对,表中按总账科目分别填列借方发生额、贷方发生额、借方余额和贷方余额,然后加计借方发生额合计数、贷方发生额合计数、借方余额合计数和贷方余额合计数,进行核对。

2. 总分类账户与所属明细分类账户之间的核对

主要核对总分类账户的期末余额与所属各明细分类账户的期末余额之和是否相等,总分类账户的本期发生额与所属各明细分类账户的本期发生额之和是否相等。实务中,可以通过编制"总分类账户与明细分类账户发生额及余额对照表"(或试算平衡表)进行核对。

3. 总分类账户与日记账之间的核对

主要核对总分类账户中"库存现金"和"银行存款"账户的发生额及期末余额与相对应的日记账的发生额及期末余额是否相等。

4. 会计部门的财产物资明细账与财产物资保管和使用部门的有关明细账核对

主要核对会计部门的各种财产物资明细账期末余额与财产物资保管和使用部门的有关财产物资明细账期末余额是否相等。

(三) 账实核对

账实核对是核对会计账簿记录与财产物资的实有数额是否相符。这一方面的核对主要包括以下四点。

① 库存现金日记账账面余额与库存现金实际库存数相核对。这种核对应逐日进行，并且还应进行不定期的抽查。

② 银行存款日记账账面余额与银行对账单相核对。一般每月核对一次，主要通过编制“银行存款余额调节表”进行。

③ 各种财产物资明细账账面余额与财产物资实存数额相核对。这种核对按财产清查的要求，定期或不定期进行。

④ 各种应收、应付款项明细账账面余额与有关债务、债权单位或个人相核对。这种核对也应按照财产清查的要求，定期或不定期进行。

二、结账

结账是在会计期末(月末、季末、年末)将当期应记的经济业务全部登记入账的基础上，结算出每个账户的本期发生额和期末余额，并将期末余额结转至下期或转入新账的过程。

(一) 结账的步骤

1. 结账前，必须将本期内发生的经济业务全部登记入账

对漏记的账项应及时补记，不能将本期发生的经济业务延至下期入账。只有这样，才能保证结账的正确性。

2. 按权责发生制原则进行期末账项调整

《企业会计准则——基本准则》规定，企业对收入与费用的确认应当以权责发生制为基础。在权责发生制下，常常会出现收入的实现与款项的实际收到时间，以及费用的发生与款项的实际支付时间不一致等情况，为了真实地反映各会计期间的收入和费用，以便合理地确定各会计期间的经营成果，就需要调整那些收支期与归属期不一致的收入和费用。所以账项调整是指在权责发生制下，企业在会计期末对某些应计入本期的收入和费用事项进行的账务处理。

(1) 应计未收收入的调整

应计未收收入是指那些应计入本会计期间但款项尚未在本期收到的收入。对于这类调整事项，应在期末时确认为本期收入，一方面借记“应收账款”等科目，另一方面贷记“主营业务收入”等科目。

【例 5-5】 宏达公司以委托收款方式销售产品一批，售价 10 000 元，销项增值税 1 600 元，月末办妥了托收手续。该项经济业务应于月末编制如下会计分录：

借：应收账款　　11 600

　贷：主营业务收入　　10 000

　　应交税费——应交增值税(销项税额)　　1 600

(2) 应计预收收入的调整

应计预收收入是指企业以前已经收取有关款项，但在本期提供商品或劳务，因而应在期末结账时，按本期提供商品或劳务的比例，确认应属于本期的收入。在收到预收收入时，借记“银行存款”等科目，贷记“预收账款”科目；在提供商品或劳务时，按照确认的收入金额，借记“预收账款”科目，贷记“主营业务收入”等科目。

【例 5-6】 宏达公司与长城公司签订了 200 000 元的安装服务合同，2011 年 12 月 1 日预收了全部款项并存入银行，截至 2011 年 12 月 31 日，已经提供了 60%的安装服务。据此应编制如下会计分录：

收到款项时，借：银行存款　　200 000
　　　　　　贷：预收账款　　　　200 000
年底确认收入时，借：预收账款　　120 000
　　　　　　　　贷：其他业务收入　　120 000

(3) 应计未付费用的调整

应计未付费用是指应归属于本期但尚未支付款项的费用。对于这类调整事项，应在期末时确认为本期费用，一方面借记“财务费用”等科目，另一方面贷记“应付利息”等科目。

【例 5-7】 宏达公司向银行借入了期限为 6 个月的短期借款 100 000 元，年利率 12%，合同规定借款本金及利息到期一次性支付。在借款到期前的每个期末，均应计提借款利息 10 000 元。应编制的会计分录如下：

借：财务费用　　10 000
　贷：应付利息　　　10 000

(4) 应计预付费用的调整

应计预付费用是指企业的支出已经发生，能使若干会计期间受益，于是，为了正确计算各个会计期间的盈亏，需要将这些支出，如企业购建固定资产、无形资产等的支出，在其收益的会计期间进行分配。企业在发生这些支出时，借记“固定资产”“无形资产”等科目，贷记“银行存款”等科目；在其受益的会计期间进行摊销时，借记“管理费用”“销售费用”“制造费用”等科目，贷记“累计折旧”“累计摊销”等科目。

【例 5-8】 宏达公司购入不须安装的生产设备一台，价值 240 000 元，款项已经以银行存款支付，该设备可以使用 10 年，预计净残值为零，按直线法计提折旧。应编制如下会计分录：

购入生产设备时，借：固定资产　　240 000
　　　　　　　　贷：银行存款　　　　240 000
每个月底计提折旧时，借：制造费用　　2 000
　　　　　　　　　　贷：累计折旧　　　　2 000

企业按照权责发生制原则于会计期末进行的账项调整，不仅可以正确反映企业一定会计期间的收入和费用，进而通过收入与费用的恰当配比，真实反映企业一定会计期间的经营成果，还因为账项调整同时也涉及资产或负债的变化，所以也能够准确反映企业在一定会计期末的财务状况。

3. 期末分配结转有关成本费用，并编制结转分录

按照配比原则对有关费用进行分配，并结平损益类账户，即编制结转分录。例如，期末将“制造费用”账户分配记入“生产成本”账户；将各损益类账户的发生额或差额分别转入“本年利润”账户，结转后，这些账户不再有余额。

4. 计算各账户本期发生额和期末余额并结转下期或转入新账

在本期全部经济业务已登记入账的基础上，分别计算出库存现金日记账、银行存款日记账、总账和明细账的本期发生额和期末余额，并通过试算平衡核对相符，将期末余额结转下期或转入新账。

（二）结账的方法

结账工作一般在会计期末进行，主要采用画线法，即期末结出每个账户的本期发生额和期末余额后，加画线标记，并将期末余额结转下期或转入新账。按照结算时期的不同，可以有月结、季结和年结，具体方法如表 5-16 所示。

表 5-16　其他应收账款总分类账

第　页

20××年		凭证号数	摘要	借方	贷方	借或贷	余额
月	日						
1	1		上年结转			借	21 000
	3	转 1	赊销产品	9 000		借	30 000
	8	银收 2	收回前欠货款		12 000	借	18 000
	19	转 18	赊销产品	20 000		借	38 000
	27	转 26	发生坏账损失		5 000	借	33 000
1	31		本月合计	29 000	17 000	借	33 000
2	29		本月合计	40 000	50 000	借	23 000
3	31		本月合计	30 000	10 000	借	43 000
3	31		本季合计	99 000	77 000	借	43 000
⋮	⋮	⋮	⋮	⋮	⋮	⋮	⋮
12	31		本月合计	60 000	70 000	借	19 000
12	31		本季合计	130 000	120 000	借	19 000
12	31		本年合计	500 000	502 000	借	19 000

注意：表中合计上下栏线颜色应为红色。

1. 月结

每月结账时，在各账户本月份最后一笔记录下面画一条通栏红线，表示本月结束；然后，在红线下结算出本月借、贷方发生额和月末余额，如果没有余额，在余额方向栏内注明“平”，在余额栏内写“0”（下同），同时，在摘要栏内注明“本月合计”或“×月份发生额和月末余额”字样；最后，再在下面画一条通栏红线，表示完成月结工作。

2. 季结

季末的结账方法与月结基本相同。季结时，在各账户本季度最后一个月的月结下面(需要按月结出累计发生额的，应在“本年合计”下面)画一条通栏红线，表示本季结束；然后，在红线下结算出本季借、贷方发生额和季末余额，同时，在摘要栏内注明“本季合计”或“×季度发生额及余额”字样；最后，再在下面画一条通栏红线，表示完成季结工作。

3. 年结

办理年结时，首先在12月份月结下面(办理季结的，应在第4季度的季结下面)画一条通栏红线，表示年度终了；然后，在红线下结算出全年12个月份的月结发生额合计或4个季度季结发生额合计和年末余额；最后，再在合计数下面画通栏双红线，表示封账，完成年结工作。结账方法如表5-16所示。

(三) 结账时应注意的问题

第一，结账如何画线。结账画线的目的是突出本月合计数及月末余额，表示本会计期间的会计记录已经截止或结束，并将本期与下期的记录明显分开。因此，无论是月结画的单线还是年结画的双线，都应画通栏线，不应只在本账页中的金额部分画线。

第二，能否用红字结账。账簿记录中使用的红字，具有特定的含义，它表示蓝字金额的减少或负数金额。因此，结账时，如果出现负数余额，可以用红字在余额栏登记，但如果余额栏前印有余额的方向(即借或贷)，则应用蓝色或黑色墨水书写，而不得使用红色墨水。

第三，年度终了，要把各账户的余额结转到下一会计年度，并在摘要栏注明“结转下年”字样。在下一会计年度新建有关会计账簿的第一行余额栏内填写上年结转的余额，并在摘要栏注明“上年结转”字样。具体做法是：年度终了结转时，有余额账户的余额，直接记入新账余额栏内即可，不需要编制记账凭证，也不必将余额再记入本年账户的借方或贷方，使本年有余额的账户的余额变为零。因为，既然年末是有余额的账户，余额就应当如实地在账户中加以反映，这样显得更清晰、明了；否则，就混淆了有余额的账户和无余额的账户的区别。

对于新的会计年度建账，一般来说，总账、日记账和多数明细账每年应更换一次，但有些财产物资明细账和债权、债务明细账，由于品种、规格和往来单位较多，更换新账，重抄一遍工作量较大，因此，可以跨年度使用，不必每年更换一次。各种备查账簿也可以连续使用。

第五节　会计账簿的更换和保管

一、账簿更换

所谓账簿更换，是指在会计年度终了时，将上年度的账簿更换为次年度的新账簿。

为了保持会计账簿资料的连续性，清晰地反映各个会计年度的财务状况和经营成果，在每一会计年度结束，新的会计年度开始时，应按会计制度规定，进行账簿的更换，并把上年度的会计账簿归档保管。

更换新账一般按照下列程序进行：

首先，检查本年度账簿记录，在年终结账时是否全部结清，并对本年度有余额的账户，视其是否需要结转下年，进行不同的处理。通常，现金日记账、银行存款日记账、总分类账和明细分类账每年都要更换新账，所以这些账簿如果年终有余额，应将余额结转下年。固定资产明细账或固定资产卡片可以继续使用，不必每年更换新账。

其次，根据本年度有余额账户的“结转下年”的数字，直接记入次年新账中各相应账户的第一行的“余额”栏内，并在“借或贷”栏内注明余额的方向（即借方，还是贷方），在“日期”栏注明“1 月 1 日”，在“摘要”栏内注明“上年结转”字样。应当注意的是，次年新账第一行上年结转的余额，不必编制记账凭证，同时也不要记入“借方”栏或“贷方”栏，而是直接记入“余额”栏。因此，这一行的“凭证号数”栏、“借方”栏和“贷方”栏，都空置不填。

二、账簿保管

（一）账簿平时保管的具体要求

① 各种账簿要分工明确，指定专人管理，账簿经管人员既要负责记账、对账、结账等工作，又要负责保证账簿的安全、完整；

② 会计账簿未经领导和会计负责人或有关人员批准，非经管人员不能随意翻阅查看、摘抄和复制等；

③ 会计账簿除需要与外单位核对外，一般不能携带外出，对需要携带外出的账簿，一般应由经管人员负责或会计主管人员指定专人负责；

④ 会计账簿不能随意交与其他人员管理，以保证账簿安全、完整，防止任意涂改、毁坏账簿等问题的发生。

（二）旧账簿归档保管的要求

① 归档前应对更换下来的旧账簿进行整理；

② 更换下来的旧账簿，在进行整理的基础上装订成册；

③ 更换下来的旧账簿，经过整理装订后，应编制目录，填写移交清单，办理移交手续，按期归档保管；

④ 各种账簿同会计凭证、会计报表一样都是重要的经济资料，也是重要的经济档案，必须按照制度统一规定的保存年限妥善保管，不得丢失和任意销毁。保管期满后，应按照规定的审批程序报经批准后才能销毁。各种会计账簿的保管期限如下：总账（包括日记总账）15 年，明细账 15 年，日记账 15 年（其中，现金及银行存款日记账 25 年），固定资产卡片在固定资产报废清理后 5 年，辅助账簿 15 年。

小　结

为了对经济业务进行连续、系统、全面的核算，每个单位都应当根据本单位经营业务的特点和经营管理的需要，设置一定种类和数量的账簿。会计账簿是由具有专门格式而又连接在一起的若干账页所组成的，按照会计科目开设账户，依据会计凭证序时地、分类地记录和反映经济业务的簿籍。设置与登记账簿是会计核算的中心环节。会计账簿按用途不同，可分为序时账簿、分类账簿、联合账簿和备查账簿；按外表形式不同，可以分为订本式账簿、活页式账簿和卡片式账簿；按账页格式不同，又可以分为两栏式账簿、三栏式账簿、多栏式账簿和数量金额式账簿。在此基础上，本章讲述了日记账、分类账、联合账及备查账的设置与登记方法及会计账簿登记时应遵循的基本规则。如果账簿记录发生错误，应根据错误的具体情形，采用画线更正法、红字更正法或补充登记法进行更正。为了保证账簿记录的正确、真实、可靠，在结账之前，需要对账，对账的内容有账证核对、账账核对、账实核对。为了编制会计报表，在一定时期结束时(如月末、季末或年末)，需要进行结账，即结出每个账户的本期发生额和期末余额，并将期末余额结转至下期或转入新账。结账时应遵循一定的步骤，并根据结算时期不同，对月结、季结及年结采用不同的具体方法予以结账。为保证账户记录和会计报表信息的正确性，在编制会计报表之前，需要对账户记录进行检验，这种检验通常是依据试算平衡原理，通过编制试算平衡表来完成的。账簿作为重要的经济档案，企业应在对各种账簿正确登记的基础上，进行妥善保管与及时更换，不得丢失和任意销毁，以保证账簿资料的安全和完整。

复习思考题

1. 为什么登记会计账簿是会计核算的主要环节？会计账簿与会计凭证的关系是什么？会计账簿有哪几种？

2. 什么是总账与明细账的平行登记？平行登记的要点是什么？如何对总账与明细账进行核对？

3. 明细分类账的账页格式有哪几种？其各自的适用范围是什么？

4. 对账的内容是什么？

5. 错账的更正方法有哪几种？其适用范围是什么？举例说明各种错账更正方法的运用。

实务练习题

习题一

[目的]　练习记账凭证的填制方法与库存现金日记账、银行存款日记账的登记方法。

[资料]　某公司2018年4月1日库存现金日记账余额为800元，银行存款日记账余额为130 000元。4月份该公司发生下列库存现金、银行存款的收付业务：

1. 1日，购买材料一批，买价5 000元，增值税800元，价税款以银行存款付讫。
2. 2日，收到投资者投入资本金200 000元，已存入银行。
3. 3日，以银行存款交纳上月所得税3 500元。
4. 5日，行政管理部门职工张某预借差旅费2 200元，以现金付讫。
5. 6日，开出现金支票，从银行提取现金1 700元以备零星开支。
6. 7日，职工黄某交来现金300元，偿还上月欠交赔偿款。
7. 9日，以银行存款8 000元偿付上月购买材料的货款。
8. 11日，向银行取得短期借款100 000元，存入银行。
9. 13日，以银行存款支付本月职工工资98 000元。
10. 15日接银行收款通知，某工厂前欠货款50 000元，已收存银行。
11. 18日，以银行存款支付生产车间电费4 500元，行政管理部门电费1 200元。
12. 23日，张某报销差旅费1 700元，交回现金500元。
13. 26日，销售产品一批，售价20 000元，增值税3 200元，价税款已存入银行。

[要求]

1. 开设库存现金日记账与银行存款日记账(采用三栏式账页)。
2. 编制记账凭证(假设该企业采用通用记账凭证)，并据以登记库存现金日记账与银行存款日记账。
3. 月末结出库存现金日记账与银行存款日记账的本期发生额和期末余额。

习题二

[目的]　练习总分类账户和明细分类账户的平行登记。

[资料]　佳利公司2018年10月初“原材料”总分类账户的借方余额为60 000元。其中，A材料1 800千克，每千克20元，计36 000元；B材料24 000千克，每千克1元，计24 000元。“应付账款”总分类账户的贷方余额为32 000元。其中，佰好公司20 000元(贷方)，宏兴公司12 000元(贷方)。该公司10月份发生的材料收发和结算业务如下：

(1) 10月2日，生产领用A材料1 200千克，每千克20元，计24 000元；B材料11 000千克，每千克1元，计11 000元，共计35 000元。

(2) 10月15日，从佰好公司购进A材料500千克，每千克20元，计买价10 000元，增值税1 600元，共计11 600元，价税款暂欠。

(3) 10月22日，从宏兴公司购进B材料5 000千克，每千克1元，计买价5 000元，增值税800元，共计5 800元，价税款暂欠。

(4) 10月28日，以银行存款偿还佰好公司价税款11 600元，宏兴公司价税款5 800元。

[要求]

1. 将月初余额分别记入“原材料”“应付账款”两个总分类账户及其明细分类账户。
2. 根据上列有关经济业务，编制记账凭证(假定该企业采用通用记账凭证)。
3. 根据所编制的记账凭证登记“原材料”“应付账款”总分类账户及其所属的明细分

类账户,并分别计算出每个账户的本期发生额和期末余额(采用真实的账页格式)。

4. 编制“原材料”“应付账款”总分类账户与明细分类账户发生额及余额对照表。

习题三

[目的] 练习错账的更正方法。

[资料] 某公司2018年8月底在查账过程中,发现了以下错误:

(1) 从银行取得借款35 000元,借款期限15个月,已存入银行。查账时发现凭证与账簿均记为“借:银行存款53 000,贷:短期借款53 000”。

(2) 生产车间为生产产品领用原材料价值14 000元。查账时发现凭证与账簿均记为“借:制造费用1 400,贷:原材料1 400”。

(3) 购买行政管理部门用办公用品300元,以库存现金支付。查账时发现凭证与账簿均记为“借:管理费用3 000,贷:库存现金3 000”。

(4) 收到投资者投入的设备一台,价值42 000元。查账时发现凭证与账簿均记为“借:实收资本42 000,贷:固定资产42 000”。

(5) 企业收回货款8 600元存入银行。查账时发现记账凭证为“借:银行存款8 600,贷:应收账款8 600”,在过账时,所记金额为6 800元。

(6) 将资本公积50 000元按规定程序转为实收资本。查账时发现凭证与账簿均记为“借:资本公积38 000,贷:实收资本38 000”。

(7) 以一张银行承兑汇票抵付应付账款16 000元。查账时发现凭证与账簿均记为“借:应付账款16 000,贷:银行存款16 000”。

[要求]

按正确的方法更正以上错账。

案例分析

高亮大学毕业后到一家刚成立的化工厂任见习会计。走上工作岗位的第一天,高强接到一项任务,要为该企业建立一套账簿体系,以下是该企业的一些相关资料。

企业名称:东阳市天成化工有限责任公司

法人代表:樊建立

公司概况:

东阳市天成化工有限责任公司是一个有职工56人的化工产品制造企业。总资产300万元:固定资产60万元,注册资本240万元,其中向银行贷款15万元。该公司设有一个基本生产车间,采用甲、乙两种材料生产701、702两种代号的产品。该公司现与顺达公司、嘉定公司发生了应收款业务往来,与红光公司、超凡公司发生了应付款业务往来。

该公司提供了会计建账所需要的资料:组织机构代码证、公司章程、营业执照、税务登记证、验资报告等。

该公司设有管理部门、材料仓库、成品仓库、销售部门及若干行政职能科室。

案例要求

为了提供完整的会计核算资料，高亮在建账过程中应设置哪几类账簿？应开设哪些基本账户？

第六章　财产清查

【学习目的与要求】

了解财产清查的概念、财产清查的必要性和财产清查的种类，熟悉各种财产物资、货币资金和往来款项的清查方法，重点掌握存货的盘存制度以及财产清查结果的账务处理。

【教学重点与难点】

教学的重点是：各种财产物资、货币资金和往来款项的清查方法，存货的盘存制度以及财产清查结果的账务处理。教学的难点是：存货的盘存制度以及财产清查结果的账务处理。

第一节　财产清查概述

财产是企业经营活动的基础，财产的安全与完整，是企业保值、增值的前提，也是检查企业经营管理水平的一个重要标准。本节主要介绍财产清查的概念以及财产清查在会计账务处理过程中的重要作用。

一、财产清查的含义

财产清查是指通过对货币资金、财产物资和往来款项的实地盘点与核对，以查明其实有数与账面数是否相符的一种专门的会计核算方法。

财产清查既是会计核算的一种专门方法，又是财产物资管理的一项重要制度。会计核算的任务之一，是反映和监督财产物资的使用和保管情况，保护财产物资安全、完整，提高财产物资的使用效率。

财产清查的目的是查明并保证各资产项目的账实一致性。企业和行政、事业等单位的各种财产物资的增减变动及结存情况，都是以会计账簿来记录反映的。准确地反映各项资产的真实情况，是经济管理对会计核算的客观要求，也是会计核算的基本原则。然而，在客观上却存在着种种可能导致账实不符的原因。

造成企业各项财产物资账实不符的原因主要有如下几种情况。

1. 财产物资保管过程中的自然损溢、自然灾害、意外事故造成的损失

自然损溢即财产物资在保管过程中，由于受自然和其他原因的影响，会发生数量和质量上的变化。如物理性质、化学性质、气候条件变化引起自然升溢和短缺。

2. 管理不善造成的损溢

例如，计量不准；错收错付；保管不善造成残损、霉变；记账错误，造成重复登账或漏登账；不法分子的徇私舞弊、贪污、盗窃而发生的财产物资损失等。

3. 结算过程中由于账单未到或拒付等原因造成债权、债务与往来单位账面记录不一致

例如，由于结算凭证传递不及时而造成银行与企业之间的未达账项。

这些情况中，有些是难以避免的，比如自然灾害；有的则是可以避免的，比如可以通过提高员工素质和加强管理减少记账错误和贪污、盗窃行为。无论是何种原因造成的账实不符，都会影响会计核算的质量。

二、财产清查的意义

企业在会计期末编制财务报表前进行财产清查，对提高会计信息质量、提高企业管理效率具有重要意义，具体表现为以下几点。

1. 保证会计资料的真实性、可靠性

通过财产清查，可以确定各项财产物资的实有数，并与账存数对比确定盈亏情况，及时调整账面结存，做到账实相符，保证会计资料的真实性、可靠性。

2. 保护财产物资的安全、完整，提高资产利用效率

通过财产清查，可以发现各项财产物资有无被挪用、贪污、盗窃的情况，有无因管理不善而造成霉烂、变质、损失、浪费等情况，查明原因，分清责任，以便及时采取措施，加强管理，从而保护各项财产物资的安全、完整。而且通过财产清查，可以进一步查明各项财产物资的储备和利用情况，企业管理层能采取相应的调整措施。例如，对储备不足的存货及时设法补充，以满足生产经营活动的正常需要；对积压、呆滞的存货及时进行处理，避免潜在损失和浪费，加速资金周转。

3. 促进企业经营管理工作的改进，提高经济效益

通过财产清查，可以查明各项财产物资的储备和利用情况，查明有无储备不足或积压、滞销情况，查明有无长期拖欠、拒付款项及未达账项，以便及时处理，充分挖掘物资潜力，加速企业资金周转，提高经济效益。

三、财产清查的范围

财产清查的范围极为广泛，从形态来看，不仅包括各种实物的清点，而且包括各种债权、债务和结算款项的查询核对，如在建工程、房屋建筑物、机器设备、运输设备等固定资产，各种器具、用具、工具、仪器、存货、库存现金、银行存款、应收款项及股票、债券等各种有价证券；从存放地点来看，不仅包括对存放在本企业的财产物资的清查，而且包括对存

放在外单位的实物和款项的清查,如租入、租出的包装物和固定资产。另外,为了保护国家财产、明确经济责任,对其他单位委托代为保管或加工的材料物资、委托其他单位加工的材料和商品物资,也同样要进行清查。

第二节 财产清查的基本方法

一、财产清查的工作程序

(一)准备阶段

财产清查工作量大、涉及面广,是一项复杂、细致的工作。为了使财产清查工作有序进行,达到既定的目的,清查前的准备工作非常重要,它直接关系到财产清查工作的顺利进行以及清查的质量。财产清查前的准备工作一般包括以下几个方面。

1. 建立财产清查组织,部署清查工作

为了做好财产清查工作,应当根据财产清查的范围和任务建立相应的财产清查组织或配备必要的财产清查人员。通常情况下,在进行全面清查时,应在单位总会计师及主管厂长或经理的领导下,成立由会计、业务、仓库等有关部门专业人员组成的财产清查小组,具体负责财产清查的领导工作。它的主要任务是:根据清查目的和要求,研究、制订财产清查计划,确定财产清查的对象和范围,安排清查工作进度,确定清查工作的方式方法,配备清查人员,确定清查的具体要求。在清查工作进行中,做好具体组织、检查和督促工作,及时研究和处理清查现场的问题;在清查过程结束后,及时进行总结,将清查的结果和处理意见上报领导和有关部门审批。在进行局部清查时,可根据清查的范围和具体任务,建立财产清查组织或配备必要的清查人员进行财产清查工作。

2. 确定清查对象并制定清查方案

确定清查对象就是要确定财产清查的具体内容。财产清查的内容一般应根据会计核算和管理的要求、国家的有关法律法规及企业的相关管理制度来决定。例如,会计制度规定,单位在年终决算前为保证会计信息的真实可靠,应当进行财产清查。因此,单位在年终决算前就应当对其财产进行全面清查。再如,按照国家有关法律规定,企业在合并、兼并、合资、清算时必须进行财产清查。另外,单位还应根据内部制度的资产管理制度(如存货管理制度)对相关财产进行清查。

在确定清查对象的基础上,需要进一步明确实施财产清查所要达到的目的和要求,并据以制定清查方案,即财产清查的计划。清查方案是清查过程的具体程序和步骤,它详细规定了清查的时间安排、清查步骤、清查方法和人员组织等具体内容。其中,确定清查方法是制定清查方案的重要环节。清查方法是指在对某项财产物资进行财产清查时,究竟采用实地盘点法还是测量计算法,以对所查财产进行求数的具体方法。企业应根据不同财产物资的特点选择不同的清查方法。

3. 进行财产清查的业务准备

在财产清查前，各业务部门，尤其是财产物资管理部门和会计部门，应积极配合，做好各项准备工作。

首先，会计部门和会计人员应将清查前的所有经济业务全部登记入账，并结出余额，将总账及其所属明细账进行核对，做到账证相符、账账相符。对于银行存款、银行借款和结算款项的清查还应取得相应的对账单，以便查对。

其次，财产物资管理部门和保管人员应将截止到财产清查之日以前的所有经济业务办妥凭证手续，全部登记入账，并结出余额；同时，应将所保管的各种财产物资整理清楚，排列整齐，挂上标签，标明品种、规格和结存数量等，以备查对。清查小组则应组织有关部门准备好计量器具，按国家规定的标准提前校验准确，并准备好财产清查所需的各种登记表册等。

此外，为保证财产清查工作有序进行，还应当组织相关清查人员认真学习相关规定和文件，对清查人员进行必要的业务指导和相关规章制度的培训，提高他们执行政策的能力和业务水平，以确保财产清查工作的质量，实现财产清查的目的。

（二）实施清查阶段

财产清查的重要环节是盘点财产物资的实存数量。为明确责任，在财产清查过程中，实物保管人员必须在场，并参加盘点工作，盘点结果应由清查人员填写“盘存单”，详细说明各项财产物资的编号、名称、规格、计量单位、数量、单价和金额等，并由盘点人员和实物保管人员分别签字盖章。“盘存单”是实物盘点结果的书面证明，也是反映财产物资实存金额的原始凭证。其格式如表 6-1 所示。

表 6-1

盘存单

单位名称：　　　　盘点时间：　　　　编　号：

财产类别：　　　　存放地点：

编号	名称	规格	计量单位	数量	单价	金额	备注

盘点人签章：　　　　实物保管人签章：

（三）分析处理阶段

盘点完毕，会计部门应根据“盘存单”上所列物资的实际结存数与账面结存记录进行核对，对于账实不符的，编制“实存账存对比表”，确定财产物资盘盈或盘亏的数额。“实存账存对比表”是调整账面记录的重要原始凭证，也是分析盘盈、盘亏原因，明确经济责任的重要依据。其一般格式如表 6-2 所示。

表 6-2　实存账存对比表

单位名称：　　20××年×月×日

编号	类别及名称	计量单位	单价	实存		账存		对比结果				备注
				数量	金额	数量	金额	盘盈		盘亏		
								数量	金额	数量	金额	

二、财产清查的方法分类

企业财产物资因形式和存放地点等不同而具有不同的特点，在财产清查过程中，应根据各类财产物资的特点分别采取不同的方法。

（一）按清查范围划分

按清查的范围不同，财产清查可分为全面清查和局部清查两种。

1. 全面清查

全面清查是指对企业所有财产物资进行全面的盘点和核对。全面清查的内容一般包括上述清查范围所列出的所有项目。全面清查由于内容多、范围广、工作量很大，一般在下列情况发生时才展开：① 年终决算前；② 开展清产核资以及单位撤销、合并、改变隶属关系前；③ 中外合资、国内合资前；④ 企业股份制改制前；⑤ 开展全面的资产评估、清产核资前；⑥ 单位主要领导调离工作前等。

2. 局部清查

局部清查是指根据需要对一部分财产物资所进行的盘点和核对，主要是对货币资金、存货等流动性较大的财产的清查。局部清查范围小、内容少、时间短、参与人员少，但专业性较强。

（二）按清查时间划分

按是否预先制订有计划，财产清查可分为定期清查和不定期清查两种。

1. 定期清查

定期清查是指根据事先计划或管理制度规定的时间安排对财产所进行的清查。这种清查可以是全面清查，也可以是局部清查。定期清查通常在年末、季末、月末结账时进行，目的是在编制财务报表前能发现账实不符的情况，并及时调整有关账簿记录，使账实相符，从而保证财务报表资料的客观真实性。

2. 不定期清查

不定期清查是指事先没有安排计划，而是根据需要临时进行的清查。不定期清查可以是局部清查，也可以是全面清查。企业进行不定期清查的常见情形包括：更换财产物资、库存现金保管人员时进行清查，以分清经济责任；发生自然灾害或意外损失，为了查明损失情况，需要对受损财产物资进行清查；上级主管部门、财政、银行、物价、审计等部门对单位进行检查时,按检查要求和范围所进行的清查;也可能是根据临时性清产核资的要求,对某些要求清查的资产进行清查。

(三) 按清查执行单位划分

按清查执行单位不同,财产清查可分为内部清查和外部清查两种。

1. 内部清查

内部清查是指企业组织内部有关人员对本企业财产所进行的清查。

2. 外部清查

外部清查是指由企业外部的有关部门或人员根据有关规定对本企业财产所进行的清查。

对财产清查种类的理解如图 6-1 所示。

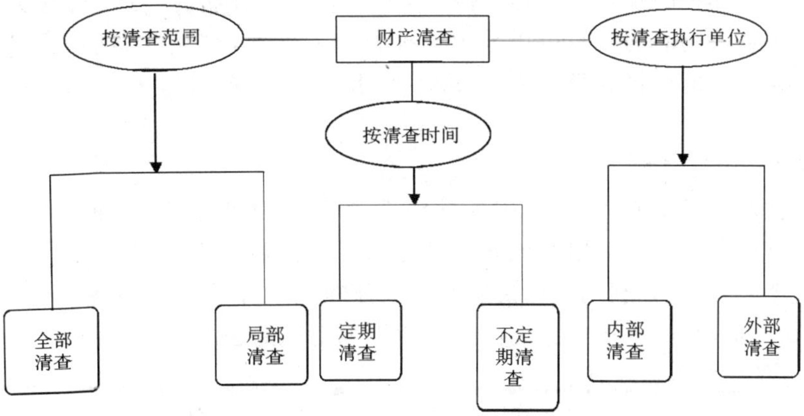

图 6-1 财产清查分类结构

三、财产清查的基本方法

(一) 财产清查的一般方法

为了查明各项财产的实存数额,确保账实相符,完成财产清查任务,需要了解和掌握不同财产物资的清查方法。财产清查的一般方法包括对财产物资的实存数量的清查方法和财产物资金额的确定方法。

1. 财产物资实存数量的清查方法

对于实物资产,应从数量和质量两个方面进行清查。不同品种的财产物资,由于实物形态、类别、用途、使用性能、体积、重量、堆放方式不同,进行财产清查时所采用的方法也不尽相同。实物资产的具体清查方法主要有以下几种。

(1) 实地盘点法

实地盘点法是指在财产物资堆放现场进行逐一点数或用过磅、量尺等计量仪器来确定实物资产的实有数额的一种方法。在财产清查中,这种方法适用范围较广,大多数财产都可以使用,比如对单位库存现金等货币资金的清点,对仓库保管的各种原材料、产成品和商品的清查,以及对各种机器设备、固定资产和在建工程的清查等。实地盘点法要求严格，数字准确可靠，清查质量高，但工作量大。在实际工作中，为了便于点数和计量，可以采用标准容器盛装材料、物品来达到快速、准确的效果。

(2) 抽样盘存法

抽样盘存法是指首先从总体或总量中抽取少量样本，通过测量确定样本的数量，然后根据样本推算出总体数量的一种方法。抽样盘存法通常用于对价值小、数量多、重量比较均匀、不便于逐一点数的实物财产的盘点。最常见的抽样盘存法是随机抽样法。随机抽样法是从总体单位中随机抽取部分单位进行盘点，依据其盘点的结果推算出总体有关指标的一种方法。

(3) 技术推算法

技术推算法是指对于大堆物资，有时难以逐一点清，可以先测算其总体积，再利用技术方法测算其单位体积的重量，然后再计算总重量的一种方法。例如，对露天存放的煤、散装的化肥和饲料等物品的推算可以采用这种方法。另外，对于价值小、数量多、重量比较均匀的已经包装好的材料和商品等，一般不便于逐一点数，可以采用抽查盘点，然后确定其总数量。

(4) 查询法

查询法是指通过发函或派人，运用查对、询问的方式确定财产数量或价值的一种清查方法。查询法可以通过与有关单位或人员进行面谈来弄清财产数量或价值，也可以发函给有关单位或个人，让对方利用信函说明经济业务的实际情况，以此来确定财产的数量和价值。另外，对于债权、债务等业务的清查也通常采用查询法。

2. 财产物资金额的确定方法

对实物资产实存金额的确定方法一般采用账面价值法、评估确认法、协商议价法和对账单法等。

(1) 账面价值法

账面价值法是根据各项财产物资的实存数量乘以单位账面价值来确定实存金额的一种方法。比如，当存货购进时间、批次和价格存在差异时，要确定发出存货的价值，就需要确定和选择一定的存货计价方法，以确定发出存货的价值以及每次发出后的存货价值。一般情况下，可以采用账面价值法进行存货计价。其中，账面单位价值的确定，可以采用先进先出法、全月一次加权平均法、移动加权平均法等。

(2) 评估确认法

评估确认法是根据资产的特点，由专门的评估机构依据资产评估方法对有关的财产物资进行评估，确定其实存金额的一种方法。这种方法适用于企业改组、隶属关系改变、联营、单位撤销和清产核资等情况。

(3) 协商议价法

协商议价法是根据涉及资产利益的有关各方，按照互惠互利原则，参考目前市场价格进行协商确定财产物资实存金额的一种方法。这种方法适用于企业以资产对外投资的情况。

(4) 对账单法

对账单法是指通过账簿与对方开出的对账单进行核对的方式，查明单位财产数量和价值的一种清查方法。对账单法实际上是利用两种或两种以上的书面资料相互核对，来验证其内容是否正确和真实的一种方法。本单位可以根据账簿记录开出对账单，主动与对方进行核对，确认财产的数量或金额，也可以接受外单位开出的对账单，与自己的账簿记录进行核对，看是否有错误之处。对账单法主要适合于对银行存款和其他往来款项的清查。

（二）财产清查的具体方法

1. 实物资产的清查

实物资产包括具有实物形态的各种财产，如材料、半成品、产成品、外购商品和固定资产等。对实物资产的清查应从数量和质量两方面进行，即检查数量是否与账簿记录一致，检查质量是否符合相应的要求。为了明确经济责任，在进行财产物资盘点时，有关财产物资保管人员必须在场，并参加盘点工作。具体清查程序如下。

（1）清点实物

清查人员可采用实地盘点法对实物进行点数、过秤或度量，来确定其实存数量。在清查过程中应当注意的事项如下：对于各种库存材料、产成品，应注意核对其品名、数量是否与标签标明的内容相一致，有无名不符实或毁损、变质的情况；对于在产品、半成品除清点数量外，同时还要注意其配套性和完工程度等；对委托加工的外存实物、在途实物的清查，可采用与外单位核对的方法，查明账实是否相符；对固定资产的清查，应着重检查使用情况、磨损情况、有无毁损和丢失、折旧的提取情况。清查后，要加强实物的管理，防止前清后乱。

（2）登记盘存表

清点实物后，应将清点结果记入盘存表中，并由盘点人员和实物保管人员签字、盖章。盘存单是反映清查实物的实有数量和质量情况、记录各项财产物资实存数盘点的书面证明，也是财产清查工作的原始凭证之一。盘存单中各项实物的类别、编号、名称、规格和计量单位等必须与会计账簿记录中所采用的相一致，以便与账面资料进行核对。

（3）编制实存账存对比表

为了进一步查明盘点结果与账面结存余额是否一致，确定盘盈、盘亏情况，还要根据盘存单和有关账簿记录，填制实存账存对比表（也称盘点盈亏报告表）。通过对比，确定各种实物资产的实存数与账存数之间的差异，用以调整账簿记录，分析产生差异的原因，明确经济责任。其一般格式如表 6-3 所示。

表 6-3 实存账存对比表

<table>
<tr><th rowspan="3">名称</th><th rowspan="3">规格型号</th><th rowspan="3">计量单位</th><th rowspan="3">单价</th><th colspan="2">实存</th><th colspan="2">账存</th><th colspan="4">实存与账存对比</th><th rowspan="3">备注</th></tr>
<tr><th rowspan="2">数量</th><th rowspan="2">金额</th><th rowspan="2">数量</th><th rowspan="2">金额</th><th colspan="2">盘盈</th><th colspan="2">盘亏</th></tr>
<tr><th>数量</th><th>金额</th><th>数量</th><th>金额</th></tr>
<tr><td></td><td></td><td></td><td></td><td></td><td></td><td></td><td></td><td></td><td></td><td></td><td></td><td>保管员责任，计量误差</td></tr>
<tr><td colspan="2">合计</td><td></td><td></td><td></td><td></td><td></td><td></td><td></td><td></td><td></td><td></td><td></td></tr>
</table>

2. 货币资金的清查

(1) 库存现金的清查

对于库存现金的清查，一般采用实地盘点的方法来确定库存现金的实存数，再与库存现金日记账的账面余额进行核对，以查明账实是否相符及盈亏情况。为了明确经济责任，在盘点库存现金时，出纳人员必须在场。清查过程中应特别注意查明有无挪用库存现金，有无以白条、借条、收据及待报销凭证等冲抵库存现金，有无超限额保留库存现金和任意坐支库存现金等违反现金管理制度的现象，以及有无库存现金短缺或溢余的问题等。

对于库存现金的盘点结果，要填制库存现金盘点报告表，由盘点人和出纳员共同签字或盖章方能生效。库存现金盘点报告表兼有盘存单和实存账存对比表的作用，是反映现金实有数的原始凭证，可以作为查找账实产生差异的原因和调整账簿记录的重要依据。表 6-4 是易控公司 2010 年 6 月 30 日库存现金盘点报告表。

表 6-4　库存现金盘点报告表

单位：××公司　　2018 年 6 月 30 日

实存金额	账存金额	实存和账存对比		备注
		长款	短款	
8 437.74	9 437.74		1 000	员工张亮借条 1 张，金额 1 000 元

盘点人：　　复核人：　　出纳员：

库存现金的盘点方法同样适用于国库券、金融债券、公司债券和股票等有价证券的清查。

(2) 银行存款的清查

银行存款的清查，主要是采用与银行核对账目的方法，即企业根据银行每月抄送的对账单，与银行存款日记账逐笔核对其收付发生额和结出的余额。企业的银行存款日记账和银行送来的对账单核对不相符，除了可能是记账或计算发生错误外，还可能是存在未达账项的原因。

所谓未达账项，是指在企业和银行之间，由于凭证的传递时间不同导致双方记账时间不一致，而发生的一方已经接到有关结算凭证登记入账，而另一方由于尚未接到有关结算凭证而未入账的事项。总的来说，未达账项有两大类型：一是企业已经入账而银行尚未入账的款项，二是银行已经入账而企业尚未入账的款项。具体来讲未达账项有以下四种情况：

① 企业存入银行的款项，企业已经作为存款的增加登记入账，而银行尚未收到有关凭证，因而尚未登记入账的款项（企业已收而银行未收的款项）；

② 企业开出支票或其他有关凭证，并已作为存款的减少登记入账，而银行因尚未办理转账手续，尚未登记入账的款项（企业已付而银行未付的款项）；

③ 银行代企业收进的款项，银行已经登记入账，作为企业存款的增加，而企业尚未收到有关凭证，尚未登记入账的款项（银行已收而企业未收的款项）；

④ 银行代企业支付的款项，银行已经作为存款的减少登记入账，而企业因尚未收到有关凭证，尚未登记入账的款项（银行已付而企业未付的款项）。

上述任何一种情况的发生，都会造成企业与银行双方的账面余额不一致。在①、④两种情况下,企业账面的存款余额大于银行账面的存款余额;而在②、③两种情况下,企业账面的存款余额小于银行账面的存款余额。为了查明银行存款余额的正确数字,同时也为了消除未达账项的影响,应当根据银行的对账单同企业的账簿记录逐项进行核对。在核对过程中,如有疑问,应请银行提供证明,若发现银行的记录有错账、漏账,应及时通知银行查明更正。对未达账项则应于查明后编制"银行存款余额调节表",如果双方账目没有发生其他差错,所求得的双方账面余额必定相符,否则,就要进一步检查不符的原因。

补记式"银行存款余额调节表"的编制方法是:企业与银行双方在各自存款余额的基础上,加上对方已收、本单位未收款,减去对方已付、本单位未付款。采用这种方法进行调节,如双方调节后的余额相等,说明双方记账相符,否则,说明一方记账有错误或余额调节表中的计算有错误,应给予更正。通过"银行存款余额调节表"进行调节,所得到的调节后的余额,也是企业当时实际可以动用的款项。

下面举例说明补记式"银行存款余额调节表"具体编制方法。

【例 6-1】 建元公司 20××年 10 月 31 日银行存款日记账的账面余额为 140 000 元,银行送来的对账单上的余额为 142 000 元,经逐笔核对,发现以下未达账项:

① 企业于月末开出转账支票 5 500 元,持票人尚未向银行办理转账手续,银行尚未入账。

② 企业委托银行代收外地销货款 5 000 元,银行已经收到入账。但企业尚未收到收款通知,因而尚未入账。

③ 企业于月末存入从其他单位收到的转账支票 6 500 元,银行尚未入账。

④ 银行代企业支付水电费 2 000 元,但企业尚未收到付款通知,因而尚未入账。

现根据上述资料,编制"银行存款余额调节表",如表 6-5 所示。

表 6-5　银行存款余额调节表

20××年 10 月 31 日　　单位:元

项目	金额	项目	金额
企业银行存款日记账的账面余额	140 000	银行对账单上的存款余额	142 000
加:银行已收,企业未收的款项	5 000	加:企业已收,银行未收的款项	6 500
减:银行已付,企业未付的款项	2 000	减:企业已付,银行未付的款项	5 500
调节后的存款余额	143 000	调节后的存款余额	143 000

需要指出的是,"银行存款余额调节表"只起对账的作用,不能作为调节账面余额的凭证,银行存款日记账的登记,还应待收到有关原始凭证后再进行。以上银行存款的清查方法,也适用于银行借款的清查。

(3) 其他货币资金

其他货币资金与一般的银行存款相比具有特殊性,是企业中具有单独存放地点和专门用途的货币资金。对于其他货币资金,可以根据其明细账的特点选择适当的方法进行清查。

① 对外埠存款、银行汇票存款、银行本票存款和信用证存款的清查,可以采用向本地或异地开户银行函证索取对账单,进行余额的核对,以便及时了解有无挪用资金或不及时

办理结算等问题。

② 对存出投资款的清查,可以采用向证券公司函证索取资金对账单和资金流水明细账进行检查与核对,以防止挪用或侵占企业资金的现象发生。

3. 往来款项的清查

清查各项往来结算款项,一般采用函证同结算对方核对账目的方法。在检查本单位各项往来结算账目正确、完整的基础上,按每一个经济往来单位填制往来款项对账单,一式两联,派人或发函与对方进行核对,其中一联送交对方单位核对账目,另一联作为回联单。对方单位经过核对相符后,在回联单上加盖公章退回,表示已核对;如有数字不符,对方单位应在对账单中注明情况,然后退回原单位或另抄对账单退回原单位,作为进一步核对的根据。本单位应进一步查明原因,再行核对,将清查结果编制成往来款项清查报告单并填入各项债权、债务的余额。对于有争议的款项以及无法收回的款项,应在报告单上详细列明情况,以便及时采取措施进行处理。

第三节 财产清查结果的处理

对于财产清查中发现的各种财产管理和会计核算方面的问题,应在查明原因、分清责任的基础上,以国家的有关政策、法令以及单位的制度为依据,实事求是地进行妥善、严肃的处理。

一、财产清查结果的会计处理

1. 分析差异性质,查明产生差异的原因,明确责任归属

企业财产清查的结果有两种情况:一种情况是实存数与账存数一致,即账实相符,这时可直接根据账簿资料编制报表;另一种情况是实存数与账存数不一致,即账实不符。账实不符也有两种情况:一是实存数大于账存数,称为盘盈;二是实存数小于账存数,称为盘亏。如果实存数与账存数一致,但财产物资有质量问题,不能正常使用,称为毁损。不论是盘盈,还是盘亏、毁损,都需要进行账务处理,调整账存数,以保证账实相符。存在盘盈、盘亏或毁损的情况,说明企业在经营管理和财产保管中存在一定的问题。因此,一旦发现账实不符,应核准数字,分析产生差异的原因,明确经济责任,提出相应的处理意见,只有按规定的程序经过批准后,才能对差异进行处理。

2. 积极处理多余的积压物资,清理长期拖欠的债权、债务

对财产清查中发现的积压、多余或不需要的物资,要及时制订处理计划,报请批准后,积极处理。除了要在企业内部加以利用、改制外,还应积极组织销售。对于物资储备不足或品种不配套等问题,应提请领导和有关部门及时解决和研究改进;对储备不足的物资应及时提请供应部门组织采购,对于不成套的半成品则应提请计划部门改进生产进度;对于清查中发现的长期拖欠不清的应收、应付款项,也应查明原因,限期清理;对于已确认无法

收回的应收款、无法偿还的应付款，应报请核销。由于管理、计划工作失误而造成的重大经济损失，亦应追究有关部门和人员的经济责任。对财产清查结果提出的处理意见应及时按规定程序上报批准执行。对已授权的财产清查小组处理范围内的事项，应由财产清查小组做出处理决定，付诸实施。

3. 总结经验教训，提出改进措施，建立健全财产管理和清查制度

财产清查的主要目的是改进财产管理工作，做到合理使用财产，加速资金周转，保护国家财产安全、完整，全面提高经营管理水平。因此，每个企业都要认真总结财产管理的先进经验，吸取造成损失浪费的经验教训。针对财产清查中发现的问题，相应地提出改进措施，使财产管理制度更加健全。对财产清查工作本身也应进行总结，使财产清查工作更加科学，财产清查制度更加完善。

4. 调整账簿记录，保证账实相符

财产清查中所确定的账实不符的差异是会计账务处理的对象。根据账存实存对比表等原始凭证，编制记账凭证，盘亏和毁损的财产物资要从反映该种财产物资的账户上予以冲减，盘盈的财产物资要从反映该种财产物资的账户上予以附加，使各项财产的账存数同实存数完全一致。如果财产清查是在办理年终决算之前进行的，这些差异数字必须在结账之前记入账簿，以便决算报表能如实反映各项财产的真实情况。

二、财产清查结果处理时应设置的账户

为了全面核算在财产清查过程中所发现的财产物资的盘盈、盘亏、毁损情况以及相关处理情况，会计核算中应设置“待处理财产损溢”账户，用于核算企业在清查财产过程中查明的各种财产盘盈、盘亏、毁损的价值，包括盘盈存货的价值。物资在运输途中发生的非正常短缺与损耗，也通过本科目核算。盘盈固定资产的价值在“以前年度损益调整”科目中核算，不在本科目中核算。

“待处理财产损溢”账户属于资产类账户。借方登记盘亏和毁损的各种材料、库存商品等以及经批准结转的盘盈数，贷方登记盘盈的现金、各种材料、库存商品等以及经批准结转的盘亏、毁损数。本科目处理前的借方余额，反映企业尚未处理的各种财产的净损失；处理前的贷方余额，反映企业尚未处理的各种财产的净溢余。企业清查的各种财产的损溢，应在期末前查明原因，并根据企业的管理权限，经股东大会或董事会，或经理（厂长）会议、类似机构批准后，在期末结账前处理完毕。因此，期末处理后，本科目应无余额。本科目应按“待处理流动资产损溢”和“待处理固定资产损溢”设置明细科目，进行明细分类核算。“待处理财产损溢”账户的结构如图 6-2 所示。

借方　　　　　　待处理财产损溢　　　　　　贷方

（1）盘亏、毁损的各种材料，库存商品等的价值 （2）结转经批准处理的财产盘盈数	（1）盘盈的现金、各种材料、库存商品等的价值 （2）结转经批准处理的财产盘亏和毁损数

图 6-2 “待处理财产损溢”账户的结构

三、财产清查结果的财务处理

1. 固定资产盘盈和盘亏的账务处理

(1) 固定资产盘盈的核算

对于在清查中盘盈的固定资产，我国《企业会计准则——应用指南》中特别规定，固定资产的盘盈，应作为前期差错记入"以前年度损益调整"账户，不通过"待处理财产损溢"账户核算。

【例 6-2】 某企业在财产清查中盘盈设备1台，其重置价值20 000元，估计八成新。根据其净值所列的盘盈数额，编制会计分录如下：

借：固定资产　　　16 000

　贷：以前年度损益调整　　16 000

(2) 固定资产盘亏的核算

对于在清查中发现的盘亏和毁损的固定资产，在审批前，应按账面净值借记"待处理财产损溢——待处理固定资产损溢"账户，按已提折旧额借记"累计折旧"账户，按账面原值贷记"固定资产"账户；审批后，根据上级批准意见，借记"营业外支出"账户，贷记"待处理财产损溢——待处理固定资产损溢"账户。

【例 6-3】 某企业在财产清查中，发现短缺设备1台，账面原价150 000元，已提折旧95 000元。

审批前，根据"实存账存对比表"所列的盘亏数额，编制会计分录如下：

借：待处理财产损溢——待处理固定资产损溢　　55 000

　　累计折旧　　95 000

　贷：固定资产　　150 000

审批后，根据批准处理意见，编制会计分录如下：

借：营业外支出　　55 000

　贷：待处理财产损溢——待处理固定资产损溢　　55 000

2. 流动资产盘盈和盘亏的账务处理

(1) 流动资产盘盈的核算

对于流动资产的盘盈，经查明是收发计量或核算上的误差等原因造成的，应及时办理有关手续，以实际数为标准调整账面记录，借记有关账户，贷记"待处理财产损溢——待处理流动资产损溢"账户，报经有关部门批准后，再冲减管理费用，借记"待处理财产损溢——待处理流动资产损溢"账户，贷记"管理费用"账户。

【例 6-4】 某企业在财产清查时，发现盘盈甲材料160千克，每千克50元，经查明是由于收发计量不准造成的。

批准前，根据"实存账存对比表"所列的盘盈数额，编制会计分录如下：

借：原材料——甲材料　　8 000

　贷：待处理财产损溢——待处理流动资产损溢　　8 000

批准后，根据批准处理意见，编制会计分录如下：

借：待处理财产损溢——待处理流动资产损溢　　8 000

　贷：管理费用　　8 000

【例 6-5】　某企业在财产清查时，发现现金溢余 210 元，无法查明溢余原因。

批准前，根据“现金盘点报告表”确定的现金盘盈数额，编制会计分录如下：

借：库存现金　　210

　贷：待处理财产损溢——待处理流动资产损溢　　210

批准后，根据批准处理意见，编制会计分录如下：

借：待处理财产损溢——待处理流动资产损溢　　210

　贷：营业外收入　　210

(2) 流动资产盘亏和毁损的核算

发生盘亏和毁损的流动资产，在上级主管部门下发批准意见前，应先结转到“待处理财产损溢——待处理流动资产损溢”账户的借方，批准以后再根据造成盘亏和毁损的原因，分情况进行如下处理：

① 属于非正常损失的，能确定过失人的，则由过失人负责赔偿，列入“其他应收款”；属于自然灾害造成的损失，扣除保险公司赔款和残值后，列入“营业外支出”账户。

② 属于正常损失的，经批准后转作管理费用，应借记“管理费用”账户，贷记“待处理财产损溢——待处理流动资产损溢”账户。

【例 6-6】　某企业在进行财产清查时，发现库存乙产品短缺 40 千克，单位成本为 25 元，经查明属于定额内损耗。

审批前，根据“实存账存对比表”所列的盘亏数，编制会计分录如下：

借：待处理财产损溢——待处理流动资产损溢　　1 000

　贷：库存商品——乙产品　　1 000

审批后，根据批准处理意见，编制会计分录如下：

借：管理费用　　1 000

　贷：待处理财产损溢——待处理流动资产损溢　　1 000

【例 6-7】　某企业发生火灾导致损失丙材料 3 000 千克，每千克买价为 100 元，为购进该批材料发生的增值税税额为 48 000 元。

审批前，根据“实存账存对比表”所列的毁损数，编制会计分录如下：

借：待处理财产损溢——待处理流动资产损溢　　348 000

　贷：原材料——丙材料　　300 000

　　应交税费——应交增值税（进项税额转出）　　48 000

上述材料保险公司应赔偿 50%，责任人应赔偿 10%，其余的经批准列作“营业外支出”。经过审批后，编制会计分录如下：

借：其他应收款——保险公司　　174 000

　　　　　　——责任人　　34 800

　营业外支出——非常损失　　139 200

　贷：待处理财产损溢——待处理流动资产损溢　　348 000

【例 6-8】　某企业在财产清查时，发现现金盘亏 450 元，其中 150 元应由出纳员赔偿，另外300元无法查明盘亏原因。

批准前,根据“现金盘点报告表”确定的现金盘亏数额,编制会计分录如下:

借:待处理财产损溢——待处理流动资产损溢　　450

　贷:库存现金　　450

批准后,根据批准处理意见,编制会计分录如下:

借:其他应收款　　150

　管理费用　　300

　贷:待处理财产损溢——待处理流动资产损溢　　450

3. 应收账款清查结果的账务处理

应收账款清查结果需要处理的内容与货币资金和实物资产的清查结果不同。应收账款的清查结果主要有两种:一是在同对方单位或个人对账以后,双方承认所欠款项,对于这种情况在会计上不需要进行账务处理;二是在与对方单位或个人对账以后,对方不承认所欠款项,或对方单位已破产清算,个人已死亡等,在这种情况下,对方所欠的款项就有可能部分或全部收不回来,由此而给企业造成损失。企业的应收账款因某种原因收不回来而给企业造成的损失,在会计上称为坏账损失。对于在财产清查中已经确认的坏账损失,需要进行账务处理。

按有关会计制度的规定,企业对发生的坏账损失应采用备抵法进行处理。所谓备抵法是指按期(一般在每年年末)估计可能发生的坏账损失,按照应收账款的一定比例提取坏账准备金,在以后的连续年度发生坏账时,根据坏账金额冲减坏账准备金的一种做法。估计坏账损失的方法有应收账款余额百分比法和账龄分析法等。

(1) 账户设置

采用备抵法对企业发生的坏账损失进行处理时,应设置“坏账准备”账户。“坏账准备”账户属于资产类账户,用以核算企业坏账准备金的提取和转销情况。该账户贷方登记按照规定的办法提取的坏账准备金(增加数),借方登记已经确认的坏账损失冲销坏账准备金数(减少数,即转销数),年末贷方余额反映坏账准备的提取数。

需要注意的是,与“累计折旧”账户一样,“坏账准备”账户也是一个结构非常特殊的账户。它虽然属于资产类账户,但由于该账户是“应收账款”的备抵调整账户,一般是先有贷方发生额(先提取),后有借方发生额(后转销)。

另外,对应收账款清查结果的账务处理不经过“待处理财产损溢”账户,在发现之后暂不作账务处理,经过批准以后,直接在“坏账准备”账户核算。

(2) 账务处理

【例6-9】 2008年起,天天公司采用应收账款余额百分比法提取坏账准备,提取比例为5‰。当年年末应收账款金额为300 000元。

当年应提取的坏账准备金=300 000元×5‰=1 500元。

对于提取坏账准备的业务,应填制转账凭证,编制的会计分录如下:

借:资产减值损失　　1 500

　贷:坏账准备　　1 500

【例6-10】 2009年2月,天天公司在财产清查中确认有800元货款已确实无法收回，经批准作为坏账损失转销。

对转销坏账损失的业务，应填制转账凭证，编制的会计分录如下：

借：坏账准备　　800

　贷：应收账款　　800

4. 应付账款清查结果的账务处理

（1）应付账款清查结果需要处理的内容

对于应付账款的清查需要进行账务处理的，主要是指由于企业的债权单位已经撤销等原因，致使企业无法支付款项。按照规定，企业确实无法支付的应付款项，经批准应转作企业的营业外收入，直接借记"应付账款"账户（减少数），贷记"营业外收入"账户（增加数）。

（2）账务处理

【例 6-11】 2009 年 12 月，天天公司在财产清查中确认有 20 000 元应付账款因对方单位撤销而确实无法偿还给对方，经批准转作企业的营业外收入。

对无法支付的应付账款转作营业外收入的业务，应填制转账凭证，编制的会计分录如下：

借：应付账款　　20 000

　贷：营业外收入　　20 000

需要注意的是，对应付账款清查结果的账务处理与对应收账款清查结果的账务处理一样，也不通过"待处理财产损溢"账户核算。

小　结

财产清查是指通过对货币资金、财产物资和往来款项的实地盘点与核对，以查明其实有数与账面数是否相符的一种专门的会计核算方法。财产清查能够保证会计资料的真实性、可靠性；能够保护财产物资的安全、完整，加强经济责任；能够保证财经纪律和结算纪律的贯彻执行；能够促进企业经营管理工作的改进，提高经济效益。

财产清查按其清查的范围不同，可分为全面清查和局部清查两种；按其清查的时间不同，可分为定期清查和不定期清查两种。

企业、事业单位财产物资的盘存制度一般有永续盘存制和实地盘存制两种。永续盘存制又称账面盘存制，是指平时对各种财产物资的增加数或减少数，都要根据会计凭证在有关账簿中进行逐日的连续登记，并随时给出账面结存数额的一种方法。实地盘存制又称定期盘存制，是指平时对各种财产物资只登记其增加数，不登记其减少数，期末通过实地盘点来确定实际结存数，并倒算出本期减少数，再据以记账的一种方法。

财产清查一般可分为准备阶段、实施清查阶段及分析处理阶段。

由于企业所拥有的财产物资种类繁多、各有特点，财产清查中所采用的方法也不完全相同。对于实物资产和库存现金的清查采用实地盘点的方法进行；对于银行存款的清查采用与银行核对账目的方法进行;对于往来款项的清查应当区别情况,采用不同的方法加以查对。

"银行存款余额调节表"的基本编制方法是:在该表中先抄列出企业"银行存款日记账"和银行"对账单"双方的月末余额。在此基础上,加上对方已收款入账,本单位尚未入账的款项,减去对方已付款入账,本单位尚未入账的款项。经过调节以后得到双方新的余额,这两个余额应当是相等的。

对于财产清查的结果在会计核算上分两个步骤进行反映:① 调整账簿记录,做到账实相符;② 根据领导批复,做出最终处理。

"待处理财产损溢"账户用来核算企业在财产清查过程中需查明处理的各种财产物资盘盈、盘亏和毁损以及处理情况,并且设置"待处理固定资产损溢"和"待处理流动资产损溢"两个明细分类账户,进行明细核算。

复习思考题

1. 什么是财产清查? 企业为什么要进行财产清查?
2. 企业财产全面清查一般包括哪些内容?
3. 财产清查结果的账务如何进行处理?
4. 造成企业财产账实不符的主要原因是什么?
5. 什么是未达账项? 企业与开户银行之间的未达账项主要有哪几种?

案例分析

(1) 某企业在财产清查中,发现账外设备1台,其重置完全价值为80 000元,估计已提折旧额20 000元。

(2) 某企业在财产清查中,发现盘亏设备1台,其原价为200 000元,累计折旧为50 000元。

(3) 应收某企业货款50 000元,经清查确属无法收回,经批准转作坏账损失。

(4) 在财务清查中,企业将无法支付的应付账款20 000元经批准予以转销。

案例要求

对上述清查结果进行有关账务处理。

第七章　会计核算组织程序

【学习目的与要求】

理解会计核算组织程序的概念，了解会计核算组织程序的种类、作用，了解选用会计核算组织程序的原则，掌握记账凭证会计核算组织程序、科目汇总表会计核算组织程序、汇总记账凭证会计核算组织程序的特点和适用范围，了解多栏式日记账会计核算组织程序、日记总账会计核算组织程序和普通日记账会计核算组织程序，了解电算化条件下会计核算组织程序的特点。

【教学重点与难点】

教学的重点是：记账凭证会计核算组织程序、科目汇总表会计核算组织程序、汇总记账凭证会计核算组织程序的特点和适用范围。教学的难点是：电算化条件下会计核算组织程序的特点。

第一节　会计核算组织程序概述

一、会计核算组织程序的意义

会计核算组织程序，又称会计核算形式或账务处理程序，是指从经济业务发生取得或填制原始凭证开始到根据有关账簿记录编制财务报告为止的一个会计循环过程中，会计凭证组织、会计账簿组织、记账程序和记账方法相互结合的技术组织方式。

在会计核算过程中，会计凭证组织是指运用的会计凭证的种类、格式以及不同凭证之间的相互关系；会计账簿组织是指账簿的种类、格式以及各种账簿之间的相互制约关系；记账程序是指从填制、整理、传递会计凭证，到登记账簿、编制财务报表整个过程的工作步骤和方法。

会计核算组织程序规定了会计凭证、会计账簿、财务报表之间的关系。事实上，会计凭证、会计账簿和财务报表三种会计核算方法是一个有机的整体，如何应用会计凭证、会计账簿和财务报表等方法，与企业所确定的记账程序有着密切的关系。即使是对于同样的经济业务进行账务处理，如果采用的记账程序不同，所采用的会计凭证、会计账簿和财务报表的种类与格式也会有所不同。不同种类与格式的会计凭证、会计账簿、财务报表与一定的记账程序和记账方法相结合，就形成了在具体做法上有着一定区别的会计核算组织程序。账簿组织、记账程序和记账方法与会计凭证、会计账簿和财务报表有机结合的关系，如图 7-1 所示。

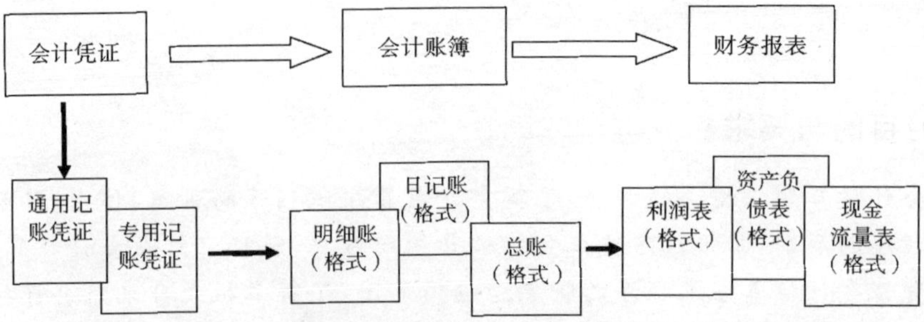

图 7-1　账簿组织、记账程序和记账方法与会计凭证、会计账簿和财务报表有机结合的关系

从图 7-1 中可以看出，会计核算组织程序以账簿组织为核心，把会计凭证、会计账簿和财务报表与记账程序和记账方法有机地结合起来，形成了一个严密的核算体系。因此，选用恰当合理的会计核算组织程序，对实现会计核算工作的科学化、标准化，有效地组织会计核算工作，提高会计核算工作质量和效率，充分发挥会计在经济管理中的作用，实现会计目标，更好地完成会计的各项任务都有着十分重要的意义。

如前所述，会计核算组织程序是由许多要素组成的。各要素之间既有联系，又相对独立。不同的记账程序和记账方法，就要求不完全相同的会计凭证、账簿组织与之相适应。因此，会计核算组织程序要素的不同组合方式，就产生了不同的会计核算组织程序。常用的会计核算组织程序主要有记账凭证会计核算组织程序、科目汇总表会计核算组织程序、汇总记账凭证会计核算组织程序、多栏式日记账会计核算组织程序、日记总账会计核算组织程序、普通日记账会计核算组织程序等。一种会计核算组织程序与另外一种会计核算组织程序的区别主要在于登记总分类账的程序和方法不同，与此相对应，登记总分类账的依据和总分类账的格式也不一样。不同的会计核算组织程序就是据此命名的。其中，科目汇总表和汇总记账凭证会计核算组织程序在企业单位、事业单位和行政单位中运用得比较广泛。

二、设计会计核算组织程序的原则

为了连续、全面、系统地反映企业的经济活动，为会计信息使用者提供系统的会计信息，合理、科学地组织会计核算工作，企业必须根据自身的具体情况，确定相应的会计核算组织程序，使会计凭证的填制、会计账簿的登记和财务报表的编制能够有机地结合起来，做到相互配合、相互衔接，从而形成一个严密的核算体系。各单位设计会计核算组织程序一般应遵循如下原则。

第一，设计或选用会计核算组织程序要与本单位的特点相适应。作为国民经济细胞的企业单位、事业单位、行政单位和其他经济组织经济性质不尽相同，各有特点，其规模大小、业务繁简程度也不一样，会计管理水平参差不齐。因此，会计科目的选用，账户的设置，会计凭证的种类、格式及编制方法，会计账簿的种类、格式及登记方法，记账程序的设计或选用，都必须在遵循国家统一会计制度或相关会计准则要求的前提下，设计或选择有利于本单位会计工作的分工协作和岗位责任制的落实，并有利于内部控制制度实施的会计核算组织程序。

第二，设计或选用会计核算组织程序要满足提供高质量会计信息的要求。经营管理决策和评价经营者的业绩需要高质量的会计信息，高质量会计信息的提供，需要借助于专门的会计方法和程序才能完成。因此，会计核算组织程序要适应本单位提供高质量会计信息的需要，为会计信息使用者提供高质量的、完整的会计核算资料。

第三，设计或选用会计核算组织程序应符合成本效益原则。在保证会计核算工作质量的前提下，力求简化核算手续，节省人力和物力，节约核算费用，提高会计核算的工作效率。

第二节　记账凭证会计核算组织程序

一、记账凭证会计核算组织程序的概念和特点

记账凭证会计核算组织程序是直接根据记账凭证逐笔登记总分类账的一种最基本的会计核算组织程序。其他类型的会计核算组织程序都是在此基础上演化派生出来的。它的主要特点就是直接根据记账凭证登记总账。

在这种会计核算组织程序下，记账凭证是登记总分类账的直接依据，即每一张记账凭证所记录的内容也要逐项分别登记在日记账和明细分类账中。因此，日记账和明细分类账登记的依据是相同的。另外，账簿记录的内容和记账凭证记录的内容也是相同的。

二、记账凭证会计核算组织程序的凭证、账簿组织

在采用记账凭证会计核算组织程序下，会计凭证一般包括原始凭证、汇总原始凭证（或称原始凭证汇总表）和记账凭证。原始凭证一般要汇总，编制汇总原始凭证。记账凭证可以采用单一凭证制，也可以采用多凭证制。也就是说，记账凭证可以采用统一格式，也可以根据经济业务内容分别设置收款凭证、付款凭证和转账凭证。设置的账簿主要是日记账、总分类账和明细分类账。日记账主要用来核算和监督库存现金和银行存款的收付和结存情况，所以应单独设置库存现金日记账和银行存款日记账。一般不再设置其他日记账，而由记账凭证作为全部经济业务的序时记录。由于库存现金日记账和银行存款日记账不作为登记总账的依据，不必采用多栏式账页格式，一般采用三栏式。此外，也可根据核算需要，单独设置转账日记账。总账是根据记账凭证逐项登记的，所以一般采用三

栏式账页格式。各种明细账应根据管理的不同要求分别设置，账页可采用不同格式。一般情况是存货明细账采用数量金额式账页格式，应收和应付账款明细账采用三栏式账页格式，生产成本、制造费用管理费用等成本费用类明细账采用多栏式账页格式。

三、记账凭证会计核算组织程序的记账程序

记账凭证会计核算组织程序的记账程序一般如下：

① 根据原始凭证编制汇总原始凭证；

② 根据原始凭证或汇总原始凭证，编制记账凭证；

③ 根据收款凭证、付款凭证逐笔登记库存现金日记账和银行存款日记账；

④ 根据原始凭证、汇总原始凭证和记账凭证登记各种明细分类账；

⑤ 根据记账凭证逐笔登记总分类账；

⑥ 期末，库存现金日记账、银行存款日记账和明细分类账的余额同有关总分类账的余额核对相符；

⑦ 期末，根据总分类账和明细分类账的记录，定期编制财务报表。

记账凭证会计核算组织程序的记账程序如图 7-2 所示。

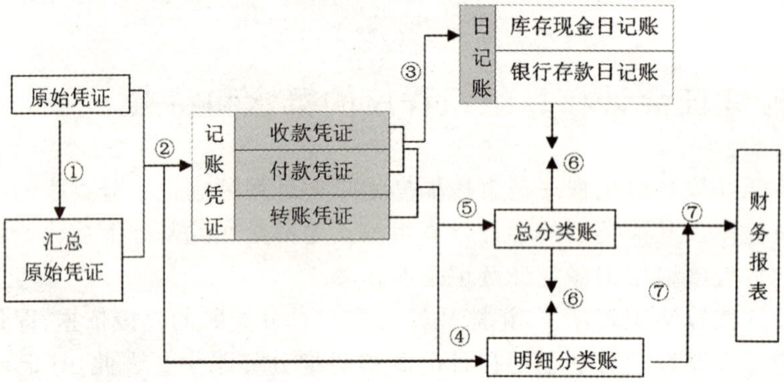

图 7-2　记账凭证会计核算组织程序的记账程序

四、记账凭证会计核算组织程序的优缺点及适用范围

记账凭证会计核算组织程序账簿组织严密，记账程序简单明了，易于操作和掌握。另外，总账登记的直接依据是记账凭证。所以，总分类账可以同时起到序时和分类的作用，能较详细地反映经济业务的发生情况。但是，由于总分类账是根据记账凭证逐笔登记的，因此，登记总分类账的工作量较大，期末对账也不简便。

记账凭证会计核算组织程序一般适用于规模较小、经济业务较少、日常编制记账凭证不多的单位。

第三节　汇总记账凭证会计核算组织程序

一、汇总记账凭证会计核算组织程序的概念和特点

汇总记账凭证会计核算组织程序是定期根据记账凭证分类编制汇总收款凭证、汇总付款凭证和汇总转账凭证，再根据汇总记账凭证登记总分类账的一种会计核算组织程序。它是在记账凭证会计核算组织程序的基础上发展起来的。

汇总记账凭证会计核算组织程序的主要特点是：根据记账凭证定期编制汇总记账凭证，再根据汇总记账凭证登记总分类账，登记总分类账的直接依据是汇总记账凭证。

在汇总记账凭证会计核算组织程序下，汇总记账凭证是登记总分类账的直接依据。各种明细账和日记账则是根据记账凭证登记的，它们和总分类账的登记依据是不同的。因此，在采用这种会计核算组织程序的情况下，必须加强日记账和总账、明细账和总账的核对，努力避免因汇总凭证而发生差错，导致账账不符。

二、汇总记账凭证会计核算组织程序的凭证、账簿组织

在汇总记账凭证会计核算组织程序下，会计凭证一般包括原始凭证、汇总原始凭证、记账凭证和汇总记账凭证。记账凭证一般采用多凭证制，按发生的经济业务内容分别设置收款凭证、付款凭证和转账凭证。与此相对应，汇总记账凭证有汇总收款凭证、汇总付款凭证和汇总转账凭证。各种账簿设置的种类和格式与记账凭证会计核算组织程序相同。所不同的是，汇总记账凭证会计核算组织程序登记总账的直接依据不是记账凭证，而是在编制记账凭证的基础上汇总编制的汇总记账凭证。

三、汇总记账凭证的格式和编制方法

汇总记账凭证是根据记账凭证定期（如 5 天或 10 天）汇总编制的。它是按每个科目设置，并按科目一方（借方或贷方）的对应科目进行汇总的。汇总记账凭证分为汇总收款凭证、汇总付款凭证和汇总转账凭证三种。其格式如表 7-1、7-2、7-3 所示。

表 7-1

汇总收款凭证

借方科目：银行存款（或库存现金）　　年　月　日　　　　汇收字第　　号

贷方科目	金　额				总账页数	
	1—10 日 收字第　号至第　号	11—20 日 收字第　号至第　号	21—30 日（或 31 日） 收字第　号至第　号	合计	借方	贷方
合计						

表 7-2

汇总付款凭证

贷方科目：银行存款（或库存现金）　　年　月　日　　　　汇付字第　　号

借方科目	金　额				总账页数	
	1—10 日 付字第　号至第　号	11—20 日 付字第　号至第　号	21—30 日（或 31 日） 付字第　号至第　号	合计	借方	贷方
合计						

表 7-3

汇总转账凭证

贷方科目：（总账科目）　　年　月　日　　　　汇转字第　　号

借方科目	金　额				总账页数	
	1—10 日 转字第　号至第　号	11—20 日 转字第　号至第　号	21—30 日（或 31 日） 转字第　号至第　号	合计	借方	贷方
合计						

汇总收款凭证按库存现金或银行存款科目的借方分别设置。根据一定会计期间的库存现金、银行存款的全部收款凭证，分别按与库存现金、银行存款相对应的贷方科目加以归类汇总。一般 5 天或 10 天汇总填列 1 次，每月编制 1 张。月末结算出合计数，据此登记总分类账。

汇总付款凭证按库存现金或银行存款科目的贷方分别设置。根据一定会计期间的库存现金、银行存款的全部付款凭证，分别按与库存现金、银行存款相对应的借方科目加以归类汇总。一般 5 天或 10 天汇总填列 1 次，每月编制 1 张。月末结算出合计数，据此登记总分类账。

汇总转账凭证一般以贷方科目为主，按每一贷方科目分别设置。根据一定会计期间的全部转账凭证，按与设证的贷方科目相对应的借方科目进行归类汇总。一般 5 天或 10 天汇总填列 1 次，每月编制 1 张。月末结算出合计数，据此登记总分类账中有关账户的借方和设证账户的贷方。

需要指出的是，汇总转账凭证的科目对应关系是一个贷方科目与一个或几个借方科目相对应的。因此，为了便于编制汇总转账凭证，要求所有的转账凭证也应按一个贷方科目与一个或几个借方科目的对应关系来填制，不应填制一个借方科目与几个贷方科目相对应的转账凭证。

如果在某月份内某一贷方科目的转账凭证不多时，也可以不编制汇总转账凭证，直接根据转账凭证登记总分类账。

四、汇总记账凭证会计核算组织程序的记账程序

汇总记账凭证会计核算组织程序的记账程序一般如下：

① 根据原始凭证编制汇总原始凭证；

② 根据原始凭证或汇总原始凭证，编制记账凭证；

③ 根据收款凭证、付款凭证逐笔登记库存现金日记账和银行存款日记账；

④ 根据原始凭证、汇总原始凭证和记账凭证，登记各种明细分类账；

⑤ 根据各种记账凭证编制有关汇总记账凭证；

⑥ 根据各种汇总记账凭证登记总分类账；

⑦ 期末，库存现金日记账、银行存款日记账和明细分类账的余额同有关总分类账的余额核对相符；

⑧ 期末，根据总分类账和明细分类账的记录，编制财务报表。

汇总记账凭证会计核算组织程序的记账程序如图 7-3 所示。

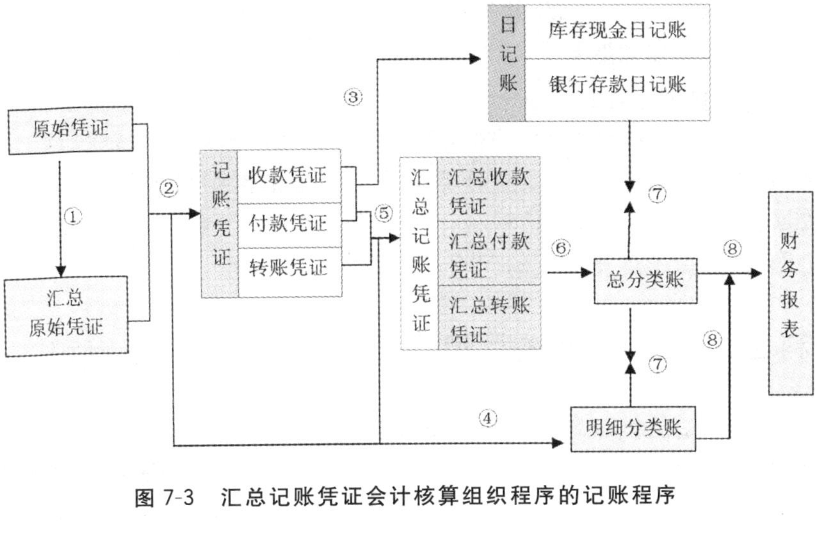

图 7-3　汇总记账凭证会计核算组织程序的记账程序

五、汇总记账凭证会计核算组织程序的优缺点及适用范围

汇总记账凭证会计核算组织程序是在记账凭证会计核算组织程序的基础上发展起来的，是一种应用较为广泛的会计核算组织程序。由于在汇总记账凭证会计核算组织程序下，总分类账是根据汇总记账凭证于月末一次性登记的。所以，它与记账凭证会计核算组织程序相比，大大减轻了登记总分类账的工作量。同时，汇总记账凭证的编制是根据许多记账凭证按一借多贷或一贷多借的账户对应关系汇总编制的，所以能清楚地反映出账户之间的对应关系和资金的来龙去脉，便于对经济业务的分析和检查。但是，由于这种会计核算组织程序在编制汇总转账凭证时，是按贷方科目而不是按经济业务的性质归类汇总的，因而不利于会计核算的日常分工，当转账凭证较多时，编制汇总转账凭证的工作量较大。

因此，汇总记账凭证会计核算组织程序一般适用于经营规模较大、经济业务较多的单位。

第四节　科目汇总表会计核算组织程序

一、科目汇总表会计核算组织程序的概念和特点

科目汇总表会计核算组织程序是根据一定会计期间的全部记账凭证，按其相同的会计科目归类汇总编制科目汇总表，并据以登记总分类账的一种会计核算组织程序。其特点是：根据记账凭证定期编制科目汇总表，再根据科目汇总表登记总分类账，登记总分类账的直接依据是科目汇总表。

在科目汇总表会计核算组织程序下，登记总分类账的直接依据是科目汇总表。库存现金日记账和银行存款日记账以及各种明细账的登记依据则是记账凭证。所以，各种账簿的登记依据是有区别的。采用这种会计核算组织程序时，要特别注意加强各种账簿之间的核对工作，以免由于记账凭证的归类汇总而发生差错。

二、科目汇总表会计核算组织程序的凭证、账簿组织

在科目汇总表会计核算组织程序下，会计凭证主要有原始凭证、汇总原始凭证、记账凭证和科目汇总表。记账凭证一般分设收款凭证、付款凭证和转账凭证。账簿的种类及账页格式与汇总记账凭证会计核算组织程序基本相同。库存现金日记账和银行存款日记账的账页格式一般采用多栏式。

三、科目汇总表的格式和编制方法

科目汇总表，亦称"记账凭证汇总表"，是以一定会计期间的全部记账凭证为依据，按照相同的会计科目进行归类汇总编制的，列示各个会计科目的借方发生额和贷方发生额的一种汇总凭证。其格式通常有两种，如表 7-4 和表 7-5 所示。

表 7-4　科目汇总表（格式一）

年　月　日至　日

会计科目	账页	本期发生额		账凭证起讫号数
		借方	贷方	
合计				

表 7-5　科目汇总表（格式二）

会计科目	账页	自 1 日至 10 日		自 11 日至 20 日		自 21 日至 30 日（或 31 日）		本月合计	
		借方	贷方	借方	贷方	借方	贷方	借方	贷方
合计									

科目汇总表的编制是科目汇总表会计核算组织程序的一项重要工作。它是根据一定会计期间的全部记账凭证，按相同会计科目归类汇总编制的。其编制过程和方法如下。

首先，将汇总期内各项经济业务所涉及的会计科目填制在"会计科目"栏。为了便于登记总分类账，会计科目的排列顺序应与总分类账上的会计科目的排列顺序一致。

其次，根据汇总期内的全部记账凭证，按会计科目分别加总借方发生额和贷方发生额，并将其填列在相应会计科目行的"借方金额"和"贷方金额"栏。

最后，将汇总完毕的所有会计科目的借方发生额和贷方发生额汇总，进行发生额的试算平衡。

在编制科目汇总表时，仍需强调以下两点。第一，每一张收款凭证一般应填列一个贷方科目；每一张付款凭证一般应填列一个借方科目；转账凭证只应填列一个借方科目和一个贷方科目，一式两联，一联作为借方科目的汇总，一联作为贷方科目的汇总。第二，科目汇总表编制的时间，应根据经济业务量的多少而定，可以选择 3 日、5 日、10 日、15 日或 1 个月。一般来讲，科目汇总表汇总的时间不宜过长，业务量多的单位可每天汇总 1 次，一般间隔期为 5～10 天，以便对发生额进行试算平衡，及时了解资金运动情况。

四、科目汇总表会计核算组织程序的记账程序

如前所述，科目汇总表会计核算组织程序，又称记账凭证汇总表会计核算组织程序，是根据记账凭证定期编制科目汇总表，再根据科目汇总表登记总分类账的一种会计核算组织程序。其一般程序是：

① 根据原始凭证编制汇总原始凭证；

② 根据原始凭证或汇总原始凭证编制记账凭证；

③ 根据收款凭证、付款凭证逐笔登记库存现金日记账和银行存款日记账；

④ 根据原始凭证、汇总原始凭证和记账凭证登记各种明细分类账；

⑤ 根据各种记账凭证编制科目汇总表；

⑥ 根据科目汇总表登记总分类账；

⑦ 期末，库存现金日记账、银行存款日记账和明细分类账的余额同有关总分类账的余额核对相符；

⑧ 期末，根据总分类账和明细分类账的记录编制财务报表。

科目汇总表会计核算组织程序的记账程序如图 7-4 所示。

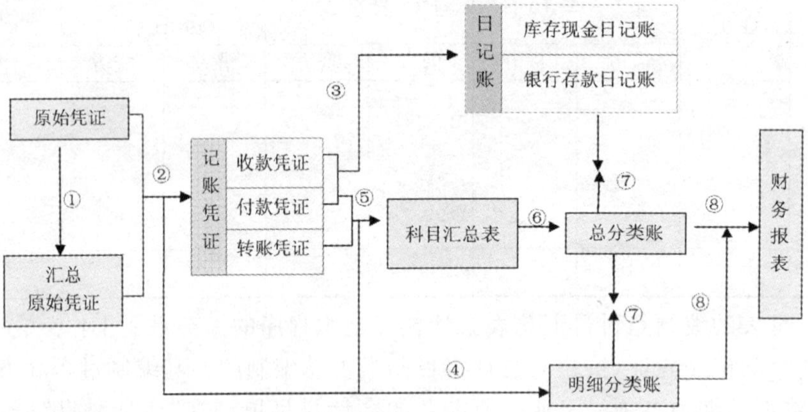

图 7-4　科目汇总表会计核算组织程序的记账程序

五、科目汇总表会计核算组织程序的优缺点及适用范围

科目汇总表会计核算组织程序是根据科目汇总表登记总分类账的。因此，它和记账凭证会计核算组织程序相比，减轻了登记总分类账的工作量。同时，编制科目汇总表还可以对会计科目的借方和贷方发生额进行试算平衡，从而保证了会计核算资料的准确性、真实性、可靠性。另外，科目汇总表的编制也比较简单，记账程序也易于掌握。但是，科目汇总表只反映了各个会计科目的借贷发生额。它和汇总记账凭证会计核算组织程序相比，反映不出账户之间的对应关系，看不出资金的来龙去脉，不便于对经济业务的分析和检查。

因此，科目汇总表会计核算组织程序一般适用于经营规模较大、经济业务较多，但经济业务内容比较简单、比较有规律的单位。

第五节　多栏式日记账会计核算组织程序

一、多栏式日记账会计核算组织程序的概念和特点

多栏式日记账会计核算组织程序，也称汇总日记账会计核算组织程序，是在根据记账凭证登记多栏式日记账的基础上，再根据多栏式日记账的账簿记录登记总分类账的一种会计核算组织程序。多栏式日记账会计核算组织程序是在记账凭证会计核算组织程序的基础上发展起来的。它兼具记账凭证会计核算组织程序和汇总记账凭证会计核算组织程序的特点。它的主要特点是：根据多栏式日记账登记总分类账。

在多栏式日记账会计核算组织程序下，一般情况是：对于库存现金和银行存款的收付款业务，多栏式库存现金日记账和多栏式银行存款日记账是登记总分类账的直接依据。对于转账业务，视业务量的多少，可直接根据记账凭证登记总分类账，或者在记账凭证的基础上，编制科目汇总表，据以登记总分类账；也可按总账科目分设多栏式转账日记账，据以登记总分类账。日记账和各种明细账的登记根据是记账凭证。所以，各种账簿的登记依据是有区别的，应特别注意加强多栏式日记账与总分类账的核对工作。

二、多栏式日记账会计核算组织程序的凭证、账簿组织

在多栏式日记账会计核算组织程序下，凭证的设置和记账凭证会计核算组织程序基本相同。记账凭证一般分别设置收款凭证、付款凭证和转账凭证。设置的账簿有多栏式库存现金日记账、多栏式银行存款日记账、总分类账和各种明细账。多栏式库存现金日记账和多栏式银行存款日记账可设两本账，也可设四本账，即多栏式库存现金收入日记账、多栏式库存现金支出日记账、多栏式银行存款收入日记账、多栏式银行存款支出日记账。至于多栏式日记账设两本或者四本，要视收付款业务的多少来定。除此之外，也可按总账科目分设各种转账日记账或按经济业务量大的总账科目（如存货等）分设转账日记账，而对于业务量小的总账科目则不必分设转账日记账。明细分类账的设置与记账凭证会计核算组织程序相同。

三、多栏式日记账的格式及登记总账的方法

多栏式日记账是根据库存现金和银行存款收付款业务的记账凭证逐项序时登记的，并分别按其对方科目在日记账设置的专栏中进行登记，月终加计总额。多栏式日记账的

格式如表 7-6 所示。

表 7-6　库存现金(银行存款)日记账

第　页

<table>
<tr><td colspan="2">年</td><td colspan="2">凭证号数</td><td rowspan="3">摘　要</td><td colspan="2">结算</td><td colspan="4">收　　入</td><td colspan="5">支　　出</td></tr>
<tr><td rowspan="2">月</td><td rowspan="2">日</td><td rowspan="2">收</td><td rowspan="2">付</td><td colspan="2">凭证</td><td colspan="4">贷方科目</td><td colspan="5">借方科目</td></tr>
<tr><td>种类</td><td>号数</td><td>主营业务收入</td><td>应收账款</td><td>……</td><td>合计</td><td>应付账款</td><td>应付票据</td><td>……</td><td>……</td><td>合计</td></tr>
<tr><td></td><td></td><td></td><td></td><td></td><td></td><td></td><td></td><td></td><td></td><td></td><td></td><td></td><td></td><td></td><td></td></tr>
<tr><td></td><td></td><td></td><td></td><td></td><td></td><td></td><td></td><td></td><td></td><td></td><td></td><td></td><td></td><td></td><td></td></tr>
<tr><td></td><td></td><td></td><td></td><td></td><td></td><td></td><td></td><td></td><td></td><td></td><td></td><td></td><td></td><td></td><td></td></tr>
<tr><td></td><td></td><td></td><td></td><td>本期发生额及余额</td><td></td><td></td><td></td><td></td><td></td><td></td><td></td><td></td><td></td><td></td><td></td></tr>
</table>

多栏式库存现金日记账和多栏式银行存款日记账是根据收款凭证和付款凭证，逐日逐笔(或汇总)登记的。如果会计单位不另外设置“出纳登记簿”，则应由出纳员根据审核后的收付款凭证逐日逐笔登记多栏式日记账；如果会计单位另外设置“出纳登记簿”，则应由会计人员根据审核后的收付款凭证逐日汇总登记多栏式日记账。登记多栏式日记账时，应根据收款凭证登记多栏式库存现金、银行存款收入日记账，应根据付款凭证登记多栏式库存现金、银行存款支出日记账。

四、多栏式日记账会计核算组织程序的记账程序

多栏式日记账会计核算组织程序的记账程序一般是：

① 根据原始凭证编制汇总原始凭证；

② 根据原始凭证或汇总原始凭证，编制收款凭证、付款凭证和转账凭证；

③ 根据收款凭证、付款凭证逐笔登记多栏式库存现金日记账和多栏式银行存款日记账；

④ 根据原始凭证、汇总原始凭证和记账凭证，登记各种明细分类账；

⑤ 根据多栏式库存现金日记账和多栏式银行存款日记账以及转账凭证或者转账业务科目汇总表登记总分类账；

⑥ 期末，多栏式库存现金日记账、多栏式银行存款日记账和各种明细分类账的余额同有关总分类账的余额核对相符；

⑦ 期末，根据核对无误的总分类账和明细分类账的账簿记录，编制财务报表。

多栏式日记账会计核算组织程序的记账程序如图 7-5 所示。

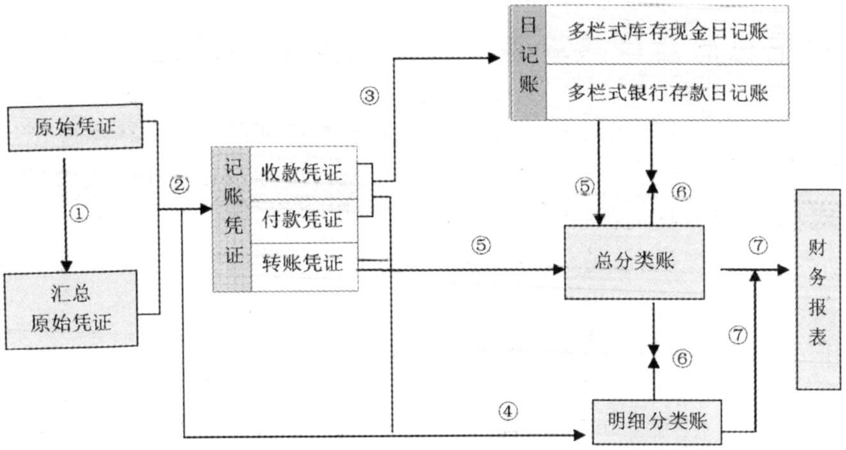

图 7-5　多栏式日记账会计核算组织程序的记账程序

五、多栏式日记账会计核算组织程序的优缺点及适用范围

在多栏式日记账会计核算组织程序下，库存现金、银行存款的收付款业务通过多栏式库存现金日记账和多栏式银行存款日记账汇总后，作为登记总分类账的直接依据，因而大大减轻了登记总分类账的工作量；同时，便于分工，还比较详细反映了资金的来龙去脉。但是，登记多栏式日记账比较复杂，工作量也大。如果经济业务比较复杂，使用会计科目很多，势必使专栏栏次过多，账页篇幅过长而不便于记账。因此，这种会计核算组织程序一般适用于生产规模较小、收付款业务较多、经济业务简单、会计科目较少的单位。

第六节　日记总账会计核算组织程序

一、日记总账会计核算组织程序的概念和特点

日记总账会计核算组织程序是设置日记总账，根据所有经济业务编制的记账凭证直接登记日记总账的一种会计核算组织程序。其特点是：设置日记总账，采用日记账和分类账结合的格式，直接根据记账凭证登记日记总账。

在日记总账会计核算组织程序下，一般情况是：对于库存现金和银行存款的收付款业务，可以根据收付款凭证逐日逐笔登记日记总账，也可平时根据收付款凭证登记日记账，月末，根据库存现金日记账和银行存款日记账汇总的合计数一次登入日记总账。对于转账业务，根据转账凭证逐日逐笔登记日记总账。

二、日记总账会计核算组织程序的凭证、账簿组织

在日记总账会计核算组织程序下，为了便于记账凭证的汇总，不再使用通用记账凭证，应根据经济业务的性质分别编制收款凭证、付款凭证和转账凭证。设置的账簿有多栏式(或三栏式)库存现金日记账、多栏式(或三栏式)银行存款日记账、日记总账和各种明细账。日记总账既是日记账，又是总账，是将日记账和分类账结合在一起的联合账簿。

三、日记总账的格式及登记方法

日记总账是将日记账和分类账结合在一起的联合账簿，是根据库存现金和银行存款收付款业务以及转账业务的记账凭证登记的。其格式如表7-7所示。

表7-7 日记总账

第 页

年		凭证		摘 要	发生额	库存现金		银行存款		应收账款		其他应收款		材料采购		……	
月	日	字	号			借方	贷方	借方	贷方	借方	贷方	借方	贷方	借方	贷方	……	……
				本期发生额及余额													

四、日记总账会计核算组织程序的记账程序

日记总账会计核算组织程序的记账程序一般是：

① 根据原始凭证编制汇总原始凭证；

② 根据原始凭证或汇总原始凭证编制收款凭证、付款凭证和转账凭证；

③ 根据收款凭证、付款凭证逐笔登记库存现金日记账和银行存款日记账；

④ 根据原始凭证、汇总原始凭证和记账凭证登记各种明细分类账；

⑤ 根据收款凭证、付款凭证(或月末根据库存现金日记账和银行存款日记账汇总的会计数一次登记日记总账)和转账凭证登记日记总账；

⑥ 期末，将日记总账各账户的余额与库存现金日记账、银行存款日记账和所属明细分类账的余额合计数核对相符；

⑦ 期末，根据核对无误的日记总账和明细分类账的账簿记录编制财务报表。

日记总账会计核算组织程序的记账程序如图7-6所示。

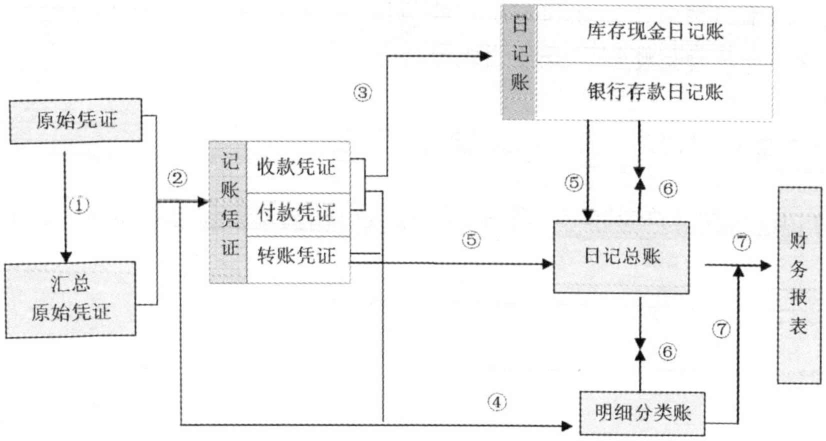

图 7-6　日记总账会计核算组织程序的记账程序

五、日记总账会计核算组织程序的优缺点及适用范围

在日记总账会计核算组织程序下，根据记账凭证直接登记日记总账。把日记账与分类账结合在一起，使记账手续简化，并且便于检查记账的正确性；日记总账把全部会计科目都集中在一张账页上，可以反映每一项经济业务所记录的账户的对应关系，便于经济业务的分析检查，也可以起到简化编制财务报表工作的作用。但是，单位业务量大，运用会计科目较多会造成账页过长，也不便于记账分工。这种会计核算组织程序一般适用于生产规模较小、经济业务简单、会计科目较少的单位。

第七节　普通日记账会计核算组织程序

一、普通日记账会计核算组织程序的概念和特点

普通日记账会计核算组织程序，又称分录日记账会计核算组织程序，是将所有经济业务按所涉及的会计科目，以分录的形式记入普通日记账，并根据普通日记账中的会计分录登记总分类账的会计核算组织程序。其特点是：不填制记账凭证，将所有经济业务所涉及的会计科目，以分录的形式记入普通日记账，再根据普通日记账直接登记总分类账。

二、普通日记账会计核算组织程序的凭证、账簿组织

在普通日记账会计核算组织程序下，其凭证和账簿组织与其他会计核算组织程序下的凭证和账簿组织有较大差异。一般地，普通日记账会计核算组织程序的凭证组织只包

括原始凭证,而不包括记账凭证和汇总记账凭证;账簿组织包括普通日记账、总分类账、现金日记账、银行存款日记账以及各种明细分类账。

三、普通日记账的格式及登记方法

普通日记账将所有的经济业务按所涉及的科目,以分录的形式进行登记。其格式如表 7-8 所示。

表 7-8 普通日记账

第 页

年		摘 要	过账符号	借 方	贷 方
月	日				

普通日记账的登记方法是经济业务发生后,将经济业务发生的时间及经济业务的主要说明记入普通日记账,并以会计分录的形式反映该项经济业务。

四、普通日记账会计核算组织程序的记账程序

普通日记账会计核算组织程序的记账程序一般是:

① 根据原始凭证编制汇总原始凭证;

② 根据原始凭证或汇总原始凭证记录普通日记账;

③ 根据普通日记账逐笔登记库存现金日记账和银行存款日记账;

④ 根据原始凭证、汇总原始凭证和普通日记账登记各种明细分类账;

⑤ 根据普通日记账登记总分类账;

⑥ 期末,将日记账和明细分类账同总分类账进行核对;

⑦ 期末,根据核对无误的总分类账和明细分类账的账簿记录编制财务报表。

普通日记账会计核算组织程序的记账程序如图 7-7 所示。

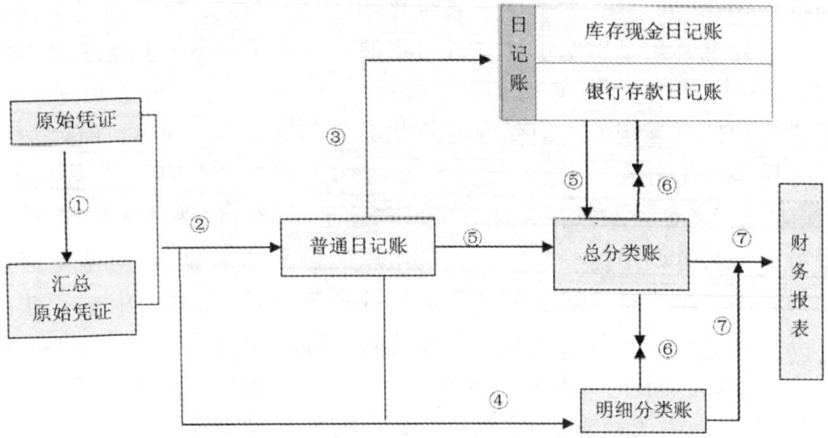

图 7-7　普通日记账会计核算组织程序的记账程序

五、普通日记账会计核算组织程序的优缺点及适用范围

普通日记账会计核算组织程序的优点是：普通日记账以列表的方式将经济业务在日记账中以会计分录的格式进行记录，减少了编制记账凭证的大量工作；可以通过一本普通日记账了解会计主体在一定会计期间的全部经济业务的发生和完成情况；便于顺序查阅会计资料，又便于计算机操作。其缺点是：只设一本普通日记账，不便于分工记账；根据普通日记账逐笔登记总分类账，登记总账的工作量大。因此，普通日记账核算组织程序一般适用于实行会计电算化的单位。

第八节　会计电算化条件下会计核算组织程序

一、会计电算化条件下会计核算组织程序的概念和特点

以上我们结合手工条件下会计信息处理过程，较为详细地介绍了常用的记账凭证会计核算组织程序、汇总记账凭证会计核算组织程序、科目汇总表会计核算组织程序、多栏式日记账会计核算组织程序、日记总账会计核算组织程序和普通日记账会计核算组织程序等，企业可根据会计业务的繁简和管理上的需要来选用其中一种。从中我们可以看出，这些会计核算组织程序的不同点，主要集中体现在如何登记总账这个问题上。其共同点主要表现在：第一，处理环节多，处理内容分散；第二，处理流程重复，数据核对工作复杂；第三，处理周期长，信息传递、反馈慢，财务报告的时效性差。以电子计算机为主的现代信息技术充分应用于会计工作后，对传统会计实务产生了深刻影响，主要表现在：会计信息的处理工具由算盘发展到键盘，会计信息的载体从纸张发展到磁盘，会计信息的处理与传

输呈现出高度自动化、电子化、无纸化和实时化，并促使以簿记为主的传统会计组织发生根本性改变。会计电算化是以电子计算机为主的当代电子技术和信息技术应用到会计实务中的简称，是一个应用电子计算机实现的会计信息系统。它实现了数据处理的自动化，使传统的手工会计信息系统发展演变为电算化会计信息系统。在会计电算化条件下，账户记录与纸介质呈现出分离的趋势，纸介质不再作为账户分类和汇总数据的唯一载体。实践证明，在磁、电、光等介质保存会计数据可靠性是完全可以保证的情况下，人们需要的各种核算资料尽可通过调用这些介质上的数据库文件并加以显示，完全不必使用纸张作为账户记录的载体。既然账户记录可以完全与纸张分离，手工会计中关于账簿的定义就不存在了。电算化系统中磁盘上并不存在所谓的账簿，实际上账簿是“虚”的，即账簿体系呈现出虚拟化的特点。同时，计算机功能很强大，把凭证的内容输入计算机，它借助于财务软件，瞬间就能自动生成账簿，计算出每个账户的发生额和余额。因此，记账过程不复存在，亦呈现出虚拟化的特点。

总之，在电算化条件下，会计核算程序呈现出账簿体系虚拟化、记账过程虚拟化、对账环节不复存在、证账表数据一致化和账务处理流程一体化的特点。

二、会计电算化条件下会计核算组织程序的凭证、账簿组织

如上所述，在电算化条件下，账簿是“虚”的，记账凭证的编制也是借助于计算机财务软件直接自动生成的。所以，无须像手工处理条件下设置记账凭证和会计账簿。

三、会计电算化条件下会计核算组织程序的记账程序

将现代信息技术应用于会计工作，实现会计数据处理的电算化后是否还有必要完全照搬手工会计条件下的会计核算组织程序呢？答案是否定的。因为在手工会计条件下，不同会计核算组织程序的划分并不是会计数据处理本身所要求的，而是手工处理手段的局限性所导致的。现代信息技术的引入，使得产生上述这些具体会计核算形式的客观限制条件不复存在了。

手工会计的账务处理流程，简单地说就是：凭证—账簿—报表，会计人员的工作重点是在填制凭证以后的阶段，要形成财务报表，必须经过填制凭证、过账、结账、试算平衡、对账等诸多程序。在电算化系统中，整个账务处理流程分为输入、处理、输出三个环节。首先将分散于手工会计各个核算岗位的会计数据统一收集后集中输入计算机，此后的各种数据处理工作都由计算机按照会计软件的要求自动完成，不受人工干预。从输入会计凭证到输出财务报表，一气呵成，一切中间环节都在机内自动处理，而需要的任何中间资料都可以通过系统提供的查询功能得到，真正实现了“数出一门”(都从凭证上来)，数据共享(同时产生所需账表)。整个账务处理流程具有高度的连续性、严密性，呈现出一体化趋势，极大地提高了财务报告的时效性。这样，在手工会计中非常费时、费力和烦琐的工作，变成了电算化系统中一个简单的指令或动作。过去需要众多人员从事的填制凭证、记账、编表等工作，现在只需要少量的录入人员进行操作就可以了。因此，手工会计中不同会计

核算组织程序的划分已没有必要，可以采用一种统一的会计核算组织程序，这就为实现电算化系统会计核算组织程序的通用化提供了前提。

四、会计电算化条件下会计核算组织程序的优缺点及适用范围

会计电算化条件下，会计核算组织程序虽仍遵从手工会计的凭证—账簿—报表账务处理流程，但和手工处理相比发生了质的飞跃。其优点是：首先，省力、省时，减轻了会计人员的劳动强度，节约成本，大大提高了工作效率；其次，提高了会计数据处理和查询的时效性；最后，提高了会计信息的准确性，避免了手工处理会计信息环节多而增加了数据处理差错的可能性。由于会计电算化条件下，会计核算组织程序限制较少，所以进行会计核算可以采用统一的程序。它适用于所有符合电算化条件的单位。

小　　结

会计核算组织程序又称会计核算形式或账务处理程序。它是指从经济业务发生取得或填制原始凭证开始到根据有关账簿记录编制财务报告为止的一个会计循环过程中，会计凭证组织、会计账簿组织、记账程序和记账方法相互结合的技术组织方式。常用的会计核算组织程序主要有记账凭证会计核算组织程序、科日汇总表会计核算组织程序、汇总记账凭证会计核算组织程序、多栏式日记账会计核算组织程序、日记总账会计核算组织程序、普通日记账会计核算组织程序等。一种会计核算组织程序与另外一种会计核算组织程序的区别主要在于登记总分类账的程序和方法不同。

设计会计核算组织程序一般应遵循下列原则：第一，设计或选用会计核算组织程序要与本单位的特点相适应；第二，设计或选用会计核算组织程序要满足提供高质量会计信息的要求；第三，设计或选用会计核算组织程序应符合成本效益原则。

记账凭证会计核算组织程序是直接根据记账凭证逐笔登记总分类账的一种最基本的会计核算组织程序。它的主要特点就是直接根据记账凭证登记总账。它一般适用于规模较小、经济业务较少、日常编制记账凭证不多的单位。

汇总记账凭证会计核算组织程序是定期根据记账凭证分类编制汇总收款凭证、汇总付款凭证和汇总转账凭证，再根据汇总记账凭证登记总分类账的一种会计核算组织程序。它是在记账凭证会计核算组织程序的基础上发展起来的。它的主要特点是根据汇总记账凭证登记总分类账。它一般适用于经营规模较大、经济业务较多的单位。

科目汇总表会计核算组织程序是根据一定会计期间的全部记账凭证，按其相同的会计科目归类汇总编制科目汇总表，并据以登记总分类账的一种会计核算组织程序。它的主要特点是根据科目汇总表登记总分类账。它一般适用于经营规模较大、经济业务较多，但经济业务内容比较简单、比较有规律的单位。

多栏式日记账会计核算组织程序，也称汇总日记账会计核算组织程序。它是在根据

记账凭证登记多栏式日记账的基础上，再根据多栏式日记账的账簿记录登记总分类账的一种会计核算组织程序。它的主要特点是：根据多栏式日记账登记总分类账。它一般适用于生产规模较小、收付款业务较多、经济业务简单、会计科目较少的单位。

日记总账会计核算组织程序是设置日记总账，根据所有经济业务编制的记账凭证直接登记日记总账的一种会计核算组织程序。其特点是：设置日记总账，采用日记账和分类账结合的格式，直接根据记账凭证登记日记总账。它一般适用于生产规模较小、经济业务简单、会计科目较少的单位。

普通日记账会计核算组织程序又称分录日记账会计核算组织程序。它是将所有经济业务按所涉及的会计科目，以分录的形式记入普通日记账，并根据普通日记账中的会计分录登记总分类账的会计核算组织程序。其特点是：不填制记账凭证，将所有经济业务所涉及的会计科目以分录的形式记入普通日记账，再根据普通日记账直接登记总分类账。它一般适用于实行会计电算化的单位。

在电算化条件下，会计核算组织程序虽仍遵从手工会计的凭证—账簿—报表账务处理流程，但和手工处理相比发生了质的飞跃。它呈现出数据处理一体化、信息存放磁盘化和查询高速自动化的特点。

复习思考题

1. 什么是会计核算组织程序？它可分为哪几种？其分类的依据是什么？
2. 为什么会有不同的会计核算组织程序？
3. 什么是记账凭证会计核算组织程序？其特点和适用范围各是什么？
4. 什么是汇总记账凭证？它是如何编制的？
5. 汇总记账凭证会计核算组织程序的特点和适用范围各是什么？
6. 什么是科目汇总表？它和汇总记账凭证有什么不同？编制科目汇总表时应注意哪些问题？
7. 科目汇总表会计核算组织程序有什么优缺点？
8. 什么是多栏式日记账？为什么要设置这种账簿？
9. 什么是日记总账？日记总账会计核算组织程序的优缺点及适用范围各是什么？
10. 什么是普通日记账会计核算组织程序？其特点和适用范围各是什么？
11. 在会计电算化条件下，会计核算组织程序有什么特点？

实务练习题

[目的]

练习科目汇总表的编制。

[资料]

宏达股份有限公司（增值税的一般纳税人）2018 年 6 月份发生部分经济业务如下：

1. 1 日，从乙公司购进 A 材料 20 000 千克，单价 25 元，计金额 500 000 元，增值税

80 000 元，其款项以银行存款支付。

2. 3 日，从乙公司购进 A 材料 40 000 千克，单价 25 元，计金额 1 000 000 元，增值税 160 000 元，从丙公司购进 B 材料 50 000 千克，单价 20 元，计金额 1 000 000 元，增值税 160 000 元，开出期限为 90 天的无息商业承兑汇票。

3. 5 日，开出现金支票，从银行提取现金 580 000 元，以备发放工资。

4. 6 日，以现金 580 000 元发放本月职工工资。

5. 8 日，维修车间生产用机器设备，用现金支票支付外单位维修费 5 000 元。

6. 10 日，接受新华公司投入的不需要安装的新机器 2 台，价值 60 000 元，不考虑增值税。

7. 12 日，从长岭公司购买技术专利 1 项，价值 200 000 元，用银行存款支付，不考虑增值税。

8. 13 日，按票面价值购入三环公司新发行的公司债券 800 000 元，用银行存款支付。

9. 14 日，收到到期商业汇票款 23 400 元，存入银行。

10. 16 日，从银行借款 500 000 元，直接偿还前欠华光公司货款。

11. 18 日，用银行存款支付中原公司到期的银行承兑汇票款 350 000 元。

12. 20 日，生产车间购买办公用品价值 80 000 元，以现金支票支付。

13. 21 日，生产 A 产品领用甲材料价值 50 000 元。

14. 22 日，计提生产车间固定资产折旧 180 000 元，管理用固定资产折旧 23 000 元。

15. 23 日，销售给长岭公司 A 产品 40 吨，单价 8 000 元，增值税率 16%，款项收到，存入银行存款户。同时，结转已销产品成本 200 000 元。

16. 26 日，用银行存款支付 M 广告公司广告费 160 000 元。

17. 28 日，摊销应由本月负担的财产保险费 82 000 元，报纸杂志费 2 000 元。

18. 30 日，用银行存款支付本月生产车间水电费 5 000 元。

19. 31 日，用银行存款支付本月增值税 56 000 元。

20. 31 日，用银行存款支付本季短期借款的利息 60 000 元。其中，4 月、5 月应付利息 40 000 元。

［要求］

根据以上资料，编制宏达股份有限公司 2018 年 6 月份的科目汇总表。

案例分析

大学生小王于 2018 年 8 月 1 日用银行存款 100 000 元作为投资创办了得利公司，主要经营各种家具的批发与零售，当日以每月 2 000 元的租金租用了一个店面作为经营场地。由于小王不懂会计，他除了将所有的发票等单据都收集保存起来外，没有做其他任何记录。到月底，小王发现公司的存款不但没增加，反而减少了，只剩下 58 987 元，外加 643 元现金。另外，尽管客户赊欠的 13 300 元尚未收现，但公司也有 10 560 元货款尚未支付。除此之外，实地盘点库存家具，价值 25 800 元。小王开始怀疑自己的经营模式，前来向你请教。

对小王保存的所有单据进行检查分析，汇总1个月的资料显示：

(1) 投资款存入银行100 000元。

(2) 内部装修及必要的设施花费20 000元，均已用支票支付。

(3) 购入家具2批，每批价值35 200元，其中第1批为现金购入，第2批购入赊欠价款的30%，其余用支票支付。

(4) 本月零售家具收入共38 800元，全部收到存入银行。

(5) 本月批发家具收入共25 870元，其中赊销13 300元，其余均存入银行。

(6) 用支票支付当月的租金2 000元。

(7) 本月从银行存款户提取现金共10 000元，其中4 000元支付店员的工资，5 000元用作个人生活费，其余备日常零星开支。

(8) 本月水电费543元，支票支付。

(9) 本月电话费220元，现金支付。

(10) 其他各种杂费137元，用现金支付。

案例要求

请你根据得利公司的具体经济业务，替小王设计一套适合的会计核算组织程序，并帮助小王记账(编制会计分录即可)。向小王报告公司的财务状况，解答其疑惑。评述其经营业绩。

第八章　财务报告

【学习目的与要求】

理解财务报告的概念、功能、构成、内容及编制要求，掌握资产负债表和利润表的格式、内容、编制基础和编制方法，了解现金流量表和所有者权益变动表的格式、内容、编制基础和编制方法，了解财务报表的审批、汇总和报送，了解财务报表分析的主要指标的经济意义。

【教学重点与难点】

教学的重点是：财务报告的内容，资产负债表、利润表、现金流量表和所有者权益变动表的格式和内容。教学的难点是：资产负债表、利润表、现金流量表和所有者权益变动表的编制基础，资产负债表、利润表的编制方法以及各报表之间的相互钩稽关系。

第一节　财务报告概述

一、财务报告的意义和种类

（一）财务报告的概念及组成

财务报告是企业对外提供会计信息的重要载体，编制和报送财务报告是企业会计信息系统的重要环节，信息使用者通过财务报告提供的会计信息，可以做出各种经济决策。

财务报告是指企业根据经过审核的会计账簿记录和有关资料，编制并对外提供的反映企业某一特定日期的财务状况和某一会计期间的经营成果、现金流量等会计信息的书面文件。财务报告由财务报表及其附注以及财务情况说明书组成。

1. 财务报表

财务报表是指对企业财务状况、经营成果和现金流量的结构性描述，是以一定的会计方法和程序由会计账簿的数据整理得出，以表格的形式反映企业某一特定日期财务状况和某一会计期间经营成果和现金流量的书面文件，是财务报告的主体和核心。企业财务报表按其反映的内容不同，可分为主表和附表。其中主表分为资产负债表、利润表、现金流量表和所有者权益变动表。相关附表是反映企业财务状况、经营成果和现金流量的补充报表，主要包括利润分配表以及国家统一会计制度规定的其他附表。

2. 财务报表附注

财务报表附注是为了便于财务报表使用者理解报表内容，更好地利用报表所提供的信息，以便做出正确的经营决策，对财务报表的编制基础、编制依据、编制原则和编制方法及主要项目等所做的解释。财务报表附注是财务报告的一个重要组成部分，它有利于增进会计信息的可理解性，提高会计信息可比性和突出重要的会计信息。

3. 财务情况说明书

财务情况说明书主要说明企业的生产经营状况、利润实现和分配情况、资金增减和周转情况、税金缴纳情况、各项财产物资变动情况，对本期或者下期财务状况发生重大影响的事项，资产负债表日后至报出财务报告前发生的对企业财务状况变动有重大影响的事项，以及需要说明的其他事项。

(二) 财务报告的作用

财务报告所提供的会计信息具有重要作用，主要体现在以下几个方面。

第一，全面系统地揭示企业一定时期的财务状况、经营成果和现金流量，有利于经营管理人员了解本单位各项任务指标的完成情况，评价管理人员的经营业绩，以便及时发现问题，调整经营方向，制定措施改善经营管理，提高经济效益，为经济预测和决策提供依据。

第二，有利于国家经济管理部门了解国民经济的运行状况。通过对各单位提供的财务报告资料进行汇总和分析，了解和掌握各行业、各地区经济的发展情况，以便宏观调控经济运行，优化资源配置，保证国民经济稳定持续发展。

第三，有利于投资者、债权人和其他有关各方掌握企业的财务状况、经营成果和现金流量情况，进而分析企业的盈利能力、偿债能力、投资收益、发展前景等，为他们投资、贷款和贸易提供决策依据。

第四，有利于满足财政、税务、工商、审计等部门监督企业经营管理。通过财务报告可以检查、监督各企业是否遵守国家的各项法律、法规和制度，有无偷税、漏税的行为。

(三) 财务报表的种类

企业的财务报表按照其服务对象、编报时间、反映财务活动方式和编制范围等可分为不同的种类。

1. 财务报表按其服务对象可分为外部报表和内部报表

外部报表是企业向外部的会计信息使用者报告经济活动和财务收支情况的财务报表，如资产负债表、利润表、现金流量表和所有者权益变动表。这类报表一般有统一的格式和编制要求。

内部报表是用来反映经济活动和财务收支的具体情况，为管理者进行决策提供信息的财务报表。这类报表无规定的格式和种类，如企业成本报表。

2. 财务报表按照编制的时间可分为中期报表和年报

中期报表是指在短于一年的会计期间内编制的财务报表，如半年末报表、季报、月报。半年末报表是指每个会计年度的前六个月结束后对外提供的财务报表；季报是季度终了以后编制的财务报表，种类比年报少一些；月报是月终编制的财务报表，只包括一些主要的财务报表，如资产负债表、利润表等。

年报是年度终了以后编制的，全面反映企业财务状况、经营成果及其分配、现金流量等方面的报表。

3. 财务报表按其编制单位可分为单位财务报表、汇总财务报表和合并财务报表

单位财务报表是由独立核算的会计主体编制的，用以反映某一会计主体的财务状况、经营成果的财务报表。

汇总财务报表是由上级主管部门、专业公司根据基层所属企业所编制的报表加以汇总编制的报表，汇总编制时还包括主管部门、专业公司本身的业务。

合并财务报表是控股公司把其本身与其附属公司看作是一个统一的会计主体，用一套财务报表来反映其拥有或控制的所有资产和负债，以及其控制范围内的经营成果的财务报表。合并财务报表反映的是控股公司与其附属公司共同的财务状况和经营成果以及现金流量。

4. 财务报表按其反映财务活动方式的不同可分为静态报表和动态报表

静态报表反映企业某一特定日期（某一时点）的资产负债和所有者权益情况，如资产负债表。

动态报表反映企业某一时期（时段）的资金耗费和资金收回情况，如利润表和现金流量表。

二、财务报表列报的总体要求

为编制高质量的财务报表，为决策者提供可靠与相关的会计信息，企业在财务报表列报时应符合以下要求。

（一）财务报表应以持续经营为基础编制

企业应当以持续经营为基础，根据实际发生的交易和事项，按照《企业会计准则——基本准则》和其他各项会计准则的规定进行确认和计量，在此基础上编制财务报表。管理层应对是否能够持续经营进行评估，若某些重大不确定因素可能导致对主体持续经营产生严重怀疑时，应对不确定因素充分披露。但企业不能以附注披露代替确认和计量。以持续经营为基础编制财务报表不再合理的，企业应当采用其他基础编制财务报表，并在附注中披露这一事实。企业在当期已经决定或正式决定下一个会计期间进行清算或停止营业，表明其处于非持续经营状态时，应当采用其他基础编制财务报表，如破产企业的资产应当采用可变现净值计量等，并在附注中声明财务报表未以持续经营为基础列报，披露未以持续经营为基础的原因以及财务报表的编制基础。

（二）列报应具有一致性

列报一致性要求财务报表中的列报和分类应在各期间之间保持一致。除准则要求改变，或主体的经营性质发生重大变化外，改变后的列报能够提供更可靠的，且对财务报告使用者更相关的信息，同时不损害可比信息。

(三) 重要性项目单独列报

性质或功能类似的项目,其所属类别具有重要性的,应当按其类别在财务报表中单独列报。性质或功能不同的项目,应当在财务报表中单独列报,但不具有重要性的项目除外。

重要性是指如果项目的省略或误报会单独或共同影响内外部使用者做出的经济决策,则该项目是重要的。重要性应当根据企业所处环境,从项目的性质和金额大小两方面加以判断。其中,项目的性质应当考虑该项目是否属于企业日常活动、是否对企业的财务状况和经营成果具有较大影响等因素;项目金额大小的重要性,应当通过单项金额占资产总额、负债总额、所有者权益总额、营业收入总额、净利润等直接相关项目金额的比重加以确定。

《企业会计准则第 30 号——财务报表列报》规定在财务报表中单独列报的项目,应当单独列报;其他会计准则规定单独列报的项目,应当增加单独列报项目。

(四) 有关抵销的界定,项目金额不得相互抵销

财务报表中的资产项目和负债项目的金额、收入项目和费用项目的金额不得相互抵销,单独列报资产和负债、收益和费用以便使用者更易理解已发生的交易、其他事项的情况,以及评估主体未来的现金流量。

资产项目按扣除减值准备后的净额列示,不属于抵销。例如,存货跌价准备与存货项目、应收账款计提的坏账准备与应收账款项目按抵减后的余额列报不属于抵销。

非日常活动产生的损益,以收入扣减费用后的净额列示,不属于抵销。例如,非流动资产处置产生的利得与损失,按处置收入扣除该资产账面金额与相关销售费用后的余额列报不属于抵销。若这些利得与损失是重要的则应单独列报。

(五) 财务报表中应列报所有金额的前期比较信息

当期财务报表的列报,至少应当提供所有列报项目上一可比会计期间的比较数据,以及与理解当期财务报表相关的说明,其他会计准则另有规定的除外。

当财务报表项目的列报发生变更的,应当对上期比较数据按照当期的列报要求进行调整,并在附注中披露调整的原因和性质,以及调整的各项目金额。对上期比较数据进行调整不切实可行(不切实可行,是指企业在做出所有合理努力后仍然无法采用某项规定)的,应当在附注中披露不能调整的原因。

(六) 披露要求

企业应当在财务报表的显著位置至少披露下列各项:

① 编报企业的名称;

② 资产负债表日或财务报表涵盖的会计期间;

③ 人民币金额单位;

④ 财务报表是合并财务报表的,应当予以标明。

企业至少应当按年编制财务报表。年度财务报表涵盖的会计期间短于一年的,应当披露年度财务报表的涵盖期间,以及短于一年的原因。

三、财务报表编制的基本要求

为了充分发挥财务报表的作用，保证财务报表的质量，编制财务报表时应做到数字真实、计算准确、内容完整、报送及时。

(一) 数字真实

财务报表必须根据登记完整、核对无误的账簿记录和其他核算资料，按一定的指标体系加工、整理、编制而成，各项指标和数据要客观，具有可验证性，做到表从账出、账表相符，防止弄虚作假。

(二) 计算准确

财务报表上面的各项指标和数据必须计算准确，切忌匡算。

(三) 内容完整

对外财务报表必须按照规定格式编报，填列齐全、完整。不论主表、附表或补充资料，都不得漏填、漏报，更不能任意改变报送的内容。如报表规定项目内容容纳不下，可以利用附表、附注以及其他形式加以说明。

(四) 报送及时

财务报表时效性强，应在保证质量的前提下，在规定期限内编制完毕并如期报送，以满足报表使用者对财务报表资料的需要，及时了解单位报告期内财务状况和经营成果，采取措施，做出正确的决策。

第二节　资产负债表

一、资产负债表的意义

(一) 概念

资产负债表是反映企业某一特定日期(如月末、季末、年末)全部资产、负债和所有者权益情况的财务报表。它是某一特定日期企业所控制的资产、承担的债务以及投资人要求权益的静态反映。

(二) 资产负债表的作用

第一，报表的资产项目，说明了企业所拥有的各种资源及其分布。资产负债表，可以提供某一日期资产的总额及结构，表明企业拥有或控制的资源及其分布情况，即有多少资源是流动资产，有多少资源是长期投资，有多少资源是固定资产等，从而可以判断企业的资源分布是否合理，以便采取措施，保障企业各项资源的合理配置，充分发挥其作用。

第二，报表的负债项目，显示了企业所负担的债务的不同偿还期限，可据此了解企业面临的财务风险。资产负债表，可以提供某一日期的负债总额及结构，表明企业未来需要用多少资产或劳务清偿债务以及清偿时间，即流动负债有多少、长期负债有多少、长期负债中有多少需要用当期流动资金进行偿还等；通过流动资产和流动负债的对比，可以反映出企业的短期偿债能力；通过负债总额和资产总额的对比，反映企业的经营风险的大小。

第三，所有者权益项目，说明了企业投资者对本企业资产所持有的权益份额，可据以了解企业财务实力。资产负债表，可以反映所有者所拥有的权益，据以判断资本保值和增值的情况、对负债的保障程度以及企业的经营风险。

第四，通过资产负债表，可据以了解企业未来财务状况，预测企业的发展前景。资产负债表能够提供进行财务分析的基本资料，如将流动资产与流动负债进行比较，计算出流动比率，将速动资产与流动负债进行比较，计算出速动比率等，可以表明企业的变现能力、偿债能力和资金周转能力，有助于财务报表使用者对企业的未来财务状况及企业的发展趋势有一个正确的把握，从而做出经济决策。

二、资产负债表的结构和内容

（一）资产负债表的结构

资产负债表一般有表首、正表两部分。其中，表首概括地说明报表名称、编制单位、编制日期、报表编号、货币名称、计量单位等。正表是资产负债表的主体，列示了用以说明企业财务状况的各个项目。

资产负债表正表的格式一般有两种：报告式资产负债表和账户式资产负债表。报告式资产负债表是上下结构，上半部列示资产，下半部列示负债和所有者权益。具体排列形式又有两种：一是按“资产＝负债＋所有者权益”的原理排列，二是按“资产－负债＝所有者权益”的原理排列。账户式资产负债表是左右结构，左边列示资产，右边列示负债和所有者权益。不管采取什么格式，资产各项目的合计等于负债和所有者权益各项目的合计这一等式不变。

在我国，资产负债表采用账户式。每个项目又分为“期末余额”和“年初余额”两栏分别填列。一般企业的资产负债表格式如表 8-1 所示。

表 8-1　资产负债表

会企 01 表

编制单位：　　　　　　　　年　月　日　　　　　　　　单位：元

资产	期末余额	年初余额	负债和所有者权益（或股东权益）	期末余额	年初余额
流动资产：			流动负债：		
货币资金			短期借款		
以公允价值计量且其变动计入当期损益的金融资产			以公允价值计量且其变动计入当期损益的金融负债		

续　表

资产	期末余额	年初余额	负债和所有者权益(或股东权益)	期末余额	年初余额
衍生金融资产			衍生金融负债		
应收票据及应收账款			应付票据及应付账款		
预付款项			预收款项		
			应付职工薪酬		
			应交税费		
其他应收款					
存货					
持有待售资产					
一年内到期的非流动资产			其他应付款		
			持有待售负债		
其他流动资产			一年内到期的非流动负债		
流动资产合计			其他流动负债		
非流动资产：			流动负债合计		
可供出售金融资产			非流动负债：		
持有至到期投资			长期借款		
长期应收款			应付债券		
			其中,优先股		
			永续债		
长期股权投资			长期应付款		
投资性房地产					
固定资产			预计负债		
			递延收益		
在建工程			递延所得税负债		
			其他非流动负债		
			非流动负债合计		
生产性生物资产			负债合计		
油气资产			所有者权益(或股东权益)：		
无形资产			实收资本(或股本)		
			其他权益工具		
			其中,优先股		

续　表

资产	期末余额	年初余额	负债和所有者权益(或股东权益)	期末余额	年初余额
			永续债		
开发支出			资本公积		
商誉			减:库存股		
			其他综合收益		
长期待摊费用			盈余公积		
递延所得税资产			未分配利润		
其他非流动资产			所有者权益(或股东权益)合计		
非流动资产合计					
资产总计			负债和所有者权益(或股东权益)总计		

(二)资产负债表的内容

资产负债表分为左右两边,左边为资产,右边为负债和所有者权益。两边内部按照各自的具体项目排列,资产各项目合计与负债和所有者权益各项目合计相等。

1. 资产项目的列报

按资产的流动性大小不同,资产分为流动资产和非流动资产两类。

流动资产由货币资金、交易性金融资产、应收账款、预付账款、其他应收款和存货等项目组成。

非流动资产由持有至到期投资、可供出售金融资产、长期股权投资、固定资产、无形资产和长期待摊费用等项目组成。

2. 负债项目的列报

按负债的流动性不同,负债分为流动负债和非流动负债两类。

流动负债由短期借款、应付账款、预收账款、应付职工薪酬、应交税费、应付股利、其他应付款等项目组成。

非流动负债由长期借款和应付债券等项目组成。

3. 所有者权益项目的列报

按所有者权益的来源不同,所有者权益由实收资本、资本公积、盈余公积和未分配利润等项目组成。

三、资产负债表的编制

财务报表的编制,基本都是通过对日常会计核算记录的数据加以归集、整理来实现的。为了提供比较信息,资产负债表的各项目均须填列“年初余额”和“期末余额”两栏数字。资产负债表的“年初余额”栏内各项数字,根据上年末资产负债表“期末余额”栏内各项数字填列,“期末余额”栏内各项数字根据会计期末各总账账户及所属明细账户的余额填列。如果当年度资产负债表规定的各个项目的名称和内容同上年度不相一致，则按编报当年的口径对上年年末资产负债表各项目的名称和数字进行调整，填入本表“年初余额”栏内。我国企业资产负债表“期末余额”栏各项目数据的来源，主要通过以下几种方式取得。

（一）根据总账账户期末余额填列

资产负债表中大部分项目的“期末余额”可以根据有关总账账户的期末余额直接填列，如“递延所得税资产”“短期借款”“应付职工薪酬”“应交税费”“递延所得税负债”“预计负债”“实收资本”“资本公积”“盈余公积”等项目。这些项目中，“应交税费”等负债项目，如果其相应账户出现借方余额，应以“－”号填列。

（二）根据总账账户期末余额计算填列

资产负债表中一部分项目的“期末余额”需要根据有关总账账户的期末余额计算填列。例如：

① “货币资金”项目，应根据“库存现金”“银行存款”和“其他货币资金”等账户的期末余额合计填列。

② “其他应收款”项目，根据“应收利息”“应收股利”和“其他应收款”账户的余额减去“坏账准备”科目中相关坏账准备期末余额后的余额填列。

③ “未分配利润”项目，应根据“本年利润”账户和“利润分配”账户的期末余额计算填列，如为未弥补亏损，则在本项目内以“－”号填列，年末结账后，“本年利润”账户已无余额，“未分配利润”项目应根据“利润分配”账户的年末余额直接填列，贷方余额以正数填列，如为借方余额，应以“－”号填列。

④ “存货”项目，应根据“材料采购（或在途物资）”“原材料”“周转材料”“库存商品”“委托加工物资”“生产成本”等账户的期末余额之和，减去“存货跌价准备”账户期末余额后的金额填列。

⑤ “固定资产”项目，应根据“固定资产”账户的期末余额减去“累计折旧”“固定资产减值准备”账户期末余额后的金额，以及“固定资产清理”账户的期末余额填列。

⑥ “在建工程”项目，根据“在建工程”账户的期末余额减去“在建工程减值准备”账户的期末余额后的金额，以及“工程物资”账户的期末余额减去“工程物资减值准备”账户的期末余额后的金额填列。

⑦ “无形资产”项目，应根据“无形资产”账户的期末余额减去“累计摊销”“无形资产减值准备”账户期末余额后的净额填列。

⑧ “持有待售资产”“长期股权投资”和“持有至到期投资”项目，均应根据其相应总账账户的期末余额减去其相应减值准备后的净额填列。

⑨ “长期待摊费用”项目，根据“长期待摊费用”账户期末余额扣除其中将于一年内摊销的数额后的金额填列，将于一年内摊销的数额填列在“一年内到期的非流动资产”项目内。

⑩ “长期借款”和“应付债券”项目，应根据“长期借款”和“应付债券”账户的期末余额，扣除其中在资产负债表日起一年内到期且企业不能自主地将清偿义务展期的部分后的金额填列，在资产负债表日起一年内到期且企业不能自主地将清偿义务展期的部分在流动负债类下的“一年内到期的非流动负债”项目内反映。

(三) 根据明细账户期末余额分析计算填列

资产负债表中一部分项目的“期末余额”需要根据有关明细账户的期末余额分析计算填列，具体如下：

① “应收票据及应收账款”项目，应根据“应收账款”账户和“预收账款”账户所属明细账户的期末借方余额合计数加上“应收票据”账户的期末余额减去“坏账准备”账户中相关坏账准备期末余额后的金额填列。

② “预付款项”项目，应根据“预付账款”账户和“应付账款”账户所属明细账户的期末借方余额合计数，减去“坏账准备”账户中有关预付款项计提的坏账准备期末余额后的金额填列。

③ “应收票据及应付账款”项目，应根据“应收票据”账户期末余额，以及“应付账款”账户和“预付账款”账户所属明细账户的期末贷方余额合计数填列。

④ “预收款项”项目，应根据“预收账款”账户和“应收账款”账户所属明细账户的期末贷方余额合计数填列。

第三节 利润表

一、利润表的意义

(一) 概念

利润表，又称为收益表或损益表，它是反映企业在一定会计期间经营成果的财务报表。

(二) 作用

第一，利润表主要用来充分反映经营业绩的来源和构成，进而有助于报表使用者判断企业净利润的质量及其风险，有助于报表使用者预测净利润的持续性，从而做出正确的决策。

第二，利润表采用“功能法”列报，有助于报表使用者了解费用发生的活动领域。

第三，使用者可以通过利润表提供的财务成果等会计信息与资产负债表中的信息相结合，还可以提供进行财务分析的基本资料，及时反映企业资金周转情况及企业盈利能力和水平，从而为报表使用者判断企业未来的发展趋势，做出经济决策。

二、利润表的结构和内容

(一) 利润表的结构

利润表的格式一般有两种：单步式利润表和多步式利润表。我国《企业会计准则》要求企业采用多步式利润表，即要求通过对当期的收入、费用、支出项目按性质加以归类，按利润形成的主要环节列示一些中间性利润指标，分步计算当期净利润。

多步式利润表中利润部分的格式分为四步：

第一步，以经营收入为基础，减去营业成本、税金及附加、销售费用、管理费用、财务费用、资产减值损失，加上其他收益、投资收益（或减去投资损失）、公允价值变动收益（或减去公允价值变动损失）和资产处置收益，计算出营业利润；

第二步，以营业利润为基础，加上营业外收入，减去营业外支出，计算出利润总额；

第三步，以利润总额为基础，减去所得税费用，计算出净利润（或净亏损）；

第四步，以净利润为基础，加上其他综合收益的税后净额，计算出综合收益总额。

多步式利润表的格式如表 8-2 所示。

表 8-2 多步式利润表

会企 02 表

编制单位： 年 月 单位：元

项目	本期余额	上期余额
一、营业收入		
减：营业成本		
税金及附加		
销售费用		
管理费用		
研发费用		
财务费用		
其中，利息费用		
利息收入		
资产减值损失		
加：其他收益		
投资收益（损失以“－”号填列）		
其中，对联营企业和合营企业的投资收益		
公允价值变动收益（损失以“－”号填列）		
资产处置收益（损失以“－”号填列）		
二、营业利润（亏损以“－”号填列）		
加：营业外收入		
减：营业外支出		
三、利润总额（亏损总额以“－”号填列）		
减：所得税费用		

续　表

项目	本期余额	上期余额
四、净利润(净亏损以"－"号填列)		
(一) 持续经营净利润(净亏损以"－"号填列)		
(二) 终止经营净利润(净亏损以"－"号填列)		
五、其他综合收益的税后净额		
(一) 不能重分类进损益的其他综合收益		
1. 重新计量议定受益计划变动额		
2. 权益法下不能转损益的其他综合收益		
……		
(二) 能重分类进损益的其他综合收益		
1. 权益法下可转损益的其他综合收益		
2. 可供出售金额资产公允价值变动损益		
3. 持有至到期投资重分类为可供出售金融资产损益		
4. 现金流量套期损益的有效部分		
5. 纸币财务报表折算差额		
……		
六、综合收益总额		
七、每股收益：		
(一) 基本每股收益		
(二) 稀释每股收益		

(二) 利润表的内容

利润表各项目按"本期金额"和"上期金额"两栏反映。

利润表项目计算分为三部分：第一部分计算利润，包括营业利润、利润总额和净利润；第三部分是每股收益，包括基本每股收益和稀释每股收益。

三、利润表的编制方法

利润表的编制步骤和各项目的填列方法如下。

(一) 利润表的编制步骤

企业的利润表分以下三个步骤编制：

第一步，以营业收入为基础，减去营业成本、税金及附加、销售费用、管理费用、研发费用、财务费用、资产减值损失，加上其他收益、投资收益、公允价值变动收益，加上资产处置净收益，计算得出营业利润。

营业利润＝(营业收入＋其他收益＋投资净收益＋公允价值变动净收益＋资产处置净收益)－(营业成本＋税金及附加＋期间费用＋研发费用＋资产减值损失)

第二步，以营业利润为基础，加上营业外收入，减去营业外支出，计算出利润总额。

利润总额＝(营业利润＋营业外收入)－营业外支出

第三步，以利润总额为基础，减去所得税费用，计算出净利润或净亏损。普通股或潜在普通股已公开交易的企业以及正处于公开发行普通股或潜在普通股过程中的企业，还应当在利润表中列示每股收益信息。另外，企业还应列示以及综合权益信息。

(二) 利润表的各项目填列方法

利润表中的金额分为“本期余额”和“上期余额”两栏。“本期余额”反映各项目本期实际发生数，一般应根据损益类科目和所有者权益类有关科目的发生额填列。“上期余额”应根据上年同期利润表“本期余额”栏内所列数字填列。如果上年同期利润表规定的项目名称和内容与本期不一致，应对上年同期利润表各项目的名称和金额按照本期的规定进行调整，填入“上期余额”栏。利润表中“本期余额”的具体填列方法如下：

① “营业收入”项目反映企业经营主要业务和其他业务所确认的收入总额，本项目应根据“主营业务收入”和“其他业务收入”科目的发生额分析填列。

② “营业成本”项目反映企业经营主要业务和其他业务所发生的成本总额，本项目应根据“主营业务成本”和“其他业务成本”科目的发生额分析填列。

③ “税金及附加”项目反映企业经营业务应负担的消费税、城市建设维护税、资源税、土地增值税和教育费附加等，本项目应根据“税金及附加”科目的发生额分析填列。

④ “销售费用”项目反映企业在销售商品过程中发生的包装费、广告费等费用和为销售本企业商品而专设的销售机构的职工薪酬业务费等经营费用，本项目应根据“销售费用”科目的发生额分析填列。

⑤ “管理费用”项目反映企业为组织和管理生产经营发生的管理费用，本项目应根据“管理费用”的发生额分析填列。

⑥ “研发费用”项目反映企业进行研究与开发过程中发生的费用化支出。本项目应根据“管理费用”账户下的“研发费用”明细账户的发生额分析填列。

⑦ “财务费用”项目反映企业筹集生产经营所需资金等而发生的筹资费用，本项目应根据“财务费用”科目的发生额分析填列。其中，“利息费用”“利息收入”项目应根据“财务费用”账户相关明细科目发生额填列。“其他收益”项目反映计入其他收益的政府补助等。本项目应根据“其他收益”账户的发生额分析填列。

⑧ “资产处置收益”项目反映企业出售划分为持有待售的非流动资产(金融工具、长期股权投资和投资性房地产除外)或处置组(子公司和业务除外)时确认的处置利得和损失，以及处置未划分为持有待售的固定资产、在建工程、生产性物资以及无形资产而产生的处置利得和损失。债务重组中因处置非流动资产产生的利得或损失和非流动资产交换中换出非流动资产产生的利得或损失也包括在本项目内。本项目应根据“资产处置损益”账户的发生额分析填列；如为处置损失，以“－”号填列。

⑨ “资产减值损失”项目反映企业各项资产发生的减值损失，本项目应根据“资产减值损失”科目的发生额分析填列。

⑩ “公允价值变动收益”项目反映企业应当计入当期损益的资产或负债公允价值变动收益,本项目应根据“公允价值变动损益”科目的发生额分析填列,如为净损失本项目以“—”号填列。

⑪ “投资收益”项目反映企业以各种方式对外投资所取得的收益,本项目应根据“投资收益”科目的发生额分析填列,如为投资损失本项目以“—”号填列。

⑫ “营业利润”项目反映企业实现的营业利润,如为亏损本项目以“—”号填列。

⑬ “营业外收入”项目反映企业发生的与经营业务无直接关系的各项收入,本项目应根据“营业外收入”科目的发生额分析填列。

⑭ “营业外支出”项目反映企业发生的与经营业务无直接关系的各项支出,本项目应根据“营业外支出”科目的发生额分析填列。

⑮ “利润总额”项目反映企业实现的利润,如为亏损本项目以“—”号填列。

⑯ “所得税费用”项目反映企业应从当期利润总额中扣除的所得税费用,本项目应根据“所得税费用”科目的发生额分析填列。

⑰ “净利润”项目反映企业实现的净利润,如为亏损本项目以“—”号填列。

⑱ “(一)持续经营净利润”和“(二)终止经营净利润”项目分别反映净利润中与持续经营相关的和与终止经营相关的净利润;如为净亏损,以“—”号填列。这两个项目应按照《企业会计准则第42号——持有待售的非流动资产、处置组和终止经营》的相关规定分析填列。

⑲ “其他综合收益的税后净额”项目及其组成部分,应根据“其他综合收益”科目及其所属明细科目的本期发生额分析填列。

⑳ “综合收益总额”项目,应根据相关项目计算填列。

第四节 现金流量表

一、现金流量表的意义

(一)概念

现金流量表,是指反映企业在一定会计期间现金和现金等价物流入和流出的报表。这里的现金是广义的现金概念。它不仅包括库存现金,而且包括可以随时用于支付的各种存款,还包括现金等价物。

现金等价物,是指企业持有的期限短、流动性强、易于转换为已知金额现金、价值变动风险很小的短期债券投资。

(二)作用

第一,现金流量表可以用来分析企业投资和理财活动对经营成果和财务状况的影响。

资产负债表能够提供企业一定日期财务的状况，它所提供的是静态的财务信息，并不能反映财务状况变动的原因，也不能表明这些资产、负债给企业带来多少现金，又用了多少现金；利润表虽然反映企业一定期间的经营成果，提供动态的财务信息，但利润表只能反映利润的构成，也不能反映经营活动、投资和筹资活动给企业带来多少现金，又支付多少现金，而且利润表不能反映投资和筹资活动的全部事项。现金流量表提供一定时期现金流入和流出的动态财务信息，表明企业在报告期内由经营活动、投资和筹资活动获得多少现金，企业获得的这些现金是如何运用的，能够说明资产、负债、净资产变动的原因，对资产负债表和利润表起到补充说明的作用。现金流量表是连接资产负债表和利润表的桥梁。

第二，现金流量表有助于评价企业偿还能力、支付能力和获利能力。因为现金流量表完全以现金的收支为基础，反映了企业各项业务活动真实的现金流入和流出量以及企业现金流入的构成，便于投资者和债权人了解、分析和评价企业获取现金的能力和现金偿付的能力，从而使企业有限的资源流向最能产生效益的地方。

第三，现金流量表有助于预测企业未来现金流量。现金流量表反映企业一定期间内的现金流入和流出的整体情况，说明企业现金从哪里来，又运用到哪里去。企业可以根据当期的现金流量情况，预测下一期的现金流量。

第四，现金流量表能够提供不涉及现金的投资和筹资活动的信息。现金流量表除了反映企业与现金有关的投资和筹资活动外，还通过补充资料(附注)方式提供不涉及现金的投资和筹资活动方面的信息，使财务报表使用者或阅读者能够全面了解和分析企业的投资和筹资活动。

第五，编制现金流量表，便于和国际惯例相协调。目前，世界许多国家都要求企业编制现金流量表，如美国、英国、澳大利亚、加拿大等。我国企业编制现金流量表，将对开展跨国经营、境外筹资、加强国际经济合作起到积极的作用。

二、现金流量表的结构和内容

(一) 现金流量表的结构

我国企业现金流量表采用报告式结构，分别反映经营活动产生的现金流量、投资活动产生的现金流量和筹资活动产生的现金流量，最后汇总反映企业某一会计期间现金及现金等价物的净增加额。

我国企业现金流量表的格式如表 8-3 所示。

表 8-3　现金流量表

会企 03 表

编制单位：　　　　年　月　　　　单位：元

项目	本期余额	上期余额
一、经营活动产生的现金流量		
销售商品、提供劳务收到的现金		
收到的税费返还		

续 表

项目	本期余额	上期余额
收到其他与经营活动有关的现金		
经营活动现金流入小计		
购买商品、接受劳务支付的现金		
支付给职工以及为职工支付的现金		
支付的各项税费		
支付其他与经营活动有关的现金		
经营活动现金流出小计		
经营活动产生的现金流量净额		
二、投资活动产生的现金流量		
收回投资收到的现金		
取得投资收益收到的现金		
处置固定资产、无形资产和其他长期资产收回的现金净额		
处置子公司及其他营业单位收到的现金净额		
收到其他与投资活动有关的现金		
投资活动现金流入小计		
购建固定资产、无形资产和其他长期资产支付的现金		
投资支付的现金		
取得子公司及其他营业单位支付的现金净额		
支付其他与投资活动有关的现金		
投资活动现金流出小计		
投资活动产生的现金流量净额		
三、筹资活动产生的现金流量		
吸收投资收到的现金		
取得借款收到的现金		
收到其他与筹资活动有关的现金		
筹资活动现金流入小计		
偿还债务支付的现金		
分配股利、利润或偿付利息支付的现金		
支付其他与筹资活动有关的现金		
筹资活动现金流出小计		
筹资活动产生的现金流量净额		

续 表

项目	本期余额	上期余额
四、汇率变动对现金的影响		
五、现金及现金等价物净增加额		
加:期初现金及现金等价物余额		
六、期末现金及现金等价物余额		

(二) 现金流量表的内容

现金流量表中,把企业产生的现金流量分为经营活动、投资活动和筹资活动三类,并就具体项目分别反映,这是现金流量表的主要内容。

1. 经营活动产生的现金流量

经营活动,是指企业投资活动和筹资活动以外的所有交易和事项。经营活动产生的现金流量主要包括下列项目:

① 销售商品、提供劳务收到的现金;

② 收到的税费返还;

③ 收到其他与经营活动有关的现金;

④ 购买商品、接受劳务支付的现金;

⑤ 支付给职工以及为职工支付的现金;

⑥ 支付的各项税费;

⑦ 支付其他与经营活动有关的现金。

2. 投资活动产生的现金流量

投资活动,是指企业长期资产的购建和不包括在现金等价物范围的投资及其处置活动。投资活动产生的现金流量主要包括下列项目:

① 收回投资收到的现金;

② 取得投资收益收到的现金;

③ 处置固定资产、无形资产和其他长期资产收回的现金净额;

④ 处置子公司及其他营业单位收到的现金净额;

⑤ 收到其他与投资活动有关的现金;

⑥ 购建固定资产、无形资产和其他长期资产支付的现金;

⑦ 投资支付的现金;

⑧ 取得子公司及其他营业单位支付的现金净额;

⑨ 支付其他与投资活动有关的现金。

3. 筹资活动产生的现金流量

筹资活动,是指导致企业资本及债务规模和构成发生变化的活动。筹资活动产生的现金流量主要包括下列项目:

① 吸收投资收到的现金;

② 取得借款收到的现金;

③ 收到其他与筹资活动有关的现金;

④ 偿还债务支付的现金；

⑤ 分配股利、利润或偿付利息支付的现金；

⑥ 支付其他与筹资活动有关的现金。

此外，现金流量表的内容还包括补充资料，如将净利润调节为经营活动现金流量、现金及现金等价物变动情况等。

三、现金流量表的编制

（一）现金流量表的编制方法

1. 直接法

企业应当采用直接法列示经营活动产生的现金流量。直接法是按现金流入和现金流出的主要类别列示企业经营活动产生的现金流量。在直接法下，一般以利润表中的营业收入为起算点，调整与经营活动有关的项目的增减变动，然后计算出经营活动产生的现金流量。采用直接法具体编制现金流量表时，可以采用工作底稿法或T型账户法。

2. 间接法

根据《企业会计准则》规定，现金流量表中补充资料运用间接法。间接法，是指以企业本期净利润为起算点，通过调整不涉及现金的收入和费用、营业外收支以及经营性应收应付等项目的增减变动，调整不属于经营活动的现金收支项目，据此计算并列报经营活动产生的现金流量的方法。

（二）现金流量表主要项目的填列

1. 经营活动产生的现金流量主要项目的填列

(1)"销售商品、提供劳务收到的现金"项目

本项目可根据"主营业务收入""其他业务收入""应收账款""应收票据""预收账款"及"库存现金""银行存款"等账户分析填列。

本项目的现金流入可用下述公式计算求得：

销售商品、提供劳务收到的现金＝本期营业收入净额＋本期应收账款减少额
（－应收账款增加额）＋本期应收票据减少额
（－应收票据增加额）＋本期预收账款增加额
（－预收账款减少额）

上述公式中，如果本期有实际核销的坏账损失，也应减去（因核销坏账损失减少了应收账款，但没有收回现金）；如果有收回前期已核销的坏账金额，应加上（因收回已核销的坏账，并没有增加或减少应收账款，但却收回了现金）。

(2)"收到的税费返还"项目

本项目反映企业收到返还的各种税费。本项目可以根据"库存现金""银行存款""应交税费""税金及附加"等账户的记录分析填列。

(3)"购买商品、接受劳务支付的现金"项目

本项目可根据"应付账款""应付票据""预付账款""库存现金""银行存款""主营业务

成本”“其他业务成本”“存货”等账户的记录分析填列。

本项目的现金流出可用以下公式计算求得：

购买商品、接受劳务支付的现金＝营业成本＋本期存货增加额（－本期存货减少额）
＋本期应付账款减少额（－本期应付账款增加额）
＋本期应付票据减少额（－本期应付票据增加额）
＋本期预付账款增加额（－本期预付账款减少额）

（4）“支付给职工以及为职工支付的现金”项目

本项目反映企业实际支付给职工，以及为职工支付的工资、奖金、各种津贴和补贴等（含为职工支付的养老、失业等各种保险和其他福利费用），但不含为离退休人员支付的各种费用和固定资产购建人员的工资。

本项目可根据“库存现金”“银行存款”“应付职工薪酬”“生产成本”等账户的记录分析填列。

（5）“支付的各项税费”项目

本项目反映的是企业按规定支付的各项税费和有关费用，但不包括已计入固定资产原价而实际支付的耕地占用税和本期退回的所得税。

本项目应根据“应交税费”“库存现金”“银行存款”等账户的记录分析填列。

2. 投资活动产生的现金流量主要项目的填列

（1）“收回投资收到的现金”项目

本项目反映企业出售、转让和到期收回的除现金等价物以外的交易性金融资产、长期股权投资而收到的现金，以及收回持有至到期投资本金而收到的现金，不包括持有至到期投资收回的利息以及收回的非现金资产。本项目应根据“交易性金融资产”“长期股权投资”“库存现金”“银行存款”等账户的记录分析填列。

（2）“取得投资收益收到的现金”项目

本项目反映企业因股权性投资而分得的现金股利、分回利润所收到的现金，以及债权性投资取得的现金利息收入。本项目应根据“投资收益”“库存现金”“银行存款”等账户的记录分析填列。

（3）“处置固定资产、无形资产和其他长期资产收回的现金净额”项目

本项目反映处置上述各项长期资产所取得的现金，减去为处置这些资产所支付的有关费用后的净额。本项目可根据“固定资产清理”“库存现金”“银行存款”等账户的记录分析填列。

如本项目所收回的现金净额为负数，应在“支付的其他与投资活动有关的现金”项目填列。

（4）“购建固定资产、无形资产和其他长期资产支付的现金”项目

本项目反映企业购买、建造固定资产，取得无形资产和其他长期资产所支付的现金。其中企业为购建固定资产支付的现金，包括购买固定资产支付的价款现金及增值税款、固定资产购建支付的现金，但不包括购建固定资产的借款利息支出和融资租入固定资产的租赁费。本项目应根据“固定资产”“无形资产”“在建工程”“库存现金”“银行存款”等账户的记录分析填列。

（5）“投资支付的现金”项目

本项目反映企业在现金等价物以外进行交易性金融资产、长期股权投资、持有至到期投资所实际支付的现金，包括佣金手续费所支付的现金，但不包括企业购买股票和债券时，实际支付价款中包含的已宣告尚未领取的现金股利或已到付息期但尚未领取的债券利息。

本项目应根据“交易性金融资产”“长期股权投资”“持有至到期投资”“库存现金”“银行存款”等账户记录分析填列。

3. 筹资活动产生的现金流量主要项目的填列

（1）“吸收投资收到的现金”项目

本项目反映企业收到投资者投入的现金，包括以发行股票、债券等方式筹集资金实际收到的款项净额（即发行收入减去支付的佣金等发行费用后的净额）。本项目可根据“实收资本（或股本）”“应付债券”“库存现金”“银行存款”等账户的记录分析填列。

（2）“取得借款收到的现金”项目

本项目反映企业举借各种短期借款、长期借款而收到的现金。本项目可根据“短期借款”“长期借款”“银行存款”等账户的记录分析填列。

（3）“偿还债务支付的现金”项目

本项目反映企业以现金偿还债务的本金，包括偿还金融机构的借款本金、偿还到期的债券本金等。本项目可根据“短期借款”“长期借款”“应付债券”“库存现金”“银行存款”等账户的记录分析填列。

（4）“分配股利、利润或偿付利息支付的现金”项目

本项目反映企业实际支付的现金股利、支付给投资人的利润或用现金支付的借款利息、债券利息等。本项目可根据“应付股利（或应付利润）”“财务费用”“长期借款”“应付债券”“库存现金”“银行存款”等账户的记录分析填列。

第五节　所有者权益变动表

一、所有者权益变动表的意义

（一）概念

所有者权益变动表是反映构成所有者权益各组成部分本期（年度或中期）内至截至期末所有者权益变动情况的报表。其中，所有者权益变动表应当全面反映一定时期所有者权益变动的情况，主要包括以下内容：

① 所有者权益总量的增减变动。

② 所有者权益增减变动的重要结构性信息。

③ 综合收益总额变动情况。

(二) 作用

所有者权益变动表全面反映了企业一定时期所有者权益变动的情况，为报表使用者提供了所有者权益增减变动根源的信息。同时，它也为报表使用者全面准确理解资产负债表提供了补充资料。所有者权益变动表在一定程度上体现了企业的综合效益。

二、所有者权益变动表的结构和内容

(一) 所有者权益变动表的结构

为了更加清晰、全面地反映企业各部分当期的增减变动情况，所有者权益变动表以矩阵的形式列示。一方面，列示导致所有者权益变动的交易或者事项，即所有者权益变动的来源，对一定时期所有者权益的变动情况进行全面反映；另一方面，按照所有者权益各组成部分（即实收资本、资本公积、其他综合收益、盈余公积、未分配利润和库存股）列示交易或者事项对所有者权益各部分的影响。我国企业所有者权益变动表的格式如表 8-4 所示。

表 8-4　所有者权益变动表

会企 04 表

编制单位：　　　　年度　　　　单位：元

<table>
<tr><th rowspan="3">项　目</th><th colspan="10">本年金额</th><th colspan="10">上年金额</th></tr>
<tr><th rowspan="2">实收资本（或股本）</th><th colspan="3">其他权益工具</th><th rowspan="2">资本公积</th><th rowspan="2">减：库存股</th><th rowspan="2">其他综合收益</th><th rowspan="2">盈余公积</th><th rowspan="2">未分配利润</th><th rowspan="2">所有者权益合计</th><th rowspan="2">实收资本（或股本）</th><th colspan="3">其他权益工具</th><th rowspan="2">资本公积</th><th rowspan="2">减：库存股</th><th rowspan="2">其他综合收益</th><th rowspan="2">盈余公积</th><th rowspan="2">未分配利润</th><th rowspan="2">所有者权益合计</th></tr>
<tr><th>优先股</th><th>永续债</th><th>其他</th><th>优先股</th><th>永续债</th><th>其他</th></tr>
<tr><td>一、上年年末余额</td><td></td><td></td><td></td><td></td><td></td><td></td><td></td><td></td><td></td><td></td><td></td><td></td><td></td><td></td><td></td><td></td><td></td><td></td><td></td><td></td></tr>
<tr><td>加:会计政策变更</td><td></td><td></td><td></td><td></td><td></td><td></td><td></td><td></td><td></td><td></td><td></td><td></td><td></td><td></td><td></td><td></td><td></td><td></td><td></td><td></td></tr>
<tr><td>前期差错更正</td><td></td><td></td><td></td><td></td><td></td><td></td><td></td><td></td><td></td><td></td><td></td><td></td><td></td><td></td><td></td><td></td><td></td><td></td><td></td><td></td></tr>
<tr><td>其他</td><td></td><td></td><td></td><td></td><td></td><td></td><td></td><td></td><td></td><td></td><td></td><td></td><td></td><td></td><td></td><td></td><td></td><td></td><td></td><td></td></tr>
<tr><td>二、本年年初余额</td><td></td><td></td><td></td><td></td><td></td><td></td><td></td><td></td><td></td><td></td><td></td><td></td><td></td><td></td><td></td><td></td><td></td><td></td><td></td><td></td></tr>
<tr><td>三、本年增减变动金额（减少以“－”号填列）</td><td></td><td></td><td></td><td></td><td></td><td></td><td></td><td></td><td></td><td></td><td></td><td></td><td></td><td></td><td></td><td></td><td></td><td></td><td></td><td></td></tr>
<tr><td>（一）综合收益总额</td><td></td><td></td><td></td><td></td><td></td><td></td><td></td><td></td><td></td><td></td><td></td><td></td><td></td><td></td><td></td><td></td><td></td><td></td><td></td><td></td></tr>
<tr><td>（二）所有者投入和减少资本</td><td></td><td></td><td></td><td></td><td></td><td></td><td></td><td></td><td></td><td></td><td></td><td></td><td></td><td></td><td></td><td></td><td></td><td></td><td></td><td></td></tr>
<tr><td>1. 所有者投入的普通股</td><td></td><td></td><td></td><td></td><td></td><td></td><td></td><td></td><td></td><td></td><td></td><td></td><td></td><td></td><td></td><td></td><td></td><td></td><td></td><td></td></tr>
<tr><td>2. 其他权益工具持有者投入资本</td><td></td><td></td><td></td><td></td><td></td><td></td><td></td><td></td><td></td><td></td><td></td><td></td><td></td><td></td><td></td><td></td><td></td><td></td><td></td><td></td></tr>
<tr><td>3. 股份支付计入所有者权益的金额</td><td></td><td></td><td></td><td></td><td></td><td></td><td></td><td></td><td></td><td></td><td></td><td></td><td></td><td></td><td></td><td></td><td></td><td></td><td></td><td></td></tr>
</table>

续 表

项 目	本年金额										上年金额									
	实收资本（或股本）	其他权益工具			资本公积	减：库存股	其他综合收益	盈余公积	未分配利润	所有者权益合计	实收资本（或股本）	其他权益工具			资本公积	减：库存股	其他综合收益	盈余公积	未分配利润	所有者权益合计
		优先股	永续债	其他								优先股	永续债	其他						
4. 其他																				
（三）利润分配																				
1. 提取盈余公积																				
2. 对所有者（或股东）的分配																				
3. 其他																				
（四）所有者权益内部结转																				
1. 资本公积转增资本（或股本）																				
2. 盈余公积转增资本（或股本）																				
3. 盈余公积弥补亏损																				
4. 议定受益计划变动额结转留存收益																				
5. 其他																				
四、本年年末余额																				

（二）所有者权益变动表的内容

所有者权益变动表是与资产负债表、利润表和现金流量表并列披露的第四张财务报表。所有者权益变动表主要包括以下内容：

① 综合收益总额；

② 会计政策变更和差错更正的累积影响金额；

③ 所有者投入资本和向所有者分配利润等；

④ 提取的盈余公积；

⑤ 所有者权益各组成部分的期初和期末余额及其调节情况。

三、所有者权益变动表的编制

（一）“上年金额”栏的填列方法

所有者权益变动表“上年金额”栏内各项数字，应根据上年度所有者权益变动表“本年金额”栏内所列数字填列。如果上年度所有者权益变动表规定的各个项目的名称和内容同本年度的不相一致，应对上年度所有者权益变动表各项目的名称和数字按本年度的规定进行调整，填入所有者权益变动表“上年金额”栏内。

（二）“本年金额”栏的填列方法

所有者权益变动表“本年金额”栏内各项数字一般应根据“实收资本（或股本）”“其他权益工具”“资本公积”“盈余公积”“其他综合权益”“利润分配”“库存股”“以前年度损益调整”等科目及其明细科目的发生额分析填列。

第六节 财务报表附注

一、财务报表附注的意义

（一）概念

财务报表附注是财务报表的重要组成部分，它是为了便于报表使用者理解报表的内容而对报表本身无法或难以充分表达的内容和项目，诸如报表的编制基础、编制依据、编制原则和编制方法及主要项目等所做的补充说明和详细解释。

（二）编制财务报表附注的意义

第一，财务报表附注拓展了企业财务信息的内容，打破了四张主要报表内容必须符合会计要素的定义，又必须同时满足相关性和可靠性的限制。

第二，财务报表附注突破了揭示项目必须用货币加以计量的局限性。

第三，财务报表附注充分满足了企业财务报告是为其使用者提供有助于经济决策的信息要求，增进了会计信息的可理解性。

第四，财务报表附注提高了会计信息的可比性。比如，通过揭示会计政策的变更原因及事后的影响，可以使不同行业或同一行业不同企业的会计信息的差异更具可比性，从而便于进行对比分析。

二、财务报表附注的内容

一般来讲，财务报表附注应当按照如下顺序至少披露下列内容。

（一）企业的基本情况

① 企业注册地、组织形式和总部地址。

② 企业的业务性质和主要经营活动。

③ 母公司以及集团最终母公司的名称。

④ 财务报告的批准报告者和财务报告批准报告日，或者以签字人及其签字日期为准。

⑤ 营业期有限的企业，还应当披露有关其营业期限的信息。

（二）财务报表的编制基础

（三）遵循会计准则的声明

企业应当声明编制的财务报表符合《企业会计准则》的要求，真实、完整地反映了企业的财务状况、经营成果和现金流量等有关信息，以此明确企业编制财务报表所依据的制度基础。

如果企业编制的财务报表只是部分遵循了《企业会计准则》，附注中不得做出这种表述。

（四）重要会计政策和会计估计的说明

1. 重要会计政策的说明

企业应当披露采用的重要会计政策，并结合企业的具体实际披露其重要会计政策的确定依据和财务报表项目的计量基础。

2. 重要会计估计的说明

企业应当披露重要会计估计，并结合企业的具体实际披露其会计估计所采用的关键假设和不确定因素。重要会计估计的说明包括可能导致下一个会计期间内资产、负债账面价值重大调整的会计估计的确定依据等。

（五）重要会计政策和会计估计变更以及差错更正的说明

企业应当按照《企业会计准则第 28 号——会计政策、会计估计变更和差错更正》及其应用指南的规定，披露会计政策和会计估计变更以及差错变更的有关情况。

（六）报表重要项目的说明

企业应当以文字和数字描述相结合，尽可能以列表形式披露重要报表项目的构成或当期增减变动情况，并且报表重要项目的明细总额合计应当与报表项目金额相衔接。在披露顺序上，一般应当按照资产负债表、利润表、现金流量表、所有者权益变动表的顺序及其报表项目列示的顺序。

（七）其他需要说明的重要事项

主要包括或有和承诺事项、资产负债表日后非调整事项，关联方关系及其交易等。

（八）提供信息

有助于财务报表使用者评价企业管理资本的目标、政策及程序的信息。

三、财务报表附注的编制形式

财务报表附注的编制形式灵活多样，常见的有以下五种。

（一）尾注说明

尾注说明是附注的主要编制形式，一般适用于说明内容较多的项目。

（二）括号说明

括号说明常用于为财务报表主体内容提供补充信息，因为它把补充信息直接纳入财务报表主体，所以比起其他形式来，它显得更直观，不易被人忽视，缺点是它包含内容过短。

（三）备抵账户与附加账户

设立备抵与附加账户，在财务报表中单独列示，能够为财务报表使用者提供更多有意义的信息，这种形式目前主要是指坏账准备等账户的设置。

（四）脚注说明

脚注说明是指在报表下端进行的说明，如说明已贴现的商业承兑汇票和已包括在固定资产原价内的融资租入的固定资产原价等。

（五）补充说明

有些无法列入财务报表主体中的详细数据、分析资料，可用单独的补充报表进行说明。比如，利用补充报表的形式来揭示关联方的关系和交易等内容。

第七节　财务报表的审核、报送和汇总

一、财务报表的审核

财务报表的审核是保证报表质量的一项重要措施。企业财务报表编制完成后，在报送之前，必须由单位会计主管人和单位负责人进行复核。财务报表复核的内容主要包括：

第一，报表所列金额与账簿记录是否一致；

第二，报表的项目是否填列齐全；

第三，报表的各项数字计算是否正确；

第四，内容是否完整，相关报表之间的有关数字的钩稽关系是否正确与衔接一致；

第五，报表的附注是否符合有关要求。

经审查无误后，对财务报表应依次编定页数、加具封面、装订成册、加盖公章。封面应注明企业的名称、地址、主管部门、开业年份、报表所属年度和月份、送出日期等。

二、财务报表的报送

企业的财务报表必须由企业领导、总会计师、会计主管人员和制表人员签名、盖章后才能报出。单位负责人对报表的合法性、真实性负法律责任。

应向哪些单位报送财务报表，与各单位的隶属关系、经济管理和经济监督的需要有关。国有企业一般要向上级主管部门、开户银行、财政、税务和审计机关报送报表，同时应向投资者、债权人以及其他与企业有关的报表使用者提供报表。股份有限公司还应向证券交易和证券监督管理机构提供报表。根据法律和国家有关规定，对财务报表必须进行审计的单位应先委托会计师事务所进行审计，并将注册会计师出具的审计报告，随同财务报告按照规定期限报送有关部门。

三、财务报表的审批

上级主管部门或总公司、财政、税务和金融部门，对各企业报送的财务报表应当认真审核。主要审核会计报表的编制是否符合会计准则和会计制度的有关规定，审查和分析财务报表的指标内容，以便对报送单位的财务活动情况进行监督。在审核过程中，如果发现报表编制有错误或不符合要求，应及时通知原单位进行更正，错误较多的应当重新编报。如果发现有违反法律和财经纪律、弄虚作假的现象，应查明原因，及时纠正，严肃处理。

财务报表审核后，要进行批复。年度决算报表除经上级主管部门审核批复外，还应由财政部门审批。企业要认真研究、执行上级主管部门对报表的批复意见，并在账务上做相应处理。

四、财务报表的汇总

国有企业财务报表报送上级主管部门后，上级主管部门要将所属单位上报的财务报表合并，编制汇总财务报表。汇总财务报表是上级根据所属单位上报的财务报表汇总编制，用来总括反映所属单位财务状况和经营成果的书面文件。在编制财务报表时，必须先审核后汇总。汇总财务报表的格式和基层单位财务报表的格式基本相同。编制方法是根据所属单位的财务报表和汇编单位本身的财务报表，经过合并、分析计算、汇总而填列的。

各级企业主管部门编好汇总财务报表后，应按规定的期限逐级上报，并及时报送同级财政、计划、税务等国家综合部门，以便及时提供国家宏观管理所需的会计信息。

第八节　财务报告的分析

一、财务报告分析的意义

（一）概念

财务报告分析是指财务报告的使用者用系统的理论与方法，把企业看成是在一定社会经济环境下生存发展的生产与分配社会财富的经济实体，通过对财务报告提供的信息资料进行系统分析来了解掌握企业经营的实际情况，分析企业的行业地位、经营战略、主要产品的市场、企业技术创新、企业人力资源、社会价值分配等经营特性和企业的盈利能力、经营效率、偿债能力、发展能力等财务能力，并对企业做出综合分析与评价，预测企业未来的盈利情况与产生现金流量的能力，为相关经济决策提供科学的依据。

（二）作用

第一，通过财务报告分析，可以了解公司的财务状况，对公司的偿债能力、资本结构合理性、流动资金充足性等做出判断。

第二，通过财务报告分析，可以了解、分析公司的盈利能力、盈利状况、经营效率，对公司在行业中的竞争地位、持续发展能做出判断。

第三，通过财务报告分析，可以了解和评价公司获取现金和现金等价物的能力，并据以预测公司未来现金流量。

二、财务报告分析的内容

财务报告分析的内容主要包括企业经营环境与经营特性分析、企业会计政策及其变动分析、财务报表项目及其结构分析、财务能力分析、企业综合分析与评价等。

（一）企业经营环境与经营特性分析

企业经营环境与经营特性分析主要分析宏观经济发展的形势，分析企业所处行业的发展趋势，分析企业的行业地位、经营战略、主要产品的市场情况，分析企业技术创新能力，分析企业高层管理人员与职工素质等人力资源情况与企业创造价值的社会分配结构等。通过这样做，决策者可以把握企业的宏观环境与企业总体情况，更好地联系与解释财务报告分析的结果。

（二）企业会计政策及其变动分析

企业会计政策及其变动分析主要分析企业经营管理者选择不同会计政策的理由及不同会计政策对财务报表项目与财务分析指标的影响，为保证对比分析时分析指标的可比性，必要时对分析资料进行适当的修正。

（三）财务报表项目及其结构分析

财务报表项目及其结构分析主要对资产负债表、利润表、现金流量表、所有者权益变动表及其附注的各个项目与结构进行对比分析，分析各种资产、负债、所有者权益、收入、成本、费用、利润、现金流量的变化、变化原因和其对企业经营的影响。每个财务报表项目都具有特定的经济含义，它的变化对财务能力、经营特性都可能产生影响，一般可编制多期比较财务报表和多期百分比财务报表进行分析。多期百分比财务报表将财务报表项目用结构百分比表示，并将多个会计期间的财务报表合并，这样有利于对财务报表的结构变动进行分析。

（四）财务能力分析

财务能力分析主要分析企业的盈利能力、经营效率、偿债能力（短期、长期）、发展能力等。该部分主要通过定量的财务指标分析进行，它是财务报告分析的重要内容。

（五）企业综合分析与评价

企业综合分析与评价主要将上述分析情况用系统、科学的方法对企业进行综合分析与评价。该综合分析与评价使用定量指标与定性指标相结合，并可使用综合指数法、综合评分法等方法进行综合分析与评价。该综合分析与评价和企业业绩评价有很强的联系，企业业绩评价可看成是企业综合分析与评价的一种形式，它是财务报告分析的重要内容。

三、财务报告分析的目的

财务报告分析的主体是财务报告的使用者，主要包括投资者（股东）、债权人（金融机构、企业单位）、企业经营管理者、政府经济管理部门、企业工会组织、注册会计师等。不同的分析主体分析的目的不同，所分析的内容与重点也有差异。

第一，投资者的分析主要是为寻求投资机会获得更高投资收益而进行的投资分析和为考核企业经营管理者的经营受托责任的履行情况而进行的企业经营业绩综合分析与评价。其分析的重点是企业的盈利能力、发展能力和业绩综合分析评价。

第二，债权人的分析主要是金融机构或企业为收回贷款和利息或将应收款项等债权按期收回现金而进行的信用分析。信用分析的重点是偿债能力、盈利能力和产生现金能力。

第三，企业经营管理者为了更好地对企业经营活动进行规划、管理与控制，利用财务报告进行经营分析。该分析要分析企业各种经营特性，包括盈利能力、偿债能力、经营效率、发展能力、社会存在价值等，并要综合分析企业的经营情况。

第四，政府经济管理部门的分析主要是为制定有效的经济政策和公平、恰当地征税而进行的经济政策分析与税务分析。其分析的重点是企业发展、社会价值分配等。

第五，工会组织的分析主要是为争取职工合理的工资、福利等利益而进行的工会利益分配分析。其主要分析企业社会价值分配、盈利能力等。

第六，注册会计师为客观、公正地进行审计、避免审计错误、提高财务报告的可行度也要对财务报告进行审计分析。其分析的重点是财务报表及其之间的稽核关系与各种财务能力、经营特性分析。

四、财务报告分析的方法

财务报告分析的方法主要有比较分析法、比率分析法、因素分析法、综合指数法、综合评分法、雷达图法等。

(一) 比较分析法

比较分析法是将多个经济内容相同的指标进行对比,从数量上确定其差异的一种分析方法。它是财务报告分析最基本的方法,它将本期的实际指标与不同的标准值进行对比,揭示客观存在的差异,并进一步分析产生差异的原因。

比较的标准主要有历史标准、先进标准、考核标准、主要竞争对手企业标准等。

历史标准主要是指以前各期实现的数据或历史最好水平。通过与历史标准对比,可以揭示该指标的变化趋势与变化程度。

先进标准主要是指国际、国内或本地区同行业同类企业的先进水平。通过对比可发现与先进水平的差距。

考核标准主要是指考核企业工作的预算、计划、定额等指标。通过对比可明确考核指标的完成情况。

主要竞争对手企业标准是指主要竞争对手企业的同期实际指标。通过对比可明确与主要竞争对手企业相比自己的优势与不足。

使用比较分析法时,可根据分析的目的选择其中一种或多种比较标准进行分析,并应注意相互比较的指标之间的可比性。相互比较的指标,必须在指标内容与计算的基础、范围、方法、时间跨度等方面保持一致。

使用比较分析法分析问题时,要将绝对数指标与相对数指标相互结合、相互补充说明问题。例如,对企业的盈利情况进行分析时,要将利润额这类绝对数指标与利润率这类相对数指标相结合去说明企业的盈利情况。

(二) 比率分析法

比率分析法是通过计算指标之间的比率来分析指标之间关系、揭示经济规律的一种方法。它是财务分析最常用的方法之一,分析的比率可分为相关比率、结构比率、动态比率等。

相关比率,是根据经济指标之间存在相互依存、相互联系的关系,将两个性质不同但又彼此相关的指标加以对比而计算出的比率。它有利于研究经济活动的客观联系,认识经济活动的规律性。例如,根据投入与产出之间的依存关系,将利润总额与成本费用总额相比较计算出成本费用利润率,用它揭示企业的盈利能力。

结构比率,是指将某项经济指标的组成部分与该经济指标的总体进行对比,计算出组成部分占总体的比重而形成的比率。它反映某项经济指标的构成情况,揭示经济指标的结构规律。例如,将各项资产数额分别与资产总额相比较,可计算各项资产占总资产的比重，它反映了企业的资产结构，为进一步分析企业资产结构的合理性、优化企业的资产结构提供依据。

动态比率，是将不同时期同类指标的数值进行对比计算出的比率。它反映该分析指标的变化方向和变化速度，揭示经济指标的变化趋势。动态比率包括定基比率和环比比率。

(三) 因素分析法

因素分析法是当某项综合经济指标可表示为若干项相互联系的因素(经济指标)的乘积时，按照一定的程序和方法，计算确定各因素的变动对综合经济指标的影响程度的分析方法。

(四) 综合分析与评价的方法

在对企业经营特性与财务能力分析的基础上，要对企业财务情况做出综合的分析与评价时，可采用一些综合的分析与评价方法，常用方法主要有综合指数法、综合评分法、雷达图法等。

1. 综合指数法

综合指数法，首先将综合分析与评价的结果用综合指数表示，确定影响综合指数的各项指标，然后将反映综合指数的指标数同一定的标准值进行对比，计算出各项指标的指数，最后考虑各项指标在评价综合结果时具有不同的重要性，给各项指标指数以不同的权重，加权汇总各项指标指数得到综合指数，以这个综合指数的高低反映评价结果的好坏。

2. 综合评分法

综合评分法，首先将综合分析与评价的结果用综合评价分数表示，确定影响综合评价的各项指标，然后将指标数同一定的标准值进行比较分析给出评分，将各指标的评分汇总得出综合评价分数，以这个综合评价分数的高低反映评价结果的好坏。

3. 雷达图法(综合状况判断图)

雷达图法将反映企业综合情况的各项指标以雷达图的形式表示出来，便于人们直观地掌握企业综合情况。反映企业综合情况的各项指标按所反映的属性不同分类，并分别描绘在不同的区域里，每个指标用一条由圆心发出的射线表示，图中用内、中、外三个圆划分不同区域，射线与内、中、外三个圆的交点即各项指标的最差值、标准值、最佳值。将企业指标的实际值按数值比例画在射线上，再把这些点连起来即可得到折线图表示企业的实际情况。用该方法进行分析时，当积累一定的经验后，从折线图的形状就可以大概地掌握企业的经营情况。

五、财务报告分析的程序

(一) 确定分析目的

分析的目的不同，所分析的内容与重点也有差异。因此，在进行财务报告分析时，首先应确定分析的目的，再确定分析的内容与重点。

（二）收集分析资料

财务报告分析所用到的资料主要包括：企业财务报告；有关企业经营环境的资料，如反映企业外部的宏观经济形势统计信息、行业情况信息、其他同类企业的经营情况等；有关分析比较标准的资料。对所收集的资料要加以整理，去伪存真，保证资料的真实性。

（三）进行专题分析

按确定的分析内容与重点，选择科学、合理的分析方法进行分析。分析时应按分析要求依次进行企业经营环境与经营特性分析、企业会计政策及其变动分析、财务报表项目及其结构分析、财务能力分析等。

（四）进行综合分析与评价

对专题分析进行总结，并进行综合分析与评价，完成分析报告。对分析结果进行评价，评价将分析结果用于经济决策是否能取得满意的效果，若不能满意，则再从第二步开始，进一步收集分析资料，进行更深入的分析，直到能取得满意的决策效果为止。循环的分析工作应注意成本效益原则。

六、财务报告分析的主要指标

（一）变现能力比率

变现能力是企业产生现金的能力，它取决于可以在近期转变为现金的流动资产的多少。

1. 流动比率

流动比率是流动资产和流动负债的比率。用公式表示：

$$\text{流动比率}=\frac{\text{流动资产合计}}{\text{流动负债合计}}$$

这一指标体现了企业偿还短期债务的能力。流动资产越多，短期债务越少，则流动比率越大，企业的短期偿债能力越强。企业设置的标准值为2。低于标准值，企业的短期偿债风险较大。一般情况下，营业周期、流动资产中的应收账款数额和存货的周转速度是影响流动比率的主要因素。

2. 速动比率

速动比率是速动资产与流动负债的比率。用公式表示：

$$\text{速动比率}=\frac{\text{流动资产合计}-\text{存货}}{\text{流动负债合计}}$$

这一指标比流动比率更能体现企业的偿还短期债务的能力。流动资产中尚包括变现速度较慢且可能已贬值的存货，因此将流动资产扣除存货再与流动负债对比，以衡量企业的短期偿债能力。

企业设置的标准值为1。低于1的速动比率通常被认为是短期偿债能力偏低。影响速动比率的可信性的重要因素是应收账款的变现能力，账面上的应收账款不一定都能变现，也不一定非常可靠。

(二) 资产管理比率

1. 存货周转率

存货周转率是产品销售成本与存货平均余额的比率。用公式表示：

$$存货周转率=\frac{产品销售成本}{(期初存货+期末存货)\div 2}$$

存货周转率是存货周转速度的主要指标。提高存货周转率，缩短营业周期，可以提高企业的变现能力。

企业设置的标准值为3。存货周转率反映存货管理水平，存货周转率越高，存货的占用水平越低，流动性越强，存货转换为现金或应收账款的速度越快。它不仅影响企业的短期偿债能力，还是整个企业管理的重要内容。

2. 存货周转天数

存货周转天数是指企业购入存货、投入生产到销售出去所需要的天数。用公式表示：

$$存货周转天数=\frac{360}{存货周转率}=\frac{360\times(期初存货+期末存货)\div 2}{产品销售成本}$$

提高存货周转率，缩短营业周期，可以提高企业的变现能力。

企业设置的标准值为120。存货周转天数反映存货管理水平，存货周转速度越快，存货的占用水平越低，流动性越强，存货转换为现金或应收账款的速度越快。它不仅影响企业的短期偿债能力，也是整个企业管理的重要内容。

3. 应收账款周转率

应收账款周转率是指指定的分析期间内应收账款转换为现金的平均次数。用公式表示：

$$应收账款周转率=\frac{销售收入}{(期初应收账款+期末应收账款)\div 2}$$

企业设置的标准值为3。应收账款周转率越高，说明其收回越快；反之，说明营运资金过多呆滞在应收账款上，影响正常资金周转及偿债能力。

分析时应注意：应收账款周转天数，要与企业的经营方式结合起来考虑。以下几种情况使用该指标不能反映实际情况：第一，季节性经营的企业；第二，大量使用分期收款结算方式；第三，大量使用现金结算的销售；第四，年末大量销售或年末销售大幅度下降。

4. 应收账款周转天数

应收账款周转天数表示企业从取得应收账款的权利到收回款项、转换为现金所需要的时间。用公式表示：

$$应收账款周转天数=\frac{360}{应收账款周转率}=\frac{(期初应收账款+期末应收账款)\div 2}{产品销售收入}$$

企业设置的标准值为100。应收账款周转率越高，说明其收回越快。反之，说明营运资金过多呆滞在应收账款上，影响正常资金周转及偿债能力。

分析时应注意：应收账款周转天数，要与企业的经营方式结合起来考虑。以下几种情况使用该指标不能反映实际情况：第一，季节性经营的企业；第二，大量使用分期收款结算方式；第三，大量使用现金结算的销售；第四，年末大量销售或年末销售大幅度下降。

5. 营业周期

营业周期是从取得存货开始到销售存货并收回现金为止的时间。用公式表示：

$$营业周期=存货周转天数+应收账款周转天数$$

其中：
$$存货周转天数=\frac{(期初存货+期末存货)\div 2}{产品销售成本}\times 360$$

$$应收账款周转天数=\frac{(期初应收账款+期末应收账款)\div 2}{产品销售收入}\times 360$$

企业设置的标准值为200。一般情况下，营业周期短，说明资金周转速度快；营业周期长，说明资金周转速度慢。

分析时应注意：营业周期，一般应结合存货周转情况和应收账款周转情况一并分析。营业周期不仅体现企业的资产管理水平，还会影响企业的偿债能力和盈利能力。

6. 流动资产周转率

流动资产周转率是指销售收入与流动资产平均余额的比率。用公式表示：

$$流动资产周转率=\frac{销售收入}{(期初流动资产+期末流动资产)\div 2}$$

企业设置的标准值为1。流动资产周转率反映流动资产的周转速度。加快周转速度，会相对节约流动资产，相当于扩大资产的投入，增强企业的盈利能力；而延缓周转速度，需补充流动资产参加周转，形成资产的浪费，降低企业的盈利能力。

分析时应注意：流动资产周转率要结合存货、应收账款一并进行分析，和反映盈利能力的指标结合在一起使用，可全面评价企业的盈利能力。

7. 总资产周转率

总资产周转率是指销售收入与资产总额的比率。用公式表示：

$$总资产周转率=\frac{销售收入}{(期初资产总额+期末资产总额)\div 2}$$

企业设置的标准值为0.8。该项指标反映总资产的周转速度，周转越快，说明销售能力越强。企业可以采用薄利多销的方法，加速资产周转，带来利润绝对额的增加。

总资产周转率用于衡量企业运用资产赚取利润的能力，常和反映盈利能力的指标一起使用，全面评价企业的盈利能力。

(三) 负债比率

负债比率是反映债务和资产、净资产关系的比率。它反映企业偿付到期长期债务的能力。

1. 资产负债率

资产负债率是指负债总额与资产总额的百分比。用公式表示：

$$资产负债率=\frac{负债总额}{资产总额}\times 100\%$$

企业设置的标准值为0.7。该指标反映债权人提供的资本占全部资本的比例，也被称为举债经营比率。负债比率越大，企业面临的财务风险越大，获取利润的能力也越强。如果企业资金不足，依靠欠债维持，导致资产负债率特别高，偿债风险就应该特别注意了。

资产负债率在60%～70%，比较合理、稳健；达到85%及以上时，应视为发出预警信号，企业应引起足够的重视。

2. 产权比率

产权比率是指负债总额与股东权益的百分比。用公式表示：

$$产权比率=\frac{负债总额}{股东权益}\times 100\%$$

企业设置的标准值为1.2。该指标反映债权人与股东提供的资本的相对比例，反映企业的资本结构是否合理、稳定；同时，也表明债权人投入资本受到股东权益的保障程度。一般来说，产权比率高是高风险、高报酬的财务结构，产权比率低，是低风险、低报酬的财务结构。从股东来说，在通货膨胀时期，企业举债，可以将损失和风险转移给债权人；在经济繁荣时期，举债经营可以获得额外的利润；在经济萎缩时期，少借债可以减少利息负担和财务风险。

3. 有形净值债务率

有形净值债务率是指负债总额与股东权益减去无形资产净值之差的百分比。用公式表示：

$$有形净值债务率=\frac{负债总额}{股东权益-无形资产净值}\times 100\%$$

企业设置的标准值为1.5。该指标为产权比率指标的延伸，更为谨慎、保守地反映在企业清算时债权人投入的资本受到股东权益的保障程度。不考虑无形资产包括商誉、商标、专利权以及非专利技术等的价值，它们不一定能用来还债，谨慎起见，一律视为不能偿债。从长期偿债能力来看，较低的比率说明企业有良好的偿债能力，举债规模正常。

4. 已获利息倍数

已获利息倍数是指企业经营业务收益与利息费用的比率。用公式表示：

$$已获利息倍数=\frac{息税前利润}{利息费用}=\frac{利润总额+财务费用}{财务费用中的利息支出+资本化利息}$$

通常也可用近似公式表示：

$$已获利息倍数=\frac{利润总额+财务费用}{财务费用}$$

企业设置的标准值为2.5。该指标用以衡量企业偿付借款利息的能力，也叫利息保障倍数。只要已获利息倍数足够大，企业就有充足的能力偿付利息。企业要有足够大的息税前利润，才能保证负担得起资本化利息。该指标越高，说明企业的债务利息压力越小。

(四) 盈利能力比率

盈利能力就是企业赚取利润的能力。不论是投资人还是债务人，都非常关心这个项目。在分析盈利能力时，应当排除证券买卖等非正常项目、已经或将要停止的营业项目、重大事故或法律更改等特别项目、会计政策和财务制度变更带来的累积影响数等因素。

1. 销售净利率

销售净利率是指净利润与销售收入的百分比。用公式表示：

$$销售净利率=\frac{净利润}{销售收入}\times 100\%$$

企业设置的标准值为0.1。该指标反映每1元销售收入带来的净利润是多少，表示销售收入的收益水平。企业在增加销售收入的同时，必须要相应获取更多的净利润才能使销售净利率保持不变或有所提高。销售净利率可以分解成为销售毛利率、销售税金率、销售成本率、销售期间费用率等指标进行分析。

2. 销售毛利率

销售毛利率是指销售毛利与销售收入的百分比。用公式表示：

$$销售毛利率=\frac{销售收入-销售成本}{销售收入}\times 100\%$$

企业设置的标准值为0.15 。该指标表示每1元销售收入扣除销售成本后，有多少钱可以用于各项期间费用和形成盈利。销售毛利率是企业计算销售净利率的最初基础，没有足够大的销售毛利率便不能形成盈利。企业可以按期分析销售毛利率，据以对企业销售收入、销售成本的发生及配比情况做出判断。

3. 资产净利率(总资产报酬率)

资产净利率是指净利润与资产平均余额的百分比。用公式表示：

$$资产净利率=\frac{净利润}{(期初资产总额+期末资产总额)\div 2}\times 100\%$$

企业设置的标准值要根据实际情况而定。把企业一定期间的净利润与企业的资产相比较，表明企业资产的综合利用效果。指标越高，表明资产的利用效率越高，说明企业在增加收入和节约资金等方面取得了良好的效果，否则相反。资产净利率是一个综合指标。净利润数量与企业资产数、资产的结构、经营管理水平有着密切的关系。影响资产净利率的因素有产品的价格、单位产品成本、产品的产量和销售的数量、资金占用量。

4. 净资产收益率(权益报酬率)

净资产收益率是指净利润与所有者权益平均余额的百分比。用公式表示：

$$净资产收益率=\frac{净利润}{(期初所有者权益合计+期末所有者权益合计)\div 2}\times 100\%$$

企业设置的标准值为0.08。净资产收益率反映公司所有者权益的投资报酬率，也叫净值报酬率或权益报酬率，具有很强的综合性，是最重要的财务比率。可以将这一指标分解成相联系的多种因素，进一步剖析影响所有者权益报酬的各个方面，如资产周转率、销售利润率、权益乘数。另外，在使用该指标时，还应结合对“应收账款”“其他应收款”“待摊费用”进行分析。

(五) 现金流量分析

1. 流动性分析

流动性分析是将资产迅速转变为现金的能力。

(1) 现金到期债务比率

现金到期债务比率是指经营活动现金净流量与本期到期债务的比率。用公式表示：

$$现金到期债务比率=\frac{经营活动现金净流量}{本期到期债务}$$

$$\text{本期到期债务}=\text{一年内到期的长期负债}+\text{应付票据}$$

企业设置的标准值为1.5。以经营活动的现金净流量与本期到期的债务比较，可以体现企业的偿还到期债务的能力。企业能够用来偿还债务的除借新债还旧债外，一般应当是经营活动的现金流入。

（2）现金流动负债比率

现金流动负债比率是指经营活动现金净流量与期末流动负债的比率。用公式表示：

$$\text{现金流动负债比率}=\frac{\text{经营活动现金净流量}}{\text{期末流动负债}}$$

企业设置的标准值为0.5。该指标反映经营活动产生的现金对流动负债的保障程度。企业能够用来偿还债务的除借新债还旧债外，一般应当是经营活动的现金流入。

（3）现金债务总额比率

现金债务总额比率是指经营活动现金净流量与期末负债总额的比率。用公式表示：

$$\text{现金债务总额比率}=\frac{\text{经营活动现金净流量}}{\text{期末负债总额}}$$

企业设置的标准值为0.25。企业能够用来偿还债务的除借新债还旧债外，一般应当是经营活动的现金流入。该指标计算结果要与过去比较，与同业比较才能确定高与低。这个比率越高，企业承担债务的能力越强。这个比率同时也体现企业的最大付息能力。

2. 获取现金的能力

（1）销售现金比率

销售现金比率是指经营活动现金净流量与本期到期债务的比率。用公式表示：

$$\text{销售现金比率}=\frac{\text{经营活动现金净流量}}{\text{销售额}}$$

企业设置的标准值为0.2。该指标反映每1元销售得到的净现金流入量，其值越大越好。该指标计算结果要与过去比、与同业比才能确定高与低。这个比率越高，企业的收入质量越好，资金利用效果越好。

（2）每股营业现金流量

每股营业现金流量是指经营活动现金净流量与普通股股数的比率。用公式表示：

$$\text{每股营业现金流量}=\frac{\text{经营活动现金净流量}}{\text{普通股股数}}$$

企业设置的标准值应根据实际情况而定。该指标反映每股经营所得到的净现金，其值越大越好。该指标反映企业最大分派现金股利的能力。超过此限，就要借款分红。

（3）全部资产现金回收率

全部资产现金回收率是指经营活动现金净流量与期末资产总额的比率。用公式表示：

$$\text{全部资产现金回收率}=\frac{\text{经营活动现金净流量}}{\text{期末资产总额}}$$

企业设置的标准值为0.06。该指标反映企业资产产生现金的能力，其值越大越好。如把此指标求倒数，则可以分析，全部资产用经营活动现金回收，需要的期间长短。因此，这个指标体现了企业资产回收的含义。回收期越短，说明资产获现能力越强。

小　结

财务报告是指企业根据经过审核的会计账簿记录和有关资料，编制并对外提供的反映企业某一特定日期的财务状况和某一会计期间的经营成果、现金流量等会计信息的文件。财务报告包括财务报表、财务报表附注和财务情况说明书。

财务报告所提供的会计信息具有重要作用。

企业的财务报表按照其服务对象、编报时间、反映财务活动方式和编制范围等可分为不同的种类。

为编制高质量的财务报表，为决策者提供可靠与相关的会计信息，企业在财务报表项目列报时应符合以下要求：

一是财务报表应以持续经营为基础编制；

二是列报的一致性；

三是重要性项目单独列报；

四是有关抵销的界定，项目金额不得相互抵销；

五是财务报表中应列报所有金额的前期比较信息；

六是披露要求。

为了充分发挥财务报表的作用，保证财务报表的质量，编制财务报表时应做到数字真实、计算准确、内容完整、报送及时。

资产负债表是反映企业某一特定日期（如月末、季末、年末）全部资产、负债和所有者权益情况的财务报表。它是某一特定日期企业所控制的资产、承担的债务以及投资人要求权益的静态反映。资产负债表正表的格式一般有两种：报告式资产负债表和账户式资产负债表。不管采取什么格式，资产各项目的合计等于负债和所有者权益各项目的合计这一等式不变。

资产负债表分为左右两边，左边为资产，右边为负债和所有者权益。两边内部按照各自的具体项目排列，资产各项目合计与负债和所有者权益各项目合计相等。

利润表，又称为收益表或损益表，它是反映企业在一定会计期间经营成果的财务报表。利润表的格式一般有两种：单步式利润表和多步式利润表。我国《企业会计准则》要求企业采用多步式利润表，分三步计算出净利润（或净亏损）。

利润表的填制，应根据各损益类科目的发生额进行。

现金流量表，是指反映企业在一定会计期间现金和现金等价物流入和流出的报表。这里的现金是广义的现金概念。它不仅包括库存现金，而且包括可以随时用于支付的各种存款。

我国企业现金流量表采用报告式结构，分别反映经营活动产生的现金流量、投资活动产生的现金流量和筹资活动产生的现金流量，最后汇总反映企业某一会计期间现金及现金等价物的净增加额。

现金流量表的编制方法有直接法和间接法。

现金流量表各项目金额的填列应根据资产负债表和利润表及其他资料分析计算填列。

所有者权益变动表是反映构成所有者权益各组成部分本期(年度或中期)内至截至期末所有者权益变动情况的报表。其中,所有者权益变动表应当全面反映一定时期所有者权益变动的情况。所有者权益变动表以矩阵的形式列示。

财务报表附注是财务报表的重要组成部分,它是为了便于报表使用者理解报表的内容而对报表本身无法或难以充分表达的内容和项目,诸如报表的编制基础、编制依据、编制原则和编制方法及主要项目等所做的补充说明和详细解释。

财务报表附注的编制形式灵活多样,可以采用尾注说明、括号说明、脚注说明等。

财务报表审核是保证报表质量的一项重要措施。企业财务报表编制完成后,在报送之前,必须由单位会计主管人和单位负责人进行复核。

企业的报表必须由企业领导、总会计师、会计主管人员和制表人员签名、盖章后才能报出。单位负责人对报表的合法性、真实性负法律责任。

上级主管部门或总公司、财政、税务和金融部门,对各企业报送的财务报表应当认真审核。财务报表审核后,要进行批复。

国有企业财务报表报送上级主管部门后,上级主管部门要将所属单位上报的财务报表合并,编制汇总财务报表。

财务报告分析是指财务报告的使用者运用系统的理论与方法,对财务报告提供的资料,借助不同的指标进行的分析。财务报告分析的主要指标包括变现能力比率、资产管理比率、盈利能力比率等。

财务报告分析的内容主要包括企业经营环境与经营特性分析、企业会计政策及其变动分析、财务报表项目及其结构分析、财务能力分析、企业综合分析与评价等。

财务报告分析的方法主要有比较分析法、比率分析法、因素分析法、综合指数法、综合评分法、雷达图法等。

复习思考题

1. 什么是财务报告?它包括哪些内容?为什么要编制财务报告?
2. 什么是财务报表?它分为哪几类?
3. 为编制高质量的财务报表,企业在财务报表项目列报和编制时应符合哪些要求?
4. 什么是资产负债表?其结构和内容如何?为什么要编制资产负债表?
5. 如何填列资产负债表各项目?举例说明。
6. 利润表的编制依据是什么?我国利润表的结构和内容是如何规定的?
7. 现金流量表的编制基础是什么?现金流量分为哪几类?
8. 我国的所有者权益变动表的结构和内容如何?
9. 财务报告的分析方法有哪些?财务报告分析主要有哪些指标?

实务练习题

[目的]

练习资产负债表和利润表的编制。

[资料]

1. 宏达股份有限公司 2018 年年末部分账户余额如表 8-5 所示。

表 8-5　宏达股份有限公司 2018 年年末部分账户余额

单位:元

账户名称	借方余额	贷方余额
库存现金	20 000	
银行存款	800 000	
其他货币资金	560 000	
应收账款	130 000	
——A 公司	60 000	
——B 公司	90 000	
——C 公司		20 000
预付账款	30 000	
——U 公司	80 000	
——V 公司		50 000
生产成本	600 000	
原材料	890 000	
在途物资	90 000	
应付账款		80 000
——E 公司		120 000
——F 公司	40 000	
预收账款		90 000
——X 公司		140 000
——Y 公司	50 000	
长期借款	320 000	
——其中 8 个月到期	60 000	

2. 宏达股份有限公司 2018 年年末部分损益类账户发生额如表 8-6 所示。

表 8-6　宏达股份有限公司 2018 年年末部分损益类账户发生额

单位:元

账户名称	借方余额	贷方余额
主营业务收入		2 000 000
主营业务成本	600 000	
其他业务收入		580 000
其他业务成本	150 000	
税金及附加	760 000	
销售费用	50 000	
管理费用	40 000	
财务费用	160 000	
资产减值损失	30 000	
公允价值变动损益	250 000	
投资收益		650 000
营业外收入		190 000
营业外支出	80 000	
所得税费用	180 000	

[要求]

根据以上资料：

1. 填列资产负债表下列项目：

(1) 货币资金；

(2) 存货；

(3) 应收账款；

(4) 应付账款；

(5) 预收账款；

(6) 预付账款；

(7) 一年内到期的长期负债。

2. 填列利润表各项目本期数。

案例分析

教会计学的王老师在讲完财务报告这一章后，组织同学们就资产负债表、利润表和现金流量表之间的关系问题进行了课堂讨论。讨论中，同学们踊跃发言。A 同学说：资产负债表是反映企业资金存在和分布形态以及资金的来源和形成渠道的，是静态报表，它是资金运动的结果；利润表是反映企业资金运动的动态报表，它是资金运动的过程。B同学说：企业编制资产负债表和利润表这两张表就足够了，编制现金流量表就没必要了。C同学则认为：企业编制现金流量表非常有必要，它是连接资产负债表和利润表的桥梁。

案例要求

对以上同学的观点你是如何认识的，谈谈你的看法。

第九章　会计规范与会计管理

【学习目的与要求】

了解会计规范、会计职业道德以及会计工作管理的必要性和重要性，熟悉会计规范、会计职业道德的内容，掌握内部会计控制的具体内容和基本方法。

【教学重点与难点】

教学的重点是：会计规范、会计职业道德的内容。教学的难点是：内部会计控制的具体内容和基本方法。

第一节　会计规范体系

会计工作是由会计工作的内容和会计人员共同组成的，尤其是财务会计，需要服务于外部信息使用者，在保护投资者及社会公众利益、维护市场经济秩序及稳定方面扮演着越来越重要的角色，即会计工作在社会经济活动中的地位日显突出。为此，在不同区域、不同时间的会计工作必须受公认的、统一的会计规范体系的制约。

目前，我国的会计规范体系包括以下层次：根据法律效力从大到小依次为会计法律、会计行政法规、会计规章制度和会计惯例。

一、会计法律规范

《中华人民共和国会计法》(以下简称《会计法》)是调整我国经济生活中会计关系的总规范，是制定其他一切会计法规、制度的法律依据，是会计工作的最高准则。1985 年 1 月 21 日第六届全国人民代表大会常务委员会第九次会议通过《中华人民共和国会计法》经过了 1993 年 12 月 29 日第八届全国人民代表大会常务委员会第五次会议第一次修正，1999 年 10 月 31 日第九届全国人民代表大会常务委员会第二次会议修订，2017 年 11 月 4 日第十二届全国人民代表大会常务委员会第三十次会议修正。新《会计法》从立法宗旨、会计核算、会计监督、会计机构、会计人员、法律责任以及公司、企业会计核算的特别规定等方面进行了原则性的规范。《会计法》制定的目的在于规范会计行为，保证会计资料真实、完整，加强经济管理、财务管理，提高经济效益，维护社会主义市场经济秩序。《会计法》适用于国家机关、社会团体、公司、企业、事业单位和其他组织。

二、会计行政法规规范

会计行政法规规范不仅包括由国务院制定的会计行政法规，如《总会计师条例》《企业财务会计报告条例》等，还包括由各省、自治区和直辖市人民代表大会及其常委会制定的地方会计行政法规。会计行政法规在性质上是同《会计法》保持一致的，在内容上多属于对《会计法》的阐述或具体化，因而会计行政法规具有较强的操作性。例如：1990 年 12 月 31 日由国务院颁布施行的《总会计师条例》中规定，全民所有制大中型企业设置总会计师；事业单位和业务主管部门根据需要，经批准可以设置总会计师。另外，《总会计师条例》还规定了总会计师的职责、权限和总会计师的任免及奖惩。这些会计行政法规对会计工作及会计事务管理方面做出了较为具体的规范，因此具有较强的实际操作性。会计行政法规在整个社会法律规范体系中占有重要的地位，它介于会计法律和会计规章制度之间，起到承上启下的作用。

三、会计规章制度规范

会计规章制度是由国务院财政部门根据《会计法》制定的关于会计核算、会计监督、会计机构和会计人员以及会计工作管理的制度。会计规章制度由一系列规范构成：会计工作管理制度，如《会计档案管理办法》；会计核算制度，如《企业会计制度》等；会计监督制度，如会计机构和会计人员对本单位的会计凭证、会计账簿、财务报告、实物与款项、财务收支及其他会计事项的监督等规范；有关会计机构、会计人员管理的制度，如《会计专业职务试行条例》。

四、会计惯例规范

会计惯例是指会计人员在长期实践中所建立和广泛运用的处理会计业务的具体方法和程序。这些方法和程序具有传统的权威性，虽未经有关的权威会计团体和会计管理机构载入正式文件予以公布，但在大量的实践后，被证实是科学的、合理的、切实可行的，因而被广泛地采纳和应用。会计惯例是“会计理论”的总称，是会计人员在日常会计实务中所形成的习惯性做法和倾向，是在一定范围和时期内得到普遍认可和应用的会计行为。会计惯例的形成起源于从业会计人员的习惯，而不是会计职业团体的规定。

会计惯例原指会计人员普遍采用的会计程序和方法。这种程序和方法最早来自习惯，后来成为流行的惯例。人们在长期的会计实践工作中形成的、为大家所公认的常规和做法，如借贷记账法中账户的左借右贷、会计分录中的先借后贷等都是会计惯例。会计惯例通常是一些不成文的规范。

第二节　会计职业道德

职业道德是就职人员的职业品质、工作作风和工作纪律的统一。会计人员职业道德是会计工作从业人员应当遵循的道德准则和职业纪律。就整体来看，我国绝大多数会计人员的职业态度是端正的，职业道德素质较高。会计行业之所以会获得社会的信赖和赞誉，是因为会计人员诚实、真实、可靠。

一、会计职业道德的概念

道德是一定社会调节人际关系的行为规范的总和。会计职业首先是调整会计人员与社会、会计人员与不同利害关系集团以及会计人员之间关系和行为的规范。会计职业道德属于意识形态范畴，影响它的因素是多方面的，如民族文化、传统习俗、价值标准等。因此，会计职业道德的作用也是其他会计规范所不能取代的。会计职业道德贯穿会计工作所有领域和整个过程，其作用力无所不在。会计职业道德同其他职业道德一样，其基本要求是忠于职守。所有从事会计工作的人员在其会计岗位上，应当恪守职业道德，履行自身所承担的工作职责，完成会计任务。

会计职业道德是一种非强制性规范，与会计法律等强制性规范不同，它是依靠会计人员乃至全体国民的信念、习俗、传统、教育和素质的力量来维持的，依靠会计职业界自身以及社会舆论来实行监督的。在会计运行过程中，会计职业道德规范和其他会计规范互相补充、互相联系，共同构筑会计规范体系，规范会计工作。

二、会计职业道德的基本内容

会计职业道德的基本内容是对会计人员有关职业道德方面的要求。根据我国的具体情况，会计职业道德一般可分为政治思想、专业工作、业务修养等多方面的基本规范。

1. 政治思想方面的规范

第一，会计人员应坚持四项基本原则，维护党和国家的路线、方针、政策、法规和制度。

第二，会计人员应当遵纪守法，坚决执行国家的有关法律、法规和制度，在日常工作中，对处理的各项财务收支业务要求严格审查、把好关口、堵塞漏洞。

第三，会计人员应当树立全局观念，在工作中自觉维护社会利益和国家利益。

第四，廉洁自律，奉公守法。遵纪守法在会计工作中具有特别重要的含义，它要求会计人员除了遵守国家对公民的一般法规要求以外，还要遵守《会计法》及其他财经法规、政策、制度和纪律，严格依法理财、洁身自爱、拒腐倡廉、不贪不占。

2. 专业工作方面的规范

第一，忠于职守，全心全意执行国家赋予的会计核算和会计监督的任务。

第二，通过会计工作，促进增收节支，使企业生财有方、聚财有道、用财有效，提高经济效益。

第三，对各项经济业务进行真实、准确、完整、及时的核算，提供高质量的会计信息，协助企业搞好经营决策。

第四，加强对经济业务的监督，对于不合法、不真实、不合理的经济业务不予以受理；对于不准确和不完整的经济业务凭证，应当退回经办人补办手续或更正后再做处理；对于违法的业务，应当加以制止，并向有关领导报告。

第五，利用现代科学技术，采用新方法，服务于会计工作。

3. 业务修养方面的规范

第一，利用各种机会，创造有利条件，虚心学习专业知识，努力提高会计理论水平和自身修养，更好地完成会计任务。

第二，在会计实践中钻研业务，提高专业技术和业务能力。

第三，保守企业商业机密。企业的知识产权、核心技术及会计信息和其他经济运行数据都属于企业的商业秘密，受到国家相关法律的保护。会计人员应当在企业会计信息安全保护方面承担更大的责任，要保护本单位商业运行的经济数据。除符合法律规定和单位领导人同意外，不能私自向外界泄露单位的会计信息。会计人员由于工作性质的原因，有机会了解到本单位的重要机密，这些机密一旦泄露给竞争对手，会给本单位的经济利益造成重大的损害。

总之，会计人员应当具有良好的职业道德，掌握职业技能，遵守工作纪律，端正工作态度，加强自我修养，完成会计任务。

第三节　会计机构与会计人员

会计机构是贯彻执行党和国家方针政策，制定和执行会计制度，组织领导和处理会计工作的专职机构。合理设置会计机构、明确工作任务，是保证会计工作顺利进行的重要条件。会计人员是决定会计工作质量的关键。明确会计人员的职责和权限，是充分发挥会计人员积极性的有效措施。会计部门必须配备适当的会计人员，提高会计人员的政治素质和业务水平，深入贯彻《会计法》，保障会计人员行使职权，为会计人员更好地发挥会计职能创造条件。

一、会计机构的设置

实行独立核算的大中型企业、实行企业化管理的事业单位，以及财务收支数额较大、会计业务较多的机关团体和其他组织，必须设置由本单位领导人直接领导的财务会计机构，并配备必要的会计人员；在会计业务不多的小型企业，在财务收支数额不大、业务形式比较简单、会计核算不太复杂的情况下，虽然可以不单独设置会计机构，但是必须在有关机构中配备专职的会计人员，处理会计事务，以满足会计工作的需要。不具备配备专职会计人员条件的小型经济组织可以委托专门从事会计代理记账业务的中介代理机构代理记账。不论企业是否设置单独的会计机构，都需要满足企业会计管理的要求，那就是要有效地进行会计核算，进行合理的会计监督，制定本单位的会计制度，参与本单位各项计划的制订，并考核计划的执行情况等。

要想使所设置的会计机构有效地进行工作，应该在会计机构内部进行适当的分工，按照会计核算的流程设置责任岗位，配备会计人员。同时，会计机构内部的岗位分工，应符合内部控制制度的要求，建立稽核制度，以有利于防止或发现工作中的差错或者失误。

会计机构设置主要有以下两方面。

1. 国务院各部门和地方各级管理机关会计机构

国务院各部门和地方各级管理机关，一般设置财务会计司、处（部）、科（部）等专门机构。其主要职责是：负责组织、指导和监督所属单位的会计工作；根据国家的统一规定，制定本行业适用的会计制度；审核、分析、批复和汇总所属单位上报的财务报表；核算本单位和财政机关、上下级之间的有关缴纳和拨款等会计事项；对所属单位进行会计检查，总结交流会计工作先进经验等。

2. 企业会计机构

企业会计机构主要有会计部门和财务部门分立、会计部门和财务部门合并两种模式。

（1）会计部门和财务部门分立

财务部门的职责是资金的筹集、管理和使用。会计部门则履行核算和监督的职能，在做好记账、算账和报账的同时，还要参与预测、决策，参与制订经济计划、分析计划，参与考核、预算（或财务计划）的执行情况。大型企业往往采用该模式。

（2）会计部门和财务部门合并

会计部门和财务部门相互制约，相互促进，为实现企业的经营目标而共同努力。中小型企业常常采用该模式。

二、会计工作岗位的设置

为保证会计工作的顺利开展，会计机构内部应建立健全岗位责任制，明确会计人员各自的岗位及职责范围，实行定员、定岗和定职责的管理，以提高会计工作效率。会计工作岗位的设置，主要根据会计工作的内容和会计人员的配备情况，进行合理分工，便于会计工作程序化、规范化、电算化的开展，有利于加强会计职业道德建设，提高会计人员的业务水平。会计工作的岗位分工根据需要确定，可以一人一岗、一人多岗或一岗多人。有条件的单位应进行定期会计轮岗。但不论如何分工，出纳人员不得兼任稽核、会计档案保管以及收入、支出、费用、债权、债务账目的登记工作。我国大中型企业一般设置以下核算组，每个组的职责和要求如下。

1. 综合组

综合组负责总账的登记，并与有关的日记账和明细账相核对；进行总账余额的试算平衡，编制资产负债表，并与其他财务报表进行核对；保管会计档案，进行企业财务情况的综合分析，编写财务情况说明书；进行财务预测，制订或参与制订财务计划，参与企业生产经营决策。

2. 财务组

财务组负责货币资金的出纳、保管和日记账的登记；审核货币资金的收付凭证；办理企业与供应、购买等单位之间的往来结算；监督企业贯彻执行国家现金管理制度、结算制度和信贷制度的情况；分析货币资金收支计划和银行借款计划的执行情况，制订或参与制订货币资金收支和银行借款计划。

3. 工资核算组

工资核算组负责计算职工的各种工资和奖金；办理职工的工资结算，并进行有关的明细核算，分析工资总额计划的执行情况，控制工资总额支出；参与制订工资总额计划。在由各车间、部门的工资核算员分散计算和发放工资的组织方式下，工资核算组还应协助企业劳动工资部门负责指导和监督各车间、部门的工资计算和发放工作。

4. 固定资产核算组

固定资产核算组负责审核固定资产购建、调拨、内部转移、租赁、清理的凭证，进行固定资产的明细核算，参与固定资产清查，编制有关固定资产增减变动的报表，分析固定资产的使用效果，参与制订固定资产重置、更新和修理计划，指导监督固定资产管理部门和使用部门的固定资产核算工作。

5. 材料核算组

材料核算组负责审核材料采购的发票、账单等结算凭证，进行材料采购收发结存的明细核算；参与库存材料清查；分析采购资金使用情况，采购成本超支、节约情况和储备资金占用情况，参与制定材料采购成本和材料资金占用情况；参与制订材料采购资金计划和材料计划成本；指导和监督供应部门、材料仓库和使用材料的车间部门的材料核算情况。

6. 成本组

成本组部门应会同其他部门建立健全各项原始数据记录、消耗定额和计量检验等各项制度；负责审核各项费用开支；参与自制半成品和产成品的清查；核算产品成本，编制成本报表；分析成本计划执行情况；控制产品成本和生产资金占用；进行成本预测，制订成本计划，配合成本分口分级管理，将成本指标分解，落实到各部门、车间、班组；指导、监督和组织各部门、车间、班组的成本核算和厂内经济核算工作。

7. 销售和利润核算组

销售和利润核算组负责审核产成品收发、销售和营业收支凭证；参与产成品清查；进行产成品销售和利润的明细核算；计算应交税金，进行利润分配，编制利润表；分析成品资金占用情况，分析销售收入、利润及其分配计划的执行情况；参与市场预测，制订或参与制订销售和利润计划。

8. 资金组

资金组负责资金的筹集、使用、调度，随时了解、掌握资金市场动态，为企业筹集资金以满足生产经营活动的需要。为此，企业要不断降低资金成本，提高资金使用的经济效益。资金组还应负责编制现金流量表。

9. 信息处理组

信息处理组主要负责在已经开展会计电算化的企业维护计算机系统的日常运行工作，完成所有会计数据的录入、校验和登账，按时打印出各种财务报表和必要的账簿，定期做好数据的备份、存档和管理工作，随时提供会计信息的查询服务，并负责系统的有关软件、硬件及网络的日常维护工作。信息处理的工作岗位，可以根据需要单独设置相应的工作岗位，也可以与其他工作岗位相结合。

其他设置会计机构的单位，或在有关机构中设置会计人员的单位，应指定会计主管人员。会计主管人员除了取得会计从业资格证书外，还应具备会计师以上专业技术职务资格或者从事会计工作 3 年以上。

三、会计人员

会计专业职务是根据会计工作的需要，在规定的限额和批准的编制内设置的工作岗位。会计专业职务名称定为：高级会计师、会计师、助理会计师、会计员。

1. 会计员

作为会计员，应初步掌握财务会计知识和技能，熟悉并能执行有关会计法规和财务会计制度，能担负一个岗位的财务会计工作。同时，会计员还应具备大学专科或中等专业学校的毕业文凭，在财务会计工作岗位上见习 1 年期满。会计员主要负责具体审核和办理财务收支，编制记账凭证，登记会计账簿，编制财务报表和办理其他会计事务。

2. 助理会计师

作为助理会计师，应掌握一般的财务会计基础理论和专业知识，熟悉并能正确执行有关的财经方针、政策和财务会计法规、制度，能担负一个方面或某个重要岗位的财务会计工作。同时，助理会计师应取得硕士学位，或取得第二学士学位研究生班结业证书，具备履行助理会计师职责的能力；大学本科毕业，在财务会计工作岗位上见习 1 年期满；大学专科毕业并担任会计员职务 2 年以上，或中等专业学校毕业并担任会计员职务 4 年以上。助理会计师主要负责草拟一般的财务会计制度、规定、办法，解释和解答财务会计法规、制度中的一般规定，分析检查某一方面或某些项目的财务收支和预算的执行情况。

3. 会计师

作为会计师，应较系统地掌握财务会计基础理论和专业知识，掌握并能正确贯彻执行有关的财经方针、政策和财务会计法规、制度，具有一定的财务会计工作经验，能担负一个单位或一个系统某个方面的财务工作。同时，会计师应取得博士学位，并具有履行会计师职责的能力；取得硕士学位并担任助理会计师职务 2 年左右；取得第二学士学位或研究生班结业证书，并担任助理会计师职务 2～3 年；大学本科或大学专科毕业并担任助理会计师职务 4 年以上。会计师还应掌握一门外语。会计师主要负责草拟比较重要的财务会计制度、规定、办法，解释和解答财务会计法规、制度中的重要问题，分析检查财务收支和预算执行情况，培养初级会计人才。

4. 高级会计师

作为高级会计师，应较系统地掌握经济、财务会计理论和专业知识，具有较高的政策水平和丰富的财务会计工作经验,能担负一个地区、一个部门或一个系统的财务会计管理工作。同时,高级会计师应取得博士学位,并担任会计师职务2～3年;取得硕士学位、第二学士学位或研究生班结业证书,或大学本科毕业并担任会计师职务5年以上。高级会计师还应较熟练地掌握一门外语。高级会计师主要负责草拟、解释和解答在一个地区、一个部门、一个系统或在全国施行的财务会计法规、制度、办法,组织和指导一个地区或一个部门、一个系统的经济核算和财务会计工作,培养中级以上会计人才。

总之,会计专业职务都有学历和从事财务会计年限的要求。但对的确有真才实学、成绩显著、贡献突出、符合任职条件的,在确定其相应的专业职务时,可不受规定的学历和工作年限的限制。

各级会计专业职务的设置,应根据会计人员的编制定员、专业职务限额比例、所担负的任务和会计干部队伍的实际情况确定,并按规定的程序报经批准。

四、会计人员的职责

设置会计机构的单位,应当配备一定数量的会计人员。不设专门会计机构的单位,应当在有关机构中配备若干办理会计事务的专职和兼职会计人员。明确会计人员的职责权限,提高会计人员的政治素质和业务水平,是保证会计工作质量的关键。

(一)会计人员在会计工作中,需要共同履行的职责

1. 进行会计核算

《会计法》和其他会计法规直接赋予了会计人员依法办理会计核算业务,及时、准确、完整地记录、计算、反映企业财务收支和经济活动情况的职责权限。会计人员要按照国家会计制度的规定记账、算账、报账,做到手续完备、内容真实、数据准确、账目清楚、日清月结,按时编制财务报表并上报。

2. 实行会计监督

会计人员必须按照国家有关规定,对本单位经济活动的合法性、合理性及预算的执行情况实行监督;对违反《会计法》和国家统一的会计制度规定的会计事项,应拒绝办理或按照职权予以纠正;同时,还要积极、主动配合财政、审计、税务等有关部门对本单位的经济活动进行检查和审计,如实提供有关资料,反映有关情况。

3. 拟订本单位办理会计事务管理的具体办法

会计机构和会计人员要根据国家有关的会计法规和有关规定,结合本单位的具体情况,拟订本单位办理会计事务的管理办法,如材料收发保管制度,固定资产使用、保管制度,单位内部会计核算手续、程序和方法等有关规定,内部稽核管理制度等。

4. 参与预测、决策计划、预算的制定,参与考核、分析计划、预算的执行情况

会计人员按照经济核算的原则,编制并执行财务计划、预算;定期分析计划、预算的执行情况,挖掘增收节支的潜力,考核资金使用效果;参与本单位的预测、决策过程;为编制下期计划和预算提供有关的会计资料,做好信息反馈工作。

5. 办理其他会计工作

除了上述有关会计工作以外，会计人员还要参与市场调查，参与企业重大投资决策前的测算及调查研究等工作，参与新产品的开发及定价等。

(二) 具体财务人员中会计岗位的职责

1. 依法按章合规办事

认真学习和贯彻执行国家有关财经的法律法规、方针政策，遵守《会计法》的规定，严格执行财政部颁布的《民间非营利组织会计制度》《会计基础工作规范》《企业内部控制基本规范》《会计档案管理办法》和本单位制定的有关财务会计工作的各项制度。

2. 做好会计核算工作

切实做好财务收支、费用和债权、债务等日常会计核算工作，及时完整编制年度财务预算报表和季度、年度财务决算报表，做到数字真实准确、文字说明清楚。

3. 做好账务处理工作

按规定设置总账、明细账及辅助账(页)，做好收入、支出、费用、债权、债务的复核和账目登记工作，做到开支归类准确、科目使用无误；每月按时结账，定期与出纳员核对现金日记账和银行存款日记账余额，及时清理往来账目，每年定期进行财产清查，做到账账相符、账实相符、账表相符。

4. 做好财务稽核工作

定期检查财会制度的执行情况，研究分析财务计划执行情况，考核资金使用效果，揭露财会管理中的问题，及时向领导提出建议。

5. 做好资金管理工作

严格按规定会同出纳到开户银行营业柜台办理大额存款和购买国债等业务，妥善保管银行存款预留印鉴卡片、定期存款凭证和有价证券，确保资金安全；定期核对银行账户及存款余额，及时、准确地做好结息工作。

6. 做好发票管理工作

严格执行发票(收据)管理使用规定，做好发票(票据)登记、领购、填制、保管、回收、缴销工作。

7. 做好档案管理工作

严格执行会计档案管理规定，认真做好会计资料的归档工作，妥善保管会计凭证、账簿和财务报告等会计档案资料，并在工作调动、岗位调整时按规定办理交接手续。

8. 做好会计监督工作

积极宣传、维护国家财政制度和财经纪律，预防违法乱纪行为发生，坚决同违法乱纪行为做斗争。

(三) 具体财务人员中出纳岗位的职责

1. 依法按章合规办事

认真学习和贯彻执行国家有关财经法律法规、方针政策，遵守《会计法》的规定，严格执行财政部颁布的《民间非营利组织会计制度》《会计基础工作规范》《企业内部控制基本规范》《会计档案管理办法》和本单位制定的有关财务会计工作的各项制度。

2. 做好现金管理工作

按规定设置现金日记账，收付现金须及时逐笔登记，做到账款相符；现金开支须符合规定范围，不属于现金开支范围的业务应通过银行办理转账结算；严格执行库存现金限额管理规定，超过库存限额的现金应及时存入银行。

3. 做好存款管理工作

按规定设置银行存款日记账，做好银行存款、取款和结算工作，并及时逐笔登记；熟悉银行各种付款方式和凭证填制，严格按照银行存款管理规定办理银行结算业务；按月核对银行账户及存款余额，编制银行存款余额调节表，使银行存款账面余额与银行对账单调节相符。

4. 做好票据管理工作

按规定做好银行结算票据的登记、领购、填制、保管、回收、缴销工作，建立转账票据借用单，每月终了，认真清理催办借出支票，防止丢失或长期不办理报账手续。

5. 做好印章管理工作

严格按规定管理财务印章，妥善保管本单位财务专用章和现金收讫、现金付讫、转账收讫、转账付讫等相关印章。

6. 做好资金管理工作

严格按规定会同会计到开户银行营业柜台办理大额存款和购买国债等业务，确保资金安全；严禁挪用公款和白条抵库。

7. 做好账簿保管工作

严格执行会计档案管理规定，妥善保管银行存款日记账簿、现金日记账簿等会计档案资料，并在工作调动、岗位调整时按规定办理交接手续。

8. 做好会计监督工作

积极宣传、维护国家财政制度和财经纪律，预防违法乱纪行为发生，拒绝办理违反财务规定的各种结算、报销业务。

第四节　会计管理

一、会计基础工作

会计基础工作既是会计工作的基本环节，也是经济管理工作的重要基础；既是单位会计工作和经营管理工作的基本内容，也是政府部门管理会计工作的一个重要方面；会计基础工作是否扎实，直接影响会计工作水平和会计信息质量。我国非常重视会计基础工作，相应制定了一系列规章制度，规范会计基础工作。为了加强对会计基础工作的领导，1996年6月17日财政部发布的《会计基础工作规范》第四条规定：单位领导人对本单位的会计基础工作负有领导责任。即一个单位的会计基础工作不健全或者出现混乱，首先应当追究单位领导人的责任。第五条规定：各省、自治区、直辖市财政厅(局)要加强对会计基础工作的管理和指导，通过政策引导、经验交流、监督检查等措施，促进基层单位加强会计基础工作，不断提高会计工作水平。国务院各业务主管部门根据职责权限管理本部门的会计基础工作。

会计的基础工作一般包括原始记录、定额、计量工作。

1. 原始记录

《会计基础工作规范》第九十一条规定：各单位应当建立原始记录管理制度，主要内容包括：原始记录的内容和填制方法，原始记录的格式，原始记录的审核人、原始记录的填制人的责任，原始记录签署、传递、汇集要求。

原始记录是采用一定的表格形式，对发生的经济业务所做的最初的文字或数字记载，它是会计核算的重要依据。原始记录提供的资料是否全面、真实、准确、及时，直接影响会计核算的质量。例如，在工业企业里，车间和班组应建立健全原始记录，配备记录人员，做好产品、半成品、在产品的种类与数量和质量的记录，做好原料及主要材料的记录，做好燃料和动力消耗的记录，做好工具的领退、耗用的记录，做好职工变动、考勤和工时利用的记录，做好设备运转和安全生产的记录，做好技术操作、技术革新以及合理化建议、财务管理方面的记录等。各种原始记录的项目、表格的样式和记录方法的规定，必须适应生产的特点和经营管理的需要，并简便易行；对原始记录表格，应采取统一组织、归口分级管理，做好传递、使用和保管工作，对原始记录要加强审核。

2. 定额

《会计基础工作规范》第九十二条规定：各单位应当建立定额管理制度，主要内容包括：定额管理的范围，制定和修订定额的依据、程序和方法，定额考核和奖惩办法等。

定额是在一定的条件下，在人力、物力、财力的利用等方面应遵守和达到的标准。例如，工业企业生产一件产品所应消耗的原材料或花费的劳动时间。定额是控制和监督人力、物力、财力的标准，是促进生产发展的重要手段。工业企业的定额主要有工业利用定额，原材料、燃料、动力和工具消耗定额，设备(或生产面积)利用定额，费用开支定额等。

定额具有重要作用，它是会计编制财务计划或预算的依据。例如，依据存货定额编制存货计划或预算，监督存货的增减变化；依据费用定额编制费用(销售费用、财务费用、管理费用)开支计划或预算，控制费用开支。定额也是挖掘潜力、组织经济活动的依据。例如，制定劳动定额，有利于改善原材料的利用，促进原材料的节约；制定好设备利用定额，有利于提高其生产力。因此，为了充分发挥定额的积极作用，必须加强定额管理工作，使其能够接近业内平均水平；制定定额时，要采用领导、工人、技术人员三结合的方法；执行定额时，要加强对职工群众的思想教育，使其努力完成定额；建立定额归口分级管理制度，明确规定各部门在定额管理中的权利、责任和相互关系；应根据需要定期修订定额；要考核定额完成情况，贯彻奖惩制度。

3. 计量

《会计基础工作规范》第九十三条规定：各单位应当建立计量验收制度，主要内容包括：计量检测手段和方法，计量验收管理的要求，计量验收人员的责任和奖惩办法。

计量是用一种标准的单位量去测定另一同类量的值。只有做好计量工作，才会有准确的原始记录，才会有真实的核算资料。为了保证会计工作获得可靠的数据、劳务（电、气等）供应、成品入库，以及向购货单位发货等，都要严格地计量，实行过磅、检尺或点数，不能图省事，采取估堆、估算的办法。

二、会计控制

内部会计控制是指单位为了提高会计信息质量，保护资产的安全、完整，确保有关法律法规和规章制度的贯彻执行等而制定和实施的一系列控制方法、措施和程序。

（一）内部会计控制的内容

内部会计控制应涵盖单位内部涉及会计工作的各项经济业务及相关岗位，约束所有涉及会计工作的人员。通常，企业内部会计控制主要包括以下内容。

1. 货币资金内部会计控制

应当对货币资金收支和保管业务建立严格的授权批准制度，办理货币资金业务的不相容的岗位应当分离，相关机构和人员应当相互制约。

2. 实物资产内部会计控制

应当建立实物资产管理的岗位责任制度，对实物资产的验收入库、领用、发出、盘点、保管及处置等关键环节进行控制，防止各种实物资产被盗、毁损和流失。

3. 对外投资内部会计控制

应当建立规范的对外投资决策机制和程序，加强投资项目立项、评估、决策、实施、投资处置等环节的会计控制，严格控制投资风险。

4. 工程项目内部会计控制

应当建立规范的工程项目决策程序，明确相关机构和人员的职责权限，建立工程项目投资决策的责任制度，加强工程项目的预算、招投标、质量管理等环节的会计控制。

5. 采购与付款内部会计控制

应当合理设置采购与付款业务的机构和岗位，建立和完善采购与付款的会计控制程序，加强请购（由所需单位首先提出申请）、审批、合同订立、采购、验收、付款等环节的会计控制，堵塞采购环节的漏洞。

6. 筹资内部会计控制

应当加强对筹资活动的会计控制，合理确定筹资规模和筹资结构，选择筹资方式，降低资金成本，防范和控制财务风险，确保筹措资金的合理、有效使用。

7. 销售与收款内部会计控制

应当在制定商品或劳务等的定价原则、信用标准和条件、收款方式等销售政策时，充分发挥会计机构和人员的作用，加强合同订立、商品发出和账款回收的会计控制，避免或减少坏账损失。

8. 成本费用内部会计控制

应当建立成本费用控制系统，做好各项基础工作，制定成本费用标准，分解成本费用指标，控制成本费用差异，考核成本费用指标的完成情况，落实奖罚措施。

9. 担保内部会计控制

应当加强对担保业务的会计控制，严格控制担保行为，建立担保决策程序和责任制度，加强对担保合同订立的管理，及时了解和掌握被担保人的经营和财务状况，避免或减少可能发生的损失。

（二）内部会计控制的方法

内部会计控制的方法主要包括以下几种。

1. 不相容职务相互分离控制

要求单位按照不相容职务相分离的原则，合理设置会计及相关工作岗位，明确职责权限，形成相互制衡机制。不相容职务主要包括授权批准、业务经办、会计记录、财产保管、稽核检查等职务。

2. 授权批准控制

要求单位明确规定涉及会计及相关工作的授权批准的范围、权限、程序、责任等内容，单位内部的各级管理层必须在授权范围内行使职权和承担责任，经办人员也必须在授权范围内办理业务。

3. 会计系统控制

要求单位依据《会计法》和国家统一的会计制度，制定适合本单位的会计制度，明确会计凭证、会计账簿和财务会计报告的处理程序，建立和完善会计档案保管和会计工作交接办法，实行会计人员岗位责任制，充分发挥会计的监督职能。

4. 预算控制

要求单位加强预算的编制、执行、分析、考核等环节的管理，明确预算项目，建立预算标准，规范预算的编制、审定、下达和执行程序，及时分析和控制预算差异，采取改进措施，确保预算的执行。预算内资金实行责任人限额审批，限额以上资金实行集体审批，严格控制无预算的资金支出。

5. 财产保全控制

要求单位限制未经授权的人员对财产的直接接触，采取定期盘点、财产记录、账实核对、财产保险等措施，确保各种财产的安全、完整。

6. 风险控制

要求单位树立风险意识，针对各个风险控制点，建立有效的风险管理系统，通过风险预警、风险识别、风险评估、风险分析、风险报告等措施，对财务风险和经营风险进行全面防范和控制。

7. 内部报告控制

要求单位建立和完善内部报告制度，全面反映经济活动情况，及时提供业务活动中的重要信息，增强内部管理的时效性和针对性。

8. 电子信息技术控制

要求运用电子信息技术手段建立内部会计控制系统，减少和消除人为操纵因素，确保内部会计控制的有效实施。同时，要加强对财务会计电子信息系统开发与维护、数据输入与输出、文件储存与保管、网络安全等方面的控制。

(三) 内部会计控制的监督和检查

单位应当重视内部会计控制的监督和检查工作，由专门机构或者指定专门人员具体负责内部会计控制执行情况的监督和检查，确保内部会计控制的贯彻实施。

1. 会计控制的内部检查

内部审计作为企业内部经济监督的核心内容之一，它在履行审计职能、监督经济活动、加强企业管理、提高经济效益等方面，具有不可替代的作用。按照不相容职务相互分离的原则，合理设置会计及相关工作岗位，明确职责权限，形成相互制衡机制，必须做到授权批准职务与执行职务相分离，执行职务与监督审核职务相分离。不相容职务间实行分离的核心是内部牵制。内部审计对企业的各种财务资料的可靠性和完整性、企业资产运用的经济有效性等进行审核。为了使内部审计能够充分发挥其作用，企业应设立内部审计部门，完善内部控制的组织设置，按照不相容职务相互分离的原则，科学划分企业内部各部门的职责权限，形成相互制衡机制。

财务部门应加强内部稽核，通过内部稽核能及时发现已发生但尚未造成影响或损失的错误，发挥内部会计控制的预警作用；要发挥企业内部审计的作用，将内部审计人员从财务人员中分离出来，直接对董事会负责，这样才能真正发挥内部审计人员的作用。各单位应组织内部审计人员对内部会计控制系统进行检查，测试其是否被严格执行，是否能有效发挥作用。对涉及会计工作的各项经济业务、内部机构和岗位在内部控制上存在的缺陷进行改进。

2. 会计控制的外部监督

为保证企业内部会计控制的有效实施，应加强外部监督，完善外部监督机制。政府监管部门和中介机构在此发挥了重要作用。政府职能转变后，各部门逐渐强化对企业的服务意识，充分发挥政府对企业会计的内部控制。财政、税收、审计等执法部门应加大监督检查力度，增强威慑力，各部门合理分工，相互协调，形成有效的监督合力和制衡机制。在管理者内部控制观念普遍淡薄的情况下，依靠政府的权威性，按照有关法律法规来规范企业建立健全内部控制制度，并使之有效实施。会计师事务所等中介组织，要坚持独立审计准则，站在公正的立场上，对企业的财务报告进行评估，及时发现企业不当的会计行为，对企业实施会计控制，外部监督各因素的协同起来才能使企业内部控制科学、规范和不断优化。各单位应接受并配合各级财政部门对本单位内部会计控制的建立和执行情况进行的监督检查。同时，可以聘请中介机构或相关专业人员对本单位内部会计控制的建立健全及有效实施进行评价。

三、会计电算化

自 1946 年世界上第一台电子计算机在美国问世以来，计算机技术飞速发展，计算机的性能也不断提高。电子计算机也被应用到各个领域，会计界也适时地把会计理论和实际工作的研究重点聚焦在会计电算化这一新的领域。会计信息处理电算化简称会计电算化，是以电子计算机为主体的信息技术在会计工作中的应用。具体来说，就是利用电子计算机代替手工和机械操作条件下的记账、算账和报账以及部分代替人工完成对会计信息的分析、利用会计信息进行预测和决策的过程。其主要目的是实现会计核算手段的现代化，提高会计工作效率和质量，提高企业财务会计管理水平和经济效益。

(一) 会计电算化的基本内容

我国会计电算化工作始于 20 世纪 70 年代后期，在这一期间，为了大力发展会计电算化工作，我国《会计法》明确规定，使用电子计算机进行会计核算，其软件及其生成的会计凭证、会计账簿、财务报告和其他会计资料必须符合国家统一的会计制度的规定。财政部也连续颁布了《会计电算化管理办法》《会计核算软件基本功能规范》和《会计电算化工作规范》等法规，对会计电算化提出了以下几项总体要求。

第一，以电子计算机代替手工记账的单位应具备的条件是使用符合财政部规定要求的会计核算软件，配有专用于会计电算化的电子计算机及操作人员，并有严格的操作管理制度和硬件、软件管理制度。

第二，会计核算软件的基本功能要符合一定的要求，有较强的标准化处理功能，这种功能应在会计数据的输入、处理、输出及保护数据安全等方面有所体现。

第三，各单位和各级领导都应积极创造条件实现会计电算化这一重要工作。财务部门是会计电算化工作的主要承担者，各单位、各级领导应从各个方面予以支持，配备电子计算机和会计核算软件，建立会计电算化内部管理制度，包括会计电算化岗位责任制度、操作管理制度、硬件软件及数据管理制度、电算化会计档案管理制度等，以使会计电算化工作正常、有序地进行。

(二) 会计电算化的工作形式

我国会计电算化现在已有很大的覆盖面，即实施会计电算化工作已进入实用阶段，有不少单位在开展这项工作中已取得了丰富成果。从目前我国会计电算化应用情况看，主要有以下几种形式。

① 单项会计业务核算形式，如仅完成工资核算、账务处理等；

② 多项会计业务核算形式，同时建立相应子系统；

③ 所有会计核算业务全部采用计算机综合处理，建立电算化会计核算系统；

④ 所有会计核算业务电算化，并在核算会计信息的基础上建立具有管理、分析功能的电算化会计信息系统；

⑤ 拥有电算化管理信息系统，会计信息系统是它的一个子系统。

严格地说，仅仅完成单项或若干项会计核算业务电算化的系统还不能称为电算化会计信息系统，只能称为电子数据处理系统。所以，我国建立完整的计算机会计信息系统，真正实现会计工作电算化还任重而道远。

(三) 会计电算化的意义

会计电算化是将以电子计算机为主的当代电子处理技术应用到会计中的简称，是用电子计算机代替人工记账、算账与报账，以及部分代替人工完成对会计信息的处理、分析、预测、决策的过程。目前，会计电算化已成为一门融合会计学、管理学、电子计算机技术、信息工程科学为一体的边缘学科。在会计核算过程中使用电子计算机，实现会计电算化，是经济发展的需要，是现代化管理的需要，也是会计工作不断进步与发展的需要。实现会计电算化具有重要的现实意义和深远的历史意义。

1. 提高会计核算的准确性，保证会计核算工作的及时性，提高会计工作效率

会计工作数据量大，准确性要求高，因而其时间性强，劳动强度也大。如果将会计工作由电子计算机自动处理，不仅可以把广大财会人员从繁重的手工记账、算账、报账中解放出来，使会计核算资料更加快速、准确，而且还可以及时取得各种会计信息。

2. 促进会计工作的规范化，提高会计工作质量

会计工作电算化，对会计数据来源、核算方法、数据保存等提出了一系列规范化的要求，在很大程度上解决了手工操作中的不规范、易出错、易遗漏等问题，通过计算机网络传送信息，加快了信息流通的速度，从而有利于经营者及时掌握经济活动的最新动态，极大地提高了信息的使用价值。

3. 促进会计职能的转变，提高财会人员的素质

采用计算机处理经济业务，提高了工作效率，财会人员可以有更多的时间参与企业的经营管理，从而促进了会计职能由单纯的核算向监督和控制职能转变。会计电算化的开展，一方面，要求广大财会人员学习电子计算机知识，掌握计算机操作和会计软件的使用；另一方面，也使财会人员有了更多的时间和精力学习国内外的会计理论和业务知识，其结果必然会改变财会人员的知识结构，从而推动会计理论和技术的不断发展。

（四）会计电算化系统的基本组成内容

会计电算化系统是一个组织处理会计业务与数据的人机相结合的系统，由计算机硬件资源、软件资源、从业人员、规章制度四部分组成。

硬件资源是会计电算化的基础，主要包括输入设备、存储设备、输出设备和处理器。软件资源包括系统软件和应用软件，以会计软件为核心。从业人员是指参与会计电算化工作的所有人员，包括会计电算化软件的开发研制人员、系统维护人员、操作人员和管理人员。规章制度是指与会计电算化有关的法律和规范的总称，包括《会计法》中关于会计电算化工作的相关规定，也包括《会计电算化管理办法》《会计电算化工作规范》等。

（五）会计电算化系统的结构和工作过程

制造业企业中，会计电算化系统的结构一般由账务处理子系统、固定资产核算子系统、工资核算子系统、材料核算子系统、销售核算子系统、成本核算子系统和财务报表编制子系统组成。

其基本工作过程：首先，操作人员通过输入系统将各种凭证数据送到基本数据库储存；其次，账务处理子系统按记账的要求进行处理，为其他子系统提供核算资料；再次，其他子系统核算的结果通过其产生的机制转账凭证与基本数据库和账务处理子系统连通，经账务处理子系统再处理；最后，由财务报表子系统处理后向外输出各种结果。

（六）会计电算化系统与传统手工会计系统的联系与区别

1. 主要联系

（1）系统目标一致

两者都对企业的经济业务进行记录和核算，最终目标都是为了加强经营管理，提供会计信息，参与经营决策，提高企业经济效益。

（2）采用的基本会计理论与方法一致

两系统都要遵循基本的会计理论和方法，都采用复式记账原理。

（3）遵守的法律法规一致

都要遵守会计和财务制度，以及国家的各项财经法纪，严格贯彻执行会计法规，从措施、技术、制度上堵塞各种可能的漏洞，消除弊端，防止作弊。

（4）系统的基本功能相同

任何一个信息要达到系统目标，都应具备信息的采集输入、存储、加工处理、传输和输出这五项功能。

（5）都要保存会计档案

作为会计信息系统的输出结果，会计信息档案必须妥善保存，以便查询。

（6）编制财务报表的要求相同

两系统都要编制财务报表，并且都必须按国家要求编制企业外部报表。

2. 主要差异比较

（1）系统初始化设置工作有差异

手工会计的初始化工作包括建立会计科目，开设总账，登录余额等。会计电算化的初始化设置工作则较为复杂，且带有一定的难度，其内容主要有会计系统的安装，账套的设置，网络用户的权限设置，操作员及权限的设置，软件运行环境的设置，科目级别与位长的设置，会计科目及其代码的建立，明细科目初始余额的输入，凭证类型设置，自动转账分录定义，财务报表名称、格式、数据来源公式的定义等。

（2）科目的设置和使用上存在差异

在手工会计中，由于手工核算的限制，将账户分设为总账和明细账，明细账大多仅设到三级账户，此外，再开设辅助账户以满足管理核算上的需要。科目的设置和使用一般都仅为中文科目。而在会计电算化中，计算机可以处理各种复杂的工作，科目的级数和位长设置因不同的软件而异，有的财务软件将科目的级别数可设置到 6 级以上，完全满足了会计明细核算方面的需要。科目的设置上除设置中文科目外，还应设置与中文科目一一对应的科目代码。使用科目时，计算机只要求用户输入某一科目代码，而不要求输入该中文科目；但在显示打印时，一般将中文科目和与之对应的科目代码同时显示。

（3）账务处理程序上存在差异

手工会计根据企业的生产规模、经营方式和管理形式的不同，采用不同的会计核算形式，常用的账务处理程序有记账凭证核算形式、科目汇总表核算形式、汇总记账凭证核算形式、日记账核算形式等，对业务数据采用了分散收集、分散处理、重复登记的操作方法，通过多人员、多环节进行内部牵制和相互核对，目的是为了简化会计核算的手续，以减少舞弊和差错。而在会计电算化中，一般要根据文件的设置来确定，常用的是日记账文件核算形式和凭证文件核算形式；在一个计算机会计系统中，通常只采用其中一种核算形式，对数据进行集中收集、统一处理、数据共享的操作方法。

（4）账簿格式存在差异

在手工会计中，账簿的格式分为订本式、活页式和卡片式三种，并且对现金日记账、银行存款日记账和总账必须采用订本式账簿。而在会计电算化中，由于受到打印机的条件限制，不太可能打印出订本式账簿，因此根据《会计电算化工作规范》规定，所有的账页均可按活页式打印后装订成册；总账账页的格式有传统三栏借贷式总账和科目汇总式总账，后者可代替前者；明细账的格式有三栏式、多栏式和数量金额式等。

四、会计档案的管理

会计档案的管理是一项政策性、专业性非常强的工作。财政部会同国家档案局制定并于2016年开始执行的《会计档案管理办法》对会计档案的立卷、归案、调阅、保管、移交和销毁等方面做出了明确的规定，企业必须按照规定严格执行。

1. 会计档案的立卷

企业每年形成的会计档案，应当由会计机构按照归档要求，负责整理，装订成册，并加上封面、编号。对于记账凭证及所附原始凭证应按月、按顺序装订成册；对于会计账簿，在年度终了时，除了下年度继续使用的以外，应按类别分别归类、整理、编号；对于财务报表，应按月份、归类装订成册，并在封面注明单位、年度、月份、档案种类及编号。其他会计档案也应及时进行整理，装订成册。

会计年度终了后，应将装订成册的会计档案进行整理立卷。各种会计档案应按会计档案材料的关联性，分门别类地组成几个类型的案卷，将各卷按顺序编号。

2. 会计档案的归档

当年形成的会计档案，在会计年度终了后，可暂由会计机构保管一年，期满之后，应当由会计机构编制移交清册，移交本单位档案机构统一保管；移交本单位档案机构保管的会计档案，原则上应当保持原卷册的封装。个别需要拆封重新整理的，档案机构应当会同会计机构和经办人员共同拆封整理，以分清责任。未设立档案机构的，应当在会计机构内部指定专人保管。出纳人员不得兼管会计档案。

3. 会计档案的调阅

企业保存的会计档案不得借出。如有特殊需要，经本单位负责人批准，可以提供查阅或者复制，并办理登记手续。在向外单位提供会计档案时，档案原件不得借出，如有特殊需要，须报经上级主管部门批准，但不得拆散原卷册，并应按期归还。在调阅会计档案时，应当填写会计档案调阅登记簿，进行登记；调阅人员不得擅自摘录有关数字。需要复印会计档案时，应经本单位领导批准，并详细记录复印情况；查阅或者复制会计档案的人员，严禁在会计档案上涂画、拆封和抽换。

4. 会计档案的保管

会计档案的保管期限分为永久、定期两类。定期保管期限分为10年、30年两类。会计档案的保管期限，从会计年度终了后的第一天算起。企业和其他经济组织的会计档案具体保管期限，如表9-1所示。

表 9-1　企业和其他经济组织会计档案保管期限

序号	档案名称	保管期限	备注
一	会计凭证		
1	原始凭证	30 年	
2	记账凭证	30 年	
二	会计账簿		
3	总账	30 年	
4	明细账	30 年	
5	日记账	30 年	
6	固定资产卡片		固定资产报废清理后保管 5 年
7	其他辅助性账簿	30 年	
三	财务报表		
9	月度、季度、半年度财务报表	10 年	
10	年度财务报表	永久	
四	其他会计资料		
10	银行存款 & 余额调节表	10 年	
11	银行对账单	10 年	
12	纳税申报表	10 年	
13	会计档案移交清册	30 年	
14	会计档案保管清册	永久	
15	会计档案销毁清册	永久	
16	会计档案鉴定意见书	永久	

采用电子计算机进行会计核算的单位，应当保存打印出的纸质会计档案。具备采用磁带、磁盘、光盘、微缩胶片等磁性介质保存会计档案条件的，由国务院业务主管部门统一规定，并报财政部、国家档案局备案。

单位合并后原各单位解散或一方存续其他方解散的，原各单位的会计档案应当由合并后的单位统一保管；单位合并后原各单位仍存续的，其会计档案仍应由原各单位保管。

单位分立后原单位存续的，其会计档案应当由分立后的存续方统一保管，其他方可查阅、复制与其业务相关的会计档案；单位分立后原单位解散的，其会计档案应当经各方协商后由其中一方代管或移交档案馆代管，各方可查阅、复制与其业务相关的会计档案。单位分立后未结算的会计事项所涉及的原始凭证，应当单独抽出由业务相关方保存，并按规定办理交接手续。

单位因业务移交其他单位办理所涉及的会计档案，应当由原单位保管，承接业务单位可查阅、复制与其业务相关的会计档案，对其中未结算的会计事项所涉及的原始凭证，应当单独抽出由业务承接单位保存，并按规定办理交接手续。

单位因撤销、解散、破产或者其他原因而终止的，在终止和办理注销登记手续之前形成的会计档案，应当由终止单位的业务主管部门或财产所有者代管或移交有关档案馆代管，法律、行政法规另有规定的，从其规定。

5. 会计档案的移交

建设单位在项目建设期间形成的会计档案，应当在办理竣工决算后移交给建设项目的接收单位，并按规定办理交接手续。单位之间交接会计档案的，交接双方应当办理会计档案交接手续。移交会计档案的单位，应当编制会计档案移交清册，列明应当移交的会计档案名称、卷号、册数、起止年度和档案编号、应保管期限、已保管期限等内容。交接会计档案时，交接双方应当按照会计档案移交清册所列内容逐项交接，并由交接双方的单位负责人负责监交。交接完毕后，交接双方经办人和监交人应当在会计档案移交清册上签名或者盖章。

6. 会计档案的销毁

保管期满的会计档案，需要销毁的，由本单位档案机构会同会计机构提出销毁意见，编制会计档案销毁清册，列明销毁会计档案的名称、卷号、册数、起止年度和档案编号、应保管期限、已保管期限、销毁时间等内容。会同会计部门共同鉴定，严格审查，编制会计档案销毁清册，报经有关部门批准后方可销毁。单位负责人在会计档案销毁清册上签署意见。

销毁会计档案时，应当由档案机构和会计机构共同派员监销。国家机关销毁会计档案时，应当由同级财政部门、审计部门派员参加监销。财政部门销毁会计档案时，应当由同级审计部门派员参加监销。监销人在销毁会计档案前，应当按照会计档案销毁清册所列内容清点核对所要销毁的会计档案；销毁后，应当在会计档案销毁清册上签名盖章，并将监销情况报告本单位负责人。但是，如下情形除外：① 保管期满但未结清的债权债务原始凭证和涉及其他未了事项的原始凭证不得销毁，应当单独抽出立卷，保管到未了事项完结时为止。单独抽出立卷的会计档案，应当在会计档案销毁清册和会计档案保管清册中列明。② 正在项目建设期间的建设单位，其保管期满的会计档案不得销毁。

小　结

会计规范是指人们在从事与会计有关的活动时，所应遵循的约束性或指导性的行为准则。我国会计规范体系主要由会计法律规范、会计职业道德规范、单位内部会计制度规范构成。本章主要讲解会计法律规范、会计职业道德规范、会计机构设置和会计工作管理。

《会计法》、会计准则和会计制度是会计法律规范最基本的组成部分。《会计法》是指导全国会计工作的基本法，其权威性最强，是制定其他会计规范的法律依据。会计准则是由国务院财政部门在《会计法》的指导下制定的会计部门规章，是进行会计工作的标准和指导思想，包括《企业会计准则》和非企业会计准则。《企业会计准则》又包括基本准则、具体准则、应用指南三个层次。会计制度是根据《会计法》和会计准则所制定的具体的规章、方法、程序等。国家统一会计制度按适用范围又可分为《企业会计制度》和非企业会计制度。

会计职业道德是指会计职业活动中应当遵循的、体现会计职业特征的、调整会计职业关系的职业行为准则和规范，具体包括爱岗敬业、诚实守信、廉洁自律、客观公正、坚持准则、提高技能、参与管理、强化服务。同时，为做好会计工作，单位必须设置会计机构、配备相应的会计人员，并从内部会计控制、会计档案管理、会计工作交接等几方面加强会计工作管理。

复习思考题

1. 我国会计规范体系的主要内容有哪些？
2. 作为会计从业者，应该具备什么样的职业道德品质？
3. 如何做才能成为一名合格的会计人员？
4. 全面的会计管理中都包含哪些主要内容？

案例分析

案例一：

2018 年，A 公司由于经营管理和市场方面的原因，经营业绩滑坡。为了获得配股资格，A 公司的主要负责人张三便要求公司财务总监李四对该年度的财务资料进行调整，以保证公司的净资产收益率符合配股条件。李四组织公司会计人员王五以虚做营业额、隐瞒费用和成本开支等方法调整了公司财务资料。A 公司根据调整后的财务资料，于 2012 年 10 月申请配股并获批准发行。

案例要求

请分析 A 公司张三、李四、王五的违法行为及处罚措施。

案例二：

2018 年 5 月初某公司财务室被盗，5 个保险柜共计 12 万元现金全部丢失。有关方面认为，公司大大超过了银行核定的库存现金限额，主要是出纳违规操作的结果，拟对出纳进行处罚。两个星期后出纳携 60 万元公款外逃(包括库存现金 10 万元，临时支取 20 万元，未入账现金销售收入 30 万元)。在随后的调查中发现：公司由财务部经理兼任出纳，并负责保管支票等各种票据(发票)、银行所有预留印鉴。公司有大量现金收入没有及时存放银行，而是直接保存在保险柜或者由出纳自行保管。公司会计、出纳、银行三方每月末对资金进行一次核对。

案例要求

请分析本案例发生的盗窃损失和出纳携款外逃事件的原因及应采取的措施。

打造学术精品　服务教育事业
河南大学出版社
读者信息反馈表

尊敬的读者：

感谢您购买、阅读和使用河南大学出版社的____________________一书，我们希望通过这张小小的反馈表来获得您更多的建议和意见，以改进我们的工作，加强我们双方的沟通和联系。我们期待着能为您和更多的读者提供更多的好书。

请您填妥下表后，寄回或发 E-mail 给我们，对您的支持我们不胜感激！

1. 您是从何种途径得知本书的：

□书店　□网上　□报刊　□图书馆　□朋友推荐

2. 您为什么决定购买本书：

□工作需要　□学习参考　□对本书感兴趣　□随便翻翻

3. 您对本书内容的评价是：

□很好　□好　□一般　□差　□很差

4. 您在阅读本书的过程中有没有发现明显的专业及编校错误？如果有，它们是：

____

____

____

5. 您对哪一类的图书信息比较感兴趣：____________________

____

6. 如果方便，请提供您的个人信息，以便于我们和您联系(您的个人资料我们将严格保密)：

您供职的单位：____________________

您教授的课程(老师填写)：____________________

您的通信地址：____________________

您的电子邮箱：____________________

请联系我们：

电话：0371－86059712　0371－86059713　0371－86059715

传真：0371－86059713

E-mail：hdgdjyfs@163.com

通信地址：河南省郑州市郑东新区 CBD 商务外环路商务西七街中华大厦 2412 室

河南大学出版社高等教育与职业教育出版分公司